KB058539

군주의 거울, 키루스의 교육

일러두기

본문의 외래어는 국립국어원의 외래어 표기법을 따랐으나, 인용문의 경우 역자의 번역을 존중했다. 특히 고대 그리스를 표기하는 방법은 헬라스가 정확하나 혼란을 막기 위해 본문에서는 그리스로 사용했다. 이들 목록은 다음과 같다.

본문 표기(인용문 표기)

그리스(헬라스) | 아킬레우스(아킬레스) | 에파미논다스(에파메이논다스) | 키루스(키로스)

SPECULUM REGIA CYROPAEDIA

아포리아 시대의 인문학 — 그리스

군주의 거울

키루스의 교육

김상근 지음

21세기북스

숙였던 고개를 들고
밤하늘의 별을 바라보는 것

인문학Studia humanitatis은 실용 학문이 아닙니다. 인문학은 재화財貨를 만드는 기술이나 방법을 가르쳐주지 않습니다. 인문학은 인생이라는 멀고 긴 항해에서 마주치게 될 거친 풍랑에 대해 미리 알려주지 않습니다. 그 파도를 헤쳐나갈 수 있는 비법을 일러주지도 않습니다. 미지의 바다 너머, 남들이 알지 못하는 보물섬으로 가는 항로도 가르쳐주지 않습니다. 인문학은 인생의 항해자에게 어떻게 노櫓를 저어야 하는지를 가르쳐주는 학문이 절대로 아닙니다. 어느 각도에서 그리고 얼마만큼의 힘으로 노를 저어야 배가 빨리 가는지에 대한 정보를 알려주지 않습니다. 인문학은 오히려 우리들에게 젓고 있던 노를 내려놓으라고 말합니다.

　지금까지 우리는 남들보다 빨리 노를 젓기 위해, 남들보다 먼저 목적한 항구에 도착하기 위해 고개를 숙인 채 열심히 노를 저어왔습니다. 앞을 향해서만 달려왔습니다. 그러나 인문학은 우리들에게 숙였던 고개를 들고, 젓고 있던 노를 내려놓고, 밤하늘의 별을 보라고 요구합니다. 인문학은 곧 '고개를 들라'는 요구입니다. 북극성이 어디 있는지, 내 인생의 좌표는 어느 곳인지, 인생의 방향을 어떻게 정해야 할지 자신을 성찰하라는 것입니다. 나는 지금 어느 곳을 향해 가고 있는지를 숙고하라는 요구입니다. 이런 성찰을 위해 고개를 들고 밤하늘의 별을 바라보는 것, 그것이 이 아포리아Aporia 시대, 즉 '길 없음'의 시대를 살아가는 우리들에게 주어진 인문학의 과제입니다.

지금 우리는 절망의 시대를 견디며 살아가고 있습니다. 곤궁한 시대를 버티게 해주던 희망의 사다리가 사라지고 있다고 합니다. 요즈음 우리 사회가 직면한 화두는 '각자도생各自圖生'과 '헬Hell조선' 담론입니다. 중세 봉건의 총체적 모순에서 한 발짝도 전진하지 못하고 있는 우리 사회를 자학적으로 표현하는 용어들입니다. 특히 이런 절망감은 내일의 주인공인 젊은이들 사이에 더욱 팽배해 있습니다.

세상살이가 점점 더 힘들고, 젊은이들 사이에 희망이 사라지고 있는 이유는 우리 사회에 진정한 리더가 부재不在하기 때문입니다. 총체적인 리더십의 부재야말로 우리 시대의 질곡을 가장 정확하게 설명하는 틀입니다. 리더의 자격이 없는 자들이 높은 자리에 올라 국민의 고혈을 빨아먹고 자신의 배를 불리는 데 혈안이 되어 있기 때문입니다.

이 책은 리더가 부재한 이 땅에서 각자도생의 길을 선택할 수밖에 없는 우리의 좌절과 분노를 담고 있습니다. 왜 우리에게는 탁월한 리더가 없는 것일까요? 물론 우리들의 분노는 일부 정치인들에게만 국한된 것이 아닙니다. 그들의 책임이 누구보다 크지만 지금까지 한국 사회에서 리더의 역할을 자임해온 경제계, 교육계 그리고 종교계의 모든 지도자들에게도 실망과 분노의 화살이 향하고 있습니다. 그러나 이런 거짓된 리더에게만 모든 잘못을 돌릴 수는 없습니다.

이 책의 주된 목적은 우리 자신이 먼저 돌이켜 반성하자는 것입니다. 남을 탓하기 전에, 그 책망의 손가락질을 우리 자신에게 돌리는 것입니다. 그리고 정말 그것이 가능하다면, 절망하고 분노하는 우리 젊은이들에게 이 부족한 성찰의 책이 작은 위로와 희망이 되었으면 합니다. 이 절망의 시대에 가장 큰 피해를 입고 있는 이 땅의 젊은이들이 이 책을 통해 참된 리더의 모습을 발견하게 된다면 더 이상 무엇을 바라겠습니까.

2014년 가을에 총 8회에 걸쳐 방영된 EBS 인문학 특강 〈아포리아 시대의 인문학〉을 단행본 형식으로 풀어 쓰고, 또 삼성 세리CEO에서 연속 강연한 내용과 2014년 상반기에 모 대기업 사보에 연재했던 〈군주의 거울〉 시리즈 기고문을 수정하고 보완해 글의 꼴을 갖추었습니다. 이 책은 절망의 시대를 살아가는 우리를 위해 그리스 고전을 재해석한 내용을 담고 있습니다. 제1부에는 그리스 고전이 기록된 그리스 아포리아 시대의 실감나는 현실이, 제2부에는 아포리아 시대를 살아가는 리더가 성찰해야 할 가치들이 제시되어 있습니다. 이 책에서 다룰 고전들의 목록은 다음과 같습니다.

헤로도토스, 『역사』
투키디데스, 『펠로폰네소스 전쟁사』

플라톤, 『국가』

크세노폰, 『키루스의 교육』

   이 고전들은 모두 고대 그리스 시대를 풍미했던 진정한 리더의 모습을 제시하고 있습니다. 책갈피를 넘기다 보면 이 책들이 단순히 옛 시대의 고리타분한 이야기를 담고 있는 것이 아니라는 사실을 확인하게 될 것입니다. 그들 또한 우리처럼 가짜 리더에게 속아 고통당했고, 참된 리더를 고대하면서 참혹한 시대를 견디었습니다. 우리가 지금 느끼고 있는 실망과 분노를 그들도 똑같이 느꼈습니다. 그러나 고대 그리스인들이 실망과 분노를 넘어 진정한 리더의 모습을 찾아 위의 책들을 썼던 것처럼, 우리도 이제 참된 리더에 대한 성찰을 시작해야 합니다. 어둠이 짙으면 짙을수록 우리는 희망의 끈을 놓지 않고 고개를 들어야 합니다. 그리고 밤하늘의 짙은 어둠 속에서 빛을 발하는 북극성을 찾아내야 합니다. 어둠이 짙을수록 밤하늘의 별은 더욱 빛나고, 밤이 깊을수록 새벽 미명이 가까이 와 있다는 말이 우리 모두에게 작은 희망의 불씨가 되기를 바라며 참된 리더를 찾아 떠나는 먼 여정을 시작합니다.

2016년 3월

봄을 시샘하는 늦추위 속에서

저자 김상근

차
례

서문 – 숙였던 고개를 들고 밤하늘의 별을 바라보는 것   4

━━━━━━━━━━━━━━━━━━━━━━━━━━━━━━
1부
아포리아 시대의 기록
『역사』『펠로폰네소스 전쟁사』『국가』『키루스의 교육』
━━━━━━━━━━━━━━━━━━━━━━━━━━━━━━

1. 아포리아 시대의 인문학, 군주의 거울 ················· 15

비극은 왜 반복되는가? | 아포리아 시대의 필독서, 군주의 거울
군주의 거울이 등장하기까지 | 왜 하필 그리스일까?

2. 리더의 자질이 없는 자는 척박한 땅에 만족하라
— 헤로도토스의 『역사』   ················· 37

그리스의 첫 번째 아포리아, 페르시아 전쟁 | 리디아의 왕 크로이소스
행복이란 무엇인가? | 페르시아의 왕 크세르크세스 | 아테네의 영웅, 테미스토클레스
헤로도토스의 결론: 리더의 자질이 없는 자는 척박한 땅에 만족하라

3. 반복되는 역사 속에 드러나는 인간의 본성
— 투키디데스의 『펠로폰네소스 전쟁사』   ················· 85

태풍 전의 고요함 | 그리스의 두 번째 아포리아, 펠로폰네소스 전쟁
펠로폰네소스 전쟁의 발발과 전개 과정 | 진정한 군주의 거울, 영웅 페리클레스
배신의 아이콘, 알키비아데스

4. 철학으로 아포리아에 맞선 스승과 제자
— 플라톤의 『국가』   ················· 131

그리스의 세 번째 아포리아, 소크라테스의 죽음
그리스의 마지막 아포리아에 맞선 제자, 플라톤 | 아포리아를 극복하는 방법

5. 그리스의 마지막 군주의 거울
— 크세노폰의 『키루스의 교육』   ················· 169

그리스 최고의 군주의 거울을 쓴 사람 | 플라톤과 크세노폰
왕 중의 왕, 키루스 대왕은 왜 군주의 거울이 되었을까?

2부
아포리아 시대, 리더의 공부
『키루스의 교육』

1. 정의의 수호자가 돼라 ·················· 189
  임금님 귀는 당나귀 귀! | 키루스 대왕의 어린 시절 | 군주가 지켜야 할 정의의 원칙

2. 세월의 변화를 직시하라 ·················· 202
  루돌프라는 이름의 슬픈 황제 | 시간의 흐름과 세월의 변화를 읽은 소년 키루스

3. 불확실성에 의존하지 마라 ·················· 214
  키루스, 처음으로 전쟁을 지휘하다 | 불확실성과 포르투나
  불확실성을 극복하고 지혜의 언덕에 오르기 위해

4. 스스로 고난을 함께 나누라 ·················· 226
  지혜를 추구하는 군주 | 자발적인 복종과 수사학 | 지혜와 용기

5. 군주다움을 끝까지 지켜라 ·················· 238
  『햄릿』의 명대사 | 아르메니아와의 전쟁 | 신하 선택의 기준

6. 군주의 아내도 군주다 ·················· 249
  케네디 암살, 그 기록 | 아르메니아 왕실 여인의 기품과 위엄
  수사 왕실 여인의 기품과 위엄

7. 사람들은 군주의 뒷모습을 본다 ·················· 262
  비너스 효과 | 사람들은 지금 당신의 뒷모습을 보고 있다

8. 승리의 방식   270
　　세계의 화약고로 가다 | 신아시리아, 신바빌로니아 그리고 페르시아의 대결

9. 인간의 본성을 직시하라   279
　　사이렌의 유혹과 오디세우스 | 아라스파스의 임무 | 아라스파스의 최후

10. 레거시를 남겨라   289
　　독일의 리더십과 유럽 | 레거시를 남긴 비스마르크와 키루스 대왕
　　어떻게 하면 더 잘할 수 있을까?

11. 초심을 잃지 마라   300
　　바빌론 강가에서 | 키루스 실린더 | 정복 전쟁이 종결된 후
　　키루스의 취임 연설

12. 제국은 사람이다   316
　　새로운 제국의 수도를 건설하다 | 제국은 건물이 아니라 사람이다
　　키루스의 인재등용 방식

주석   325

1부

아포리아 시대의 기록

『역사』『펠로폰네소스 전쟁사』
『국가』『키루스의 교육』

1 | 아포리아 시대의 인문학, 군주의 거울

비극은 왜 반복되는가?

지금으로부터 약 20년 전인 1994년 10월의 어느 가을 아침, 버스를 타고 등교하던 32명의 어린 학생들이 영문도 모른 채 죽음을 맞이했다. 전쟁이 일어난 것도 아니고, 백주白晝에 테러가 벌어진 것도 아니었다. 한강을 가로지르던 멀쩡한 다리가 갑자기 내려앉은 것이다. 이렇게 발생한 '성수대교 붕괴 사건'은 터무니없는 부실 공사와 불법 과적 차량들의 위법적 질주가 그 원인이었다. 이 황당하기 짝이 없는 사고는 CNN과 BBC의 전파를 타고 전 세계에 생중계됐다. 당시 미국에서 유학 중이던 나는 CNN이 보도하는 이 뉴스 특보를 보며 망연자실했다.

이듬해인 1995년 6월, 강남 한복판에 서 있던 삼풍백화점이 무너

저내렸다. 원래 이 땅은 주거용지로, 상가나 백화점 시설이 아예 건축 허가를 받을 수 없는 곳이었다. 그런데 버젓이 건물을 짓고 백화점 영업을 하고 있었다. 백화점이 붕괴되면서 영문도 모른 채 쇼핑을 하던 고객들이 매몰되는 참사가 또 벌어진 것이다. 더 넓은 백화점 매장을 확보하기 위해 건물 골조에서 기둥 역할을 하는 벽을 아예 없애버렸고, 지름 800밀리미터의 고장력 철근 16개를 박아 넣도록 설계되어 있던 각 층의 기둥에는 지름 600밀리미터의 부실한 철근 8개만이 채워졌다고 한다. 그 상태라면 머지않아 건물이 무너져 내릴 것이라는 사실을 백화점의 경영주나 인허가를 담당했던 구청 공무원들이 모를 리 없었다. 그러나 그들의 탐욕과 방심은 제어되지 않았고, 그로 인해 무려 502명이나 되는 무고한 사람들이 무너진 백화점 건물 잔해에 깔려 황망하게 세상을 떠났다.

그리고 다시 2003년, 대구 지하철 방화 사건으로 192명이나 되는 사람들이 한꺼번에 목숨을 잃었다. 안타까운 것은 방화범이 불을 지른 지하철 차량보다 사고 발생 시 준수해야 할 규칙을 지키지 않았던 후발 진입 차량에서 더 많은 희생자가 발생했다는 것이다. 사고를 당한 승객들은 칠흑 같은 지하철 차량 안에 갇힌 채 가쁜 숨을 몰아쉬며 구조를 기다렸다. 그들이 할 수 있는 일은 손바닥으로 입을 막는 것뿐이었다.

그리고 2014년 4월 16일, 전라남도 진도군 해상에서 배수량 6835톤의 거대한 제주행 여객선 세월호가 갑자기 좌초되는 사고가 발생했다. 그날은 태풍이 부는 날도 아니었고, 거센 파도가 위협하는 날도 아니었으며, 레이더에 항로를 의지해야 하는 어두운 밤도 아니었다. 이 참사로 무려 304명이나 되는 엄청난 수의 탑승객이 수장되었고, 그 희생자의 대부분은 설렘을 안고 제주도로 수학여행을 떠나던 고등학교 2학년 학생들이었다. 사고 자체도 충격적이었지만 사고 후 선박 회사와 선장, 선원 그리고 해경을 포함한 공권력과 언론이 보여준 후안무치厚顔無恥와 무능함은 온 국민을 분노케 했다. 해경은 침몰하는 선체 안에서 대기하고 있던 학생들을 단 한 명도 구해내지 못했고, 사태를 수습해야 할 정부는 그야말로 리더십의 총체적인 부재를 드러냈다. 끔찍한 아비규환阿鼻叫喚 속에서 겨우 살아나온 학생들은 법정에서 울음을 삼키며, "선장이나 선원들이 더 위급한 상황에 대한 지식이 많으니 믿어야겠다는 생각을 해서 선실에서 기다렸다. 하지만 도움을 준 어른은 없었다. 깨진 창문으로 바닷물이 급격히 차오르자 친구들끼리 도와 탈출할 수 있었다"라고 증언했다. 선장과 선원들이 침몰하는 배를 버리고 앞서 탈출하던 그 순간에도 아이들과 승객들은 "그대로 있으라"는 지시만 믿고 속절없이 배 안에서 시간을 보냈다.

이런 상태를 '아포리아'라고 한다. 아포리아는 '어떻게 해볼 수 있는 것이 없는 상태Lack of Resources', 즉 '길 없음Impasse의 상태'이자 '출구 없음No Exit의 상태'를 뜻한다. 이것은 위기Crisis보다 더 심각한 상태다. 위기 상황에서는 그래도 어떤 조치를 취해볼 수 있다. 그러나 아포리아는 더 이상 어떤 조치를 취하는 것이 불가능한 상태다. 아포리아 상태에서 우리는 망연자실한 채 자신의 무지와 무능을 비로소 절감하게 된다.

그리스에서 생겨난 이 말의 원래 뜻은 '막다른 곳에 다다름'이다.

그리스는 약 1200개의 섬으로 이루어져 있으며, 그중 200개가 넘는 섬에 실제로 사람이 살고 있다. 그래서 도서島嶼 간 이동을 위한 항해술의 수준이 높았는데, 바람을 이용해 돛으로 파도를 타고 넘는 기술이 발달할수록 그만큼 해상 사고의 위험도 잦아졌다. 그리스 사람들은 이 섬과 섬 사이를 항해하다가 어떤 절체절명의 위기를 맞아 더 이상 어떻게 할 수 없는, 즉 위기보다 훨씬 더 심각한 상태에 직면했을 때를 아포리아라고 했다.

지금 대한민국은 아포리아 상태다. 어떻게 할 수 없는 상태, 길 없음의 상황에 내몰린 것이다. 예상치 못한 사고 후 상식적인 사회적 규범과 해결의 프로세스가 붕괴된 상태를 고스란히 드러낸 우리 사회는 다시 진영 논리로 양분되어 극심한 사회적 혼란을 야기했다. 이런 사회적 현상은 대한민국이 심각한 길 없음의 상태에 봉착했음을 보여준다.

우리는 반복되는 대형 참사와 총제적 리더십 부재를 경험하면서 아포리아 시대를 직감하고 있다. 어쩌면 '위대한 리더십'에 대한 기대를 저버렸는지도 모른다. 이제 아예 '리더'라는 단어 자체를 신뢰하지 않게 됐다. 지금껏 우리는 리더란 조직이나 단체의 구성원을 이끌며 정해진 목적을 달성하는 사람, 또는 시련과 난관을 극복하며 공동체를 바른 방향으로 이끌어가는 사람이라고 생각해왔다. 그러나 개선되지 않고 끊임없이 반복되는 전근대적인 대형 참사들, 그에 따른 비합리적이며 무능한 처리 방식을 목격하면서 이제 그와 같은 이상적인 리더와 리더십에 대한 환상을 버려야 한다는 결론에 이른 것이다.

세월호 참사 이후 한 일간지에서, 대한민국에서 개혁이 시급한 대상이 누구인지에 대한 설문조사를 실시했다. 그 결과는 우리가 예상한 대로였다. 설문에 응한 일반 국민들의 56.9퍼센트, 그리고 각 분야의 전문가들 73퍼센트가 우리 사회에서 리더로 일컬어지는 정치인들을 개혁의 첫 번째 대상으로 꼽았다. 차라리 그들이 존재하지 않는 것이 우리 사회 발전에 더 도움이 될 것이라는 암울한 조사 결과가 발표된 것이다. 지금 우리가 당면해 있는 아포리아는 사실 정치 리더십의 아포리아에서 기인한 것이라고 할 수 있다.

세월호 참사가 일어난 2014년에 우리나라를 방문했던 프란치스코 교황은 한국 사회 곳곳에 뼈아픈 반성과 진정한 리더에 대한 갈망을 불러일으켰다. 듬직한 체구의 교황은 조그마한 소형차를 타고 다니며 고통 속에 신음하고 있는 우리 국민들을 직접 만났다. 그는 스스럼없이 사고의 가해자에게는 뼈를 깎는 회개를, 슬픔과 분노에 몸을 떨던 피해자에게는 용서와 화해를 촉구했다. 그는 어느 누구의 편도 들지 않고 동시에 우리 모두가 스스로 자신의 자리를 돌아보게 함으로써 짧은 방문 동안 진정한 리더의 모습을 보여주었다. 왜 우리에게는 이런 리더가 존재하지 않는 것인가. 프란치스코 교황의 듬직한 어깨와 부드러운 미소가 한없이 부러웠다.

아포리아 시대의 필독서, 군주의 거울

이런 아포리아 시대에 우리가 함께 펼쳐보아야 할 책이 있다. 절망의 시대에 읽어야 할 인문학 장르의 도서들이다. 조직행동론Organizational

Behavior에 기초한 기존의 경영학적 리더십 교재는 잠시 덮어두고, 참된 리더를 위한 인문학의 고전을 펼쳐보자는 것이다. 아포리아 시대를 극복하기 위해 우리가 함께 읽어야 할 인문학 고전을 '군주의 거울Mirror for Princes'이라 한다.

　군주의 거울은 기원후 8세기, 유럽이 본격적으로 중세로 접어들던 카롤링거 왕조Carolingian Dynasty 시대부터 본격적으로 등장한 인문학의 리더십 교과 과정이다. 기원후 800년, 샤를마뉴Charlemagne(740~814)가 신성로마제국Holy Roman Empire의 황제로 취임한 뒤부터 단일 국가의 개념과 이를 떠받드는 봉건제가 생겨나기 시작했는데, 그 후로 국가 및 지역 간의 극심한 경쟁이 촉발된 것은 당연한 결과였다. 특히 중세의 봉건 제후들은 자신의 봉토를 지키고 확장시키기 위해 인근 제후들과 치열한 경쟁을 벌였다. 경쟁이 치열한 곳에서 탁월한 리더에 대한 갈망과 기대가 싹트기 마련이다. 세상이 혼탁하면 할수록 대중의 흐트러진 마음을 다잡고, 나라의 미래 지향점을 제시할 수 있는 탁월한 리더를 갈구하게 된다. 그래서 기원후 8세기부터 중세 유럽 사회에서는 탁월한 리더를 양성하기 위한 특별한 인문학 교과 과정이 개발됐다.

　장차 일국의 장래를 책임질 왕자들을 대상으로 한 리더십 교육의 중대성이 대두되면서 이들을 위한 리더십 교과 과정이 제시된 것이다. 유럽의 여러 나라에서 군주나 봉건 귀족의 자제가 탄생할 때마다 그에 적절한 군주의 거울이 그 나라의 학자나 사제들에 의해 집필됐다. 새로 탄생한 '왕자Prince'가 마땅히 본받아야 할 '거울Mirror'과도 같은 탁월한 리더의 모델을 제시하기 위함이었다. 그래서 이런 책들을

'군주의 거울'이라 불렀다. 중세 시대에 처음 등장한 군주의 거울은 프랑스 북동부 베르됭Verdun의 베네딕토회 수도원장이었던 스마라그두스Smaragdus of Saint-Mihiel(760~840 추정)가 쓴 『군주의 길Via Regia』로 추정된다. 이 책은 신성로마제국의 황제 샤를마뉴의 아들이자 아키타니아Aquitania의 왕이었던 '경건자' 루이Louis the Pious(778~840)를 위해 집필된 책이었다.

군주의 거울 장르가 탄생하게 된 또 다른 역사적 배경이 있다. 기원후 800년을 전후해 중세 각국의 수도원에서 그리스와 로마의 고대 문헌이 대대적으로 발굴된 것이다. 476년, 서로마제국의 함락이라는 역사의 격랑 속에서 유럽 지성인들의 기억에서 잊혀져가던 고대 그리스와 로마 문헌의 가치가 새로운 성찰을 촉구하기에 이르렀다. 이것을 역사가들은 8세기 후반부터 시작된 '카롤링거 르네상스Carolingian Renaissance'라 부르기도 하고, 아헨Aachen에 있던 샤를마뉴의 궁정학교에서 이런 고전의 가치가 주목받기 시작했기 때문에 '아헨 르네상스Aachen Renaissance'라 부르기도 한다. 그러므로 그리스와 로마 고전의 재발굴이 군주의 거울이라는 장르 탄생의 또 다른 역사적 배경인 것이다. 카롤링거 르네상스는 14~16세기에 태동한 이탈리아(피렌체) 르네상스와는 사뭇 다른 동력과 전개 과정을 거치지만, 그리스와 로마의 고전이 재발견되었다는 점에서는 거의 같은 양상을 보인다. '재탄생Rebirth'을 의미하는 '르네상스Renaissance'라는 명칭이 공통적으로 붙는 것은 그런 의미에서다.

중세 카롤링거 시대의 유럽 수도원들은 새롭게 발굴된 고대 문헌을 집중적으로 필사하면서(움베르토 에코의 『장미의 이름』이나 영화화된

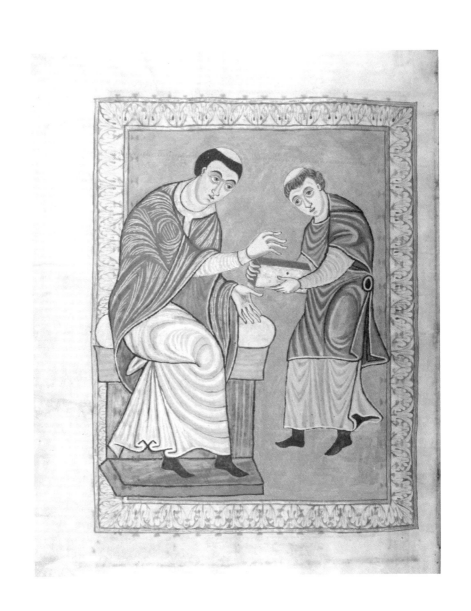

▲
작가 미상의 중세 시대 필사화.
카롤링거 시대의 수도승이 왕자에게 '군주의 거울' 도서를 읽히고 있는 모습이다.

동명 작품의 수도원 장면을 연상하면 된다), 이를 왕자나 귀족 자제의 리더 십을 교육하는 데 적극적으로 활용했고, 그런 필독서의 목록이 바로 군주의 거울이라는 장르로 발전한 것이다. 한마디로 군주의 거울은 유럽의 중세 시대부터 리더 혹은 장차 리더가 될 사람이 반드시 읽 어야 할 인문학의 고전이었다.

군주의 거울이 등장하기까지

기원후 8세기의 중세 유럽인들은 왜 고대 그리스와 로마의 문헌에서 군주의 거울이라는 장르를 고안해내게 되었을까. 고대 그리스와 로 마 문헌의 어떤 내용이 진정한 리더를 양성하기 위한 필독서로 발전 하게 되었을까. 그 해답은 그리스와 로마의 고전 자체에서 찾아볼 수 있다.

아우구스투스 황제 시대의 서사 시인 베르길리우스Publius Vergilius Maro(B.C. 70~19)가 로마의 건국 설화를 기록한 『아이네이스』에서 우 리는 군주의 거울의 모델로 삼을 만한 전형적인 장면을 확인할 수 있다. 모든 건국 신화가 그렇듯이 베르길리우스의 『아이네이스』도 새로운 나라의 방향을 설정하고, 건국의 기초 정신을 후대에 알리는 기능을 수행하기 위해 집필됐다. 『아이네이스』는 트로이와 그리스 연합군 간의 10년 전쟁이 끝난 뒤, 패망한 트로이의 유민이었던 아이 네아스가 일가친척과 함께 고향을 떠나 이탈리아 반도에 정착하는 고난과 모험의 여정을 담고 있다. 에트루리아인과 같은 이탈리아 원주민들이 이미 삶의 둥지를 틀고 있는 이탈리아 땅에 트로이 유민들이 이주를 시도하다 보니 치열한 정복 전쟁이 전개될 수밖에 없었다. 아이네아스는 이탈리아 원주민들과 생존을 위한 치열한 전투를 벌여야만 했다. 목숨을 건 전투가 전개되면서 적의 화살이 아이네아스의 허벅지에 꽂혔다. 그는 허벅지에 박힌 화살을 뽑아내려 했으나 화살촉이 살 속 깊숙이 박혀 빠지지 않았다. 아이네아스는 "피를 철철 흘리며 두 걸음에 한 번씩 그의 긴 창에 몸을 기대면서"[1] 앞으로 나갔고, 부하들에게 빨리 상처를 치료하고 "자신을 전투 현장으로 다시 돌려보내라고 명령"[2]했다. 바로 그다음 장면에서 장차 서구의 지성사에서 군주의 거울이 될 첫 번째 구절을 발견할 수 있다.

아이네아스는 싸움에 참여하고 싶어서 오른쪽과 왼쪽 다리를 황금 정강이받이에 넣고, 지체하기가 싫어서 창을 휘둘렀다. 방패를 옆구리에 끼고 가슴받이를 등에 놓자마자 아이네아스는 무장한 팔로 아들 아스카니우스를 껴안아, 아들의 투구를 비집고 가볍게 그의 입술에 입을 맞추며 말했다. "아들아, 나에게서는 용기, 그리고 진정한 노고를 배우고, 다른 이에게서는 행운을 배워라!"[3]

아이네아스는 자신의 허벅지에 박힌 화살을 당장 뽑으라고 명령했다. 그는 싸우고 싶어 안달이 난 사람처럼 서둘러 전쟁터로 뛰어가고자 했다. 그러고는 앞으로 펼쳐질 전쟁에서의 생사를 예측할 수 없었기에 아들 아스카니우스Ascanius에게, 용기와 탁월함은 아버지로부터 배우고, 행운은 다른 사람에게서 배우라는 유언을 남겼다. 아버지

▲
폼페이 유적지에서 발굴된 프레스코화. 나폴리 국립 고고학박물관 소장.
아이네아스의 허벅지에서 화살촉을 뽑아내는 장면이 묘사되어 있다.

인 자신은 아들에게 모범이 되기 위해 탁월함을 추구할 뿐, 행운의 여신이 지어줄 미소는 기대하지 않겠다는 유언이었다. 아이네아스는 그다음 유언에서 장차 군주의 거울에 전범이 될 명문장을 남긴다.

"곧 네가 장성하여 성년이 되면 너의 친족을 본보기로 떠올리게 될 것인즉, 그때 너의 아버지 아이네아스와 너의 삼촌 헥토르가 너의 영혼을 고무하게 되리라!"[4]

로마의 건국자인 아이네아스는 아들 아스카니우스에게 군주의 거울을 제시한다. 그는 자신의 뒤를 이어 장차 알바롱가Alba Longa의 왕이 될 아들에게 닮고 배워야 할 인물이 있어야 하며, 그 모델이 바로 아버지인 자신과 트로이 전쟁에서 장렬하게 전사했던 외숙부 헥토르임을 밝힌다. 반인반신半人半神의 괴력을 지닌 아킬레우스의 창검을 두려워하지 않고 달려들던 헥토르의 용기를 기억하고, 허벅지에 박힌 화살촉을 뽑으며 적진으로 뛰어들던 아버지의 용기를 모범으로 삼으라는 것이다. 왕자에게는 탁월한 리더의 모델이 필요한 법이고, 아스카니우스의 군주의 거울은 바로 아이네아스와 헥토르였다.

아이네아스가 그다음에 취한 행동은 후대 사람들에게 군주의 거울이 지향하는 바를 정확하게 보여준다. 그는 아들에게 마지막 유언을 남기고 "손으로는 거대한 창을 휘두르고, 거대한 몸짓으로 성문 밖으로 나오면서" 달려 나갔다.[5] '거인처럼' 달려 나가는 모습을 통해 아들 아스카니우스에게 영원히 잊지 못할 군주의 진정한 모범을 보여준 것이다. 그는 장차 리더로서 살아가게 될 자신의 아들이 반드시 기억해야 할 군주의 거울이 됐다. 이렇게 멋진 아버지가 또 어디 있겠는가. 얼마나 많은 이 땅의 아버지들이 자신은 난장이처럼 살면서 자녀들에게는 거인처럼 살라고 강요하는가. 아버지가 먼저 거인처럼 살아간다면 자식은 당연히 그 거인의 발자국을 따라가기 마련이다. 군주의 거울인 아버지를 통해 자신도 거인으로 성장해가는 것이다.

군주의 거울과 관련한 두 번째 인물은 로마 시대에 활동한 그리스 출신의 역사가 플루타르코스Plutarchos(40 추정~120 추정)다. 군주의 거울이라는 개념을 최초로 생각해낸 인물로 추정되는 플루타르코스는 기원후 120년경, 즉 로마제국이 가장 번성했던 이른바 오현제伍賢帝 시대에 활동했던 철학자이며 역사가다. 로마제국을 이끄는 리더들에게 그리스 고전을 읽고 사숙할 것을 강조한 그는 『모랄리아』라는 책에서 이렇게 말한다.

> "(탁월함을 추구하는) 이런 부류의 사람들에게는 이미 어떤 사업을 하거나 관직에 취임하거나 행운을 잡거나 할 때, 자기들 눈앞에 펼쳐진 현재 또는 과거의 선인先人들을 놓고 깊이 성찰하는 것이 한결같은 습관이었지."[6]

어떤 지위에 오른 사람, 즉 리더의 위치에 오른 사람은 과거 선인들의 삶을 돌아보는 성찰의 시간이 필요하다는 뜻이다. 플루타르코스는 이렇게 말을 이어간다.

> "'이 경우라면 플라톤은 어떻게 행동했을까? 에파메이논다스(필자 주: 에파미논다스)는 뭐라고 말했을까? 리쿠르고스 자신이나 아게실라오스

는 어떻게 행동했을까?' 이와 같은 거울들 앞에서, 비유적으로 말하면, 그들은 치장하고 습관을 고치며, 천한 말을 자제하거나 정념의 발동을 끈다네."[7]

이 문장에서 처음으로 '거울'이라는 던이가 구체적으로 사용되었는데, 바로 여기서부터 후대 사람들이 군주의 거울이라는 개념을 발전시킬 수 있는 성찰의 씨앗이 뿌려졌다. 플루타르코스는 로마제국의 리더들에게 플라톤Platon(B.C. 427~347), 에파미논다스Epaminondas(B.C. 410~362), 리쿠르고스Lycourgos, 아게실라오스Agesilaus(B.C. 444~360)라는 탁월한 군주의 거울을 제시한다. 그들의 삶과 가르침을 통해 자신의 부족한 모습을 개선하고 언행을 삼가며 욕망을 자제하라는 것이다. 플라톤은 아테네의 철학자로, 에파미논다스는 테바이의 유능한 정치가로, 리쿠르고스는 전설적인 스파르타의 입법자로, 그리고 아게실라오스는 그리스 전체를 통틀어 가장 탁월한 왕으로 칭송받은 인물이다.

왜 하필 그리스일까?

그런데 플루타르코스는 왜 하필이면 플라톤, 에파미논다스, 리쿠르고스 그리고 아게실라오스라는 그리스 위인들을 군주의 거울로 제시했을까. 왜 유독 그리스에서 군주의 거울의 모델로 삼을 만한 인물들이 많이 배출되었을까. 왜 우리는 군주의 거울을 숙고하기 위해 그리스 고전으로 돌아가야 하는 것일까.

그리스는 신화의 나라, 철학과 민주주의의 고향, 예술의 요람으로 알려져 있다. 아테네의 도심에 우뚝 솟아 있는 아크로폴리스 바로 아래에는 무려 1만 7000명이 모여 연극을 즐길 수 있는 디오니소스 극장이 있었다. 아테네 사람들은 봄만 되면 이곳에서 소포클레스Sophocles(B.C. 496~406)의 비극과 아리스토파네스Aristophanes(B.C. 445 추정 ~385 추정)의 희극을 감상하며 인생과 세상살이의 의미를 숙고했다. 그들은 매우 문학적이었으며, 호메로스Homeros(B.C. 800 추정~750)가 쓴 『일리아스』와 『오디세이아』의 열렬한 애독자였다. 그들은 밤마다 모여 함께 호메로스의 글을 낭독하며 시간을 보냈다.

또한 그리스는 정치의 나라이기도 했다. 지금 우리가 시행하고 있는 민주주의의 기초는 아테네에서 수립됐다. 솔론Solon(B.C. 638 추정 ~558)이라는 정치 개혁자의 등장으로 그동안 아테네에서 야기되던 귀족계급과 평민계급 사이의 정치적 갈등이 해소됐다. 솔론의 개혁을 통해 평민도 최고 관직에 오를 수 있는 자격을 얻게 된 것이다. 클레이스테네스Cleisthenes(B.C. 570 추정~508 추정)는 아테네 시민들을 열 개의 부족으로 나누고, 한 부족에서 각각 50명의 대표를 뽑도록 했다. 총 500명으로 구성된 민회民會가 완성된 것이다. 그때부터 아테네는 민주주의의 진정한 초석을 놓게 되었고, 기원전 487년 도편추방Ostracism이라는 제도를 마련해 독재자의 등장을 미리 방지할 수 있는 정치적 안전장치까지 만들어냈다.

이것이 우리가 알고 있는 그리스의 일반적인 모습이다. 그러나 기원전 5세기에 접어들면서 그리스는 절체절명의 위기에 노출된다. 그

로렌스 알마-타데마, 〈호메로스 낭독〉, 1885년, 필라델피아 예술박물관 소장.

리스의 아포리아, 즉 길 없음의 상태가 시작된 것이다. 기원전 5세기 초, 즉 499~449년에 촉발된 페르시아 전쟁이 그리스가 직면한 첫 번째 아포리아다.

페르시아라는 거대 제국이 대군을 이끌고 그리스를 침공하자 그들은 충격에 휩싸였다. 성 밖에 거주하는 노예를 모두 포함해도 최대 인구 30만 명 정도가 전부인 아테네 사람들에게 500만 명 이상의 강력한 군대가 공격을 감행한 사건은 전대미문前代未聞의 아포리아를 야기했다.[8] 헤로도토스는 『역사』에서 "다리우스의 아들 크세르크세스가 세피아스와 테르모필라이까지 이끌어온 사람 수는 5,283,220이라는 결론이 나온다"고 구체적으로 밝히고 있다.[9] 물론 이 추정치는 페르시아 전쟁을 위해 함께 군대와 이동했던 페르시아 군인의 가족과 노예까지 모두 포함한 숫자다. 그렇더라도 500만 이상이라는 거대한 군대의 진격 앞에서 그리스인들은 아포리아를 직감했을 것이다.

그리스에 밀어닥친 두 번째 아포리아는 기원전 431~404년 페르시아 전쟁의 상처가 채 아물기도 전에 발발한 펠로폰네소스 전쟁이다. 그리스에 기원전 5세기는 우리가 흔히 알고 있는 '아테네의 황금기The Athenian Golden Age'인 동시에 참혹한 전쟁이 두 번이나 발발했던 죽음과 폭력의 시기였다. 그리스인들에게 펠로폰네소스 내전은 단순한 전쟁이 아니었다. 함께 호메로스의 서사시를 읊던 동족끼리, 같은 헬라어를 쓰는 피붙이끼리, 올림픽이 열리면 함께 뛰고 달리며 선의의 경쟁을 펼치던 친족끼리 서로 죽이고 죽는 비극을 초래한 것이다. 펠로폰네소스 전쟁의 전체 과정을 지켜본 아테네의 역사가 크세노폰Xenophon(B.C.

430~354)은 자신의 책『헬레니카』의 마지막 부분에서 이 동족상잔의 전쟁이 초래한 결과에 대해 담담하게 전한다.

아무도 상대가 승전비를 세우는 것을 방해하지 못했다. 그 후 양측은 각각 승자로서 휴전한 후 시신을 돌려주었고, 동시에 패자敗者로서 휴전한 후 시신을 돌려받았다. 또 양측 모두 승자를 자처했으나 전투 이전과 똑같이 아무런 땅이나 도시나 패권을 더한 것이 없었다. 한편 전투가 끝난 다음 그전보다 더 진한 불확실성과 혼란이 발생했다.[10]

펠로폰네소스 전쟁의 핵심 당사자인 아테네와 스파르타 양측 모두 전쟁으로 인해 역사의 패배자로 전락했다는 이야기다. 승자도 없고 패자도 없는 무의미한 전쟁이었으며, 전쟁의 결과는 그리스 전체에 밀어닥친 불확실성과 혼란뿐이었다. 뜨거운 햇볕 아래에서 척박한 땅을 일구며 함께 살아가던 동족들끼리 서로 창검을 겨누었을 때, 그리스 사람들은 한 시대의 종말과 문명의 쇠퇴를 예감했다. 이것이 그리스의 두 번째 아포리아다.

이 연속된 그리스의 아포리아는 군주의 거울이 될 고전의 탄생을 촉발시켰다. 고난 속에서 되새기는 고뇌의 밤이 깊어가면 갈수록, 길 없음의 상태를 극복하기 위한 현자들의 뼈를 깎는 성찰이 시작된 것이다. 인류 최초의 역사가인 헤로도토스Herodotus(B.C. 484~425 추정)는 페르시아 전쟁이 왜 발발했고, 이 전쟁의 결과가 무엇인지에 대한 장문의 역사 기록을 남겼다. 그 참혹한 전쟁을 주도한 주인공들이 승리하거나 패배할 수밖에 없었던 전후좌우를 해석한 것이다. 이것은 단순한 전쟁 역사물이 아니었다. 페르시아 전쟁의 당사자였던 여러 군주와 장군을 역사의 무대로 직접 소환해 그들에게서 무엇을 배우고, 또 무엇을 배우지 말아야 하는가에 대한 성찰을 유도한 것이다.

헤로도토스에 이어 다음 세대의 그리스 역사가로 활동했던 투키디데스Thucydides(B.C. 460~395 추정)도 펜을 들었다. 그는 펠로폰네소스 전쟁이 일어나자 이 전쟁의 시종始終과 전후前後를 객관적으로 기록하겠다는 원대한 포부를 품었다. 비록 전쟁의 최종 국면까지 기록하지는 못했지만, 투키디데스는 왜 아테네가 스파르타에 패할 수밖에 없었는지, 그리고 아테네를 몰락의 길로 들어설 수밖에 없게 한 리더의 문제에 대해 정확하게 분석했다. 위대한 영웅과 비열한 악한들의 이야기를 감정에 치우침 없이 객관적으로 기술함으로써 후대 사람들에게 아포리아 상태에 직면했을 때 선택해야 할 리더의 모습을 제시한 것이다.

두 번의 전쟁이 스쳐간 후에도 그리스의 아포리아는 완전히 사라지지 않았다. 다음 세기, 즉 두 번의 전쟁으로 얼룩진 기원전 5세기가 지나가고 새로운 세기가 시작되던 첫해에 그리스에 세 번째 아포리아가 찾아왔다.

기원전 399년, 아테네의 현자 소크라테스Socrates(B.C. 469~399)가 독배를 들고 죽음을 맞이한 것이다. 아테네라는 도시가 철학에게 첫 번째 범죄를 저지른 사건이었다. 세계 4대 성인 중 한 명이며, 어떤 사람들에게는 '서양 철학의 아버지'라 추앙받는 소크라테스가 아테네 사람들의 저주를 받으며 죽음으로 내몰렸다. 그리스의 세 번째 아포리아는 과거 두 번의 전쟁처럼 외부 요인으로 인해 초래된 것이 아니라 내부에서 자생적으로 생겨났다는 점이 무엇보다 더 큰 충격이었다.

많은 그리스 사람들이 이 자생적인 아포리아로 혼란에 빠졌고, 특히 소크라테스의 제자들은 이 절체절명의 상태에서 신음했다. 소크라테스는 특유의 '산파술産婆術'로 아테네 청년들을 사유의 아포리아에 이르게 하는 것으로 유명했다. 그에게 아포리아는 '무지의 자각' 뒤에 이어지는 새로운 깨달음을 위한 절차였다. 그런 소크라테스가 공권력에 의해 피살되었으니 그 충격은 상상할 수도 없을 정도였다. 사유의 아포리아가 아니라 사법적 아포리아 상태가 촉발된 것이다.

소크라테스의 수제자인 플라톤과 애제자인 크세노폰은 이해할 수 없는 스승의 죽음 앞에서 분연히 펜을 들고 그리스의 아포리아를 극복하기 위한 대안을 모색하기에 이른다. 그들은 후대 사람들에게 왜 기원전 5~4세기 그리스에서 아포리아가 연이어 발생했고, 이 아포리아를 극복하는 방법이 무엇인가에 대한 위대한 통찰의 글을 남기고자 했다. 그들이 쓴 책이 바로 『국가』와 『키루스의 교육』이다. 장차 군주의 거울이 될 불세출의 명저는 이런 배경에서 탄생했다.

위기는 기회를 만들지만 아포리아는 인간과 세상을 다르게 바라보는 분별력을 낳는다. 우리가 군주의 거울로 일컬어지는 그리스의 고전을 읽어야 하는 이유가 바로 여기에 있다. 기원전 5~4세기에 그리스인들이 경험했던 아포리아는 지금도 우리들의 척박한 땅에서 반복되고 있다. 인류의 역사가 시공간을 초월해 반복된다는 역사적 일반론을 지지하지 않더라도, 고대 그리스의 역사적 경험과 한국의 현대사가 보여주는 유사성은 놀라울 정도다.

우리도 기원전 5세기 초반의 그리스 사람들처럼 외부의 적(일본)으로부터 침입을 받았다. 35년간 이어진 일제 식민 통치는 한반도에 거주하는 모든 사람들에게 국가적 정체성의 위기를 안겨주었다. 해방의 감격이 채 가시기도 전에 발발한 한국전쟁의 비극은 고대 그리스의 펠로폰네소스 전쟁과 꼭 닮았다. 같은 민족끼리 서로 죽이고 죽는 살육의 전쟁에 남과 북이 모두 가담함으로써 우리 민족은 씻을 수 없는 영혼의 상처를 안았다. 우리나라의 근대화는 일제강점기와 겹치면서 외부적 혼란을 경험했고, 동족끼리의 전쟁을 통해 동아시아의 영속적인 분단국가라는 역사의 멍에를 고스란히 지게 됐다. 눈부신 경제 성장과 민주화를 통해 얻은 것도 많았지만 잃은 것도 많았다. 아테네 내부의 자생적 아포리아가 소크라테스를 죽음으로 내몰았듯이, 지금 한국 사회의 내부적 아포리아는 외부적 위협을 능가할 정도로 심각하기만 하다.

지금 대한민국은 어떻게 해볼 수 없는 상태, 길 없음의 상태에 처해 있다. 무엇보다 안타까운 것은 이 아포리아를 타개하고 함께 나아갈 미래의 방향을 제시하는 탁월한 리더의 모습이 보이지 않는다는 점이다. 아포리아 시대의 인문학은 당의정糖衣錠처럼 겉만 달콤한 힐링의 도구가 되어서도 안 되고, 진영 논리에 사로잡힌 이데올로기 비판의 잣대가 되어서도 안 된다.

우리가 처한 아포리아는 너무도 치명적이고 심각하므로 이 시대의 인문학은 군주의 거울인 그리스의 고전으로 돌아가야 한다. 비난의 손가락을 타인에게 겨누지 말고 먼저 거울에 비친 나 자신의 솔직한 모습을 성찰하자는 것이다. 그리고 함께 힘을 모아 어서 빨리 이 길 없음의 상태에서 벗어나야 한다. 기원전 5세기의 그리스에 충격과 절망의 아포리아가 있었기에 그 땅에 찬란한 문화가 꽃필 수 있었던 것처럼, 오늘날의 이 시련과 절망의 땅에서도 새로운 희망의 싹을 틔워야 하지 않겠는가.

2 | 리더의 자질이 없는 자는 척박한 땅에 만족하라
- 헤로도토스의 『역사』

그리스의 첫 번째 아포리아, 페르시아 전쟁

그리스가 맞닥뜨린 첫 번째 아포리아는 전대미문의 페르시아 전쟁으로 비롯됐다. 무려 500만 명이 넘는 페르시아 군대가 일시에 공격을 감행하자 그리스 사람들은 대혼란에 빠졌다. 페르시아제국의 국력에 비해 변방의 작은 나라에 불과한 그리스는 그야말로 족탈불급足脫不及이었다.

우선 두 나라의 영토는 비교할 수도 없을 만큼 차이가 컸다. 페르시아는 지금의 아프가니스탄 지역인 박트리아Bactria에서 인도 서북부까지를 동쪽의 국경선으로 삼고 있었고, 서쪽으로는 지금의 이집트와 터키 지역을 모두 차지하고 있었다. 심지어 그리스 문명이 태동한 지금의 터키 남서부 도서 지역인 이오니아Ionia도 페르시아 영토에 속해 있었으니, 표현 그대로 '거대한 제국'이었다.

반면 그리스는 이 거대한 페르시아제국의 왼쪽 변방에 붙어 있는 소국으로, 그 작은 영토마저 수많은 도시국가로 분열되어 있었다. 세계 최초로 제국을 건설한 페르시아가 500만 대군을 이끌고 그리스를 침공하자, 많은 그리스인들이 '역사의 종말'을 예감했다. 삶의 터전을 송두리째 빼앗기고, 찬란했던 그리스 문명이 야만의 손에 넘어가게 되리라는 위기감이 팽배해진 것이다. 페르시아 전쟁으로 촉발된 첫 번째 아포리아는 그리스인들에게 절체절명의 위기감을 불러일으켰다.

헤로도토스는 바로 이 첫 번째 아포리아의 처음과 끝을 기록했다. 많은 사람들이 그리스의 지성知性을 이야기할 때 철학자 소크라테스와 플라톤 그리고 아리스토텔레스Aristoteles(B.C. 384~322)를 떠올리지만, 사실 호메로스 이후에 나타난 첫 번째 그리스의 지성은 소크라테스보다 15년 정도 먼저 태어난 역사가 헤로도토스다. 그는『역사』라는 책을 통해 세계 최초의 '역사가Historian'로 등극하게 되는데, '역사ιστορια,historia'라는 단어와 개념도 사실 그가 처음으로 만들어낸 것이다. 헤로도토스는『역사』의 서문에서 이렇게 말한다.

이 글은 할리카르낫소스의 헤로도토스가 수행한 조사의 결과이다. 이 글의 목적은 시간이 지나면서 인간의 사건의 흔적이 지워지는 것을 막고, 헬라스(필자주: 그리스)인들과 비非헬라스인들이 했던 중요하고 놀라운 행적들의 명성을 보존하기 위한 것이다. 이 중에서 특히 헬라스인들과 비헬라스인들 사이의 적대 상황의 원인을 파헤치고자 한다.[1]

헤로도토스는 이 문장으로 말미암아 로마의 철학자 키케로에 의해 "역사의 아버지"로 불리게 된다. 그는 역사적 사건의 발생 원인과 그 사건이 남긴 역사적 의미에 대해 '탐사'를 시도한 최초의 인물이다. 그는 우리 주변에서 일어나는 일들, 특히 국가와 국가 간의 전쟁이 신의 섭리나 계획에 의해 일어나는 것이 아니라고 생각했다. 뿐만 아니라 그는 합리적으로 '역사를 기술하는 방식Historiography'에 대해 처음으로 고민한 사람이기도 하다. 헤로도토스는 역사를 신화의 세계로부터 분리시켰고, 실제로 일어난 사건에 대해 탐사하고 그 전후 과정과 결과를 기록한 보고서를 제출했다. 그는 '왜 그리스와 페르시아 사이에서 전쟁이 발발할 수밖에 없었는가?'라는 질문에 답하기 위해 전쟁 당사자들의 생생한 증언을 듣고 실제 전쟁이 일어났던 유적지를 답사하는 등의 현장 확인을 거쳐 이 '탐사 보고서'를 작성했다. 객관적인 사료를 발굴하고 정리해 그 역사적 의미를 추론해내는 역사가가 처음으로 탄생한 것이다.

헤로도토스는 『역사』를 통해 페르시아 전쟁의 기원에서부터 마라톤 전투(B.C. 490), 테르모필레 전투(B.C. 480), 살라미스 해전(B.C. 480)의 전개 과정을 설명한 뒤 결국 그리스에 패한 페르시아 군대가 본국으로 철수한 이야기를 끝으로 최초의 탐사 보고서를 마친다. 그 사이사이 지중해 연안의 여러 나라와 민족 들에 대한 민속지적 정보를 포함해 독자들의 관심을 유도하는 스토리텔링까지 시도했다. 리디아의 크로이소스 왕(1권 전반), 페르시아의 키루스 대왕(1권 후반), 이집트(2권), 그리고 변방의 스퀴타이족(4권)에 대한 흥미진진한 이야깃거리가 계속 등장한다. 헤로도토스의 원작을 번역한 천병희 선생의 한글 번역본이 무려 900페이지에 달할 만큼 『역사』는 대작 중의 대작이다. 그리스를 침략하려 했던 비헬라스계 나라들, 특히 페르시아에 대한 여러 내용을 한곳에 모두 담으려다 보니 크로이소스, 키루스, 캄비세스, 다리우스, 크세르크세스 등의 생소한 이름들이 끝없이 펼쳐진다. 『역사』는 고전을 읽어내는 특출한 인내력과 그리스 문장에 대한 고도의 집중력이 없으면 끝까지 읽어내기가 쉽지 않은 대작이다.

  이 방대한 인류 최초의 '역사'에 등장하는 여러 군주들 중에서 특별히 세 사람을 주목하고자 한다. 긍정적이든 혹은 부정적이든 이 세 사람은 후대 사람들에게 군주의 거울이 되기에 충분한 자격이 있기 때문이다. 그들은 바로 리디아Lydia의 왕 크로이소스Kroisos/Croesus(B. C. 595~546 추정), 페르시아의 왕 크세르크세스Xerxes(B.C. 519~465) 그리고 아테네의 영웅 테미스토클레스Themistocles(B.C. 524~459)다. 페르시아 전쟁이 남긴 교훈을 정확하게 보여주는 이 세 사람의 삶과 행적을 통해 우리 스스로를 성찰할 수 있는 군주의 거울을 발견하게 될 것이다. 페르시아 전쟁의 실제 주역이었던 이들은 지금 우리 앞에 거울이 되어 서 있다. 그들의 삶과 행적을 통해 무엇을 배우고 무엇을 배우지 말아야 할지를 깨닫는 것, 그것이 바로 우리가 헤로도토스의 『역사』를 군주의 거울로 읽는 방식이다.

리디아의 왕 크로이소스

『역사』는 페르시아와 그리스 간에 벌어진 기원전 5세기의 전쟁에 대한 기록으로 시작하지 않는다. 헤로도토스는 제1권에서 "내가 아는 한에서, 헬라스인들에게 적대적인 범죄 행위를 처음 시작한 남자에 대해 이야기할 것이다"는 짧은 문장을 통해 한 인물을 먼저 소개한다.[2] 이것이 『역사』의 시작이다. 그 인물은 리디아의 왕 크로이소스이며, 리디아는 지금의 터키를 말한다. 크로이소스는 헬라스 사람도 아니고 그렇다고 페르시아 사람도 아니었다. 그는 페르시아에 의해 오래전에 정복당한 리디아의 왕이며, 페르시아 전쟁이 발발하기 전인 기원전 6세기의 인물이다. 그런데 왜 헤로도토스는 『역사』의 시작 부분에 굳이 크로이소스를 등장시켰을까.

그는 "그가 누구이며 누가 이런 일을 했는지 밝힌 뒤, 나머지 이야기를 할 것이다. 그 후 크고 작은 인간의 정착지들을 동일하게 다룰 것이다"라고 말하며 재차 크로이소스의 중요성을 언급했다.[3] 우리들의 관심을 끄는 것은 그다음에 이어지는 문장이다. 헤로도토스는 페르시아 전쟁과 직접적인 연관이 없는 크로이소스를 소개하면서 "내가 크고 작은 인간의 정착지를 동일하게 다루려고 하는 것은, 인간의 행복이 같은 장소에서 오랫동안 지속되지 못하기 때문이다"라고 밝힌다.[4] 이 짧은 문장이야말로 이 방대한 책의 간단명료한 요약이라고 할 수 있다. 리디아의 왕 크로이소스가 추구했던 행복과 페르시아의 왕 크세르크세스가 추구했던 행복을 비교하고 있는 것이다. 작은 나라 리디아의 왕이나 큰 나라 페르시아의 왕은 "인간의 행복이란 덧없는 것"임을 알지 못하는 공통점을 가지고 있었다. 그래서 그는 지금 "큰 도시와 작은 도시의 운명을 똑같이 언급하려는 것"이다.

크로이소스는 이 세상에서 자신이 제일 행복하다고 굳게 믿었던 왕이다. 기원전 560년부터 547년까지 지금의 터키 서부 지방을 다스린 절대군주였던 그는 사실 스스로 가장 행복한 사람이라고 자처할 만한 충분한 자격을 갖추고 있었다. 리디아라는 큰 나라를 다스리는 권력을 가지고 있었으며, 막강한 군대를 거느렸고, 엄청난 재산을 소유하고 있었기 때문이다. 리디아의 수도였던 사르디스Sardis를 관통하던 팍톨로스Pactolus 강에서 사금砂金이 발견되었는데, 그 양이 엄청났던 것이다. 그는 자기 영토에서 출토되는 이 어마어마한 양의 사금을 이용해 최초로 100퍼센트 순금으로 된 고대의 주화를 만들었다. 재산이 얼마나 많았는지, 그리스 델포이의 아폴로 신전에 너무 많은 기부금을 희사해 헤로도토스와 크세노폰 등의 고대 그리스 역사가의 기록에 '부자'의 상징처럼 등장했을 정도다. 그래서 지금도 영어의 관용구 중에 'rich as Croesus' 혹은 'richer than Croesus'라는 표현이 남아 있다.

헤로도토스는 이 부자의 나라, 행복한 왕의 나라에 찾아온 그리스의 현자 솔론의 이야기로 『역사』의 첫 장면을 풀어나간다. 이 사건은 페르시아 전쟁이 발발하기 반세기 전의 일이다. 페르시아 전쟁의 발발 원인에 대한 설명을 기대하던 독자들에게는 다소 엉뚱한 출발처럼 보일 수 있다.

아테네의 현자 솔론이 리디아의 왕 크로이소스를 전격 방문했다. 솔론은 아테네의 입법 개혁자로 대의 민주주의의 기초를 놓은 인물이다. 그는 아테네 사람들이 자신이 공들여 만든 새로운 법을 쉽게 개정하지 못하도록 아예 외국으로 떠나버렸다. 사방에서 밀려드는 법 개정에 대한 압력을 피하기 위해 스스로 조국을 등진 것이다. 그의 외유는 10년간 이어졌다. 이집트와 키프로스를 차례로 방문한 솔론은 크로이소스가 통치하는 부자 나라 리디아에 도착했다.

아테네의 전설적인 현자가 자신의 나라를 방문했다는 소식을 듣자 크로이소스 왕은 내심 자신의 권력과 부를 자랑하고 싶어졌다. 크로이소스는 국빈國賓인 솔론에게 자신의 넘쳐나는 보물창고를 보여주고는 이렇게 질문했다.

"아테네에서 온 손님이여, 우리는 사르디스에서 종종 당신의 이름을 들어왔소. 당신의 학식과 여행이 여기에서 유명하오. 그리고 우리가 듣기로는 당신은 지식을 사랑하며 세계를 보기 위해 넓고 멀리 여행했다고 들었소. 그래서 우리는 당신이 모든 사람보다 더 행복한 사람을 만났는지 궁금하오."[5]

크로이소스는 솔론으로부터 이런 대답을 기대했을 것이다. "크로이소스 왕이시여, 단언컨대 이런 엄청난 황금과 권력을 가지신 폐하야말로 이 세상에서 가장 행복한 사람이라 사료되옵니다." 그러나 솔론의 대답은 왕의 기대와 전혀 달랐다. 그는 크로이소스 왕에게 전쟁터에서 용감히 싸우다가 전사한 아테네 사람 텔로스가 이 세상에서 가장 행복한 사람이라고 대답했다. 크로이소스는 자신을 세상에서 가장 행복한 사람으로 지명하지 않은 솔론에게 화가 났지만, 짐짓 왕의 체면을 유지하며 그렇다면 이 세상에서 두 번째로 행복한 사람은 누구라고 생각하는지 재차 물었다.

솔론의 두 번째 대답 역시 실망스럽기는 마찬가지였다. 솔론은, 자기 어머니를 헤라 여신의 축제장에 모시고 가기 위해 직접 멍에를

▲
네덜란드 화가 헤라드 반 혼토르스트가 그린 〈크로이소스와 솔론의 대화〉, 1624년,
함부르크 미술관 소장.

메고 먼 길을 달려 간 클레오비스Cleops와 비톤Biton 형제가 이 세상에서 두 번째로 행복한 사람이라고 대답한 것이다.

클레오비스와 비톤 형제의 어머니는 헤라 여신을 섬기는 여사제였다. 아르고스에서 헤라 축제가 열리자 축제에 참석하고 싶어 하는 어머니를 편안히 모시기 위해 두 형제는 소달구지를 준비했다. 그런데 들판에 나갔던 소가 아무리 기다려도 돌아오지 않자, 두 형제는 자신들이 직접 멍에를 어깨에 짊어지고 먼 길을 달렸다. 두 아들의 힘든 노고 덕에 어머니는 무사히 헤라 축제가 열리는 아르고스의 신전에 도착할 수 있었다. 클레오비스와 비톤 형제는 자신의 임무를 성실히 완수한 뒤 헤라 여신의 축복을 받으며 조용히 임종을 맞이했다. 솔론은 어머니에 대한 효성이 지극했고 주어진 모든 임무를 무사히 마친 뒤 고통 없이 평화스러운 얼굴로 숨을 거둔 이 두 형제야말로 이 세상에서 가장 큰 행복을 누린 사람이라고 칭송한 것이다.

크로이소스는 끝내 치밀어오르는 분노를 참지 못하고, "아테네에서 온 손님이여, 당신은 우리의 행복을 완전히 무시하는 거요? 그리고 그것은 평범한 시민들보다 우리를 낮게 여겨서 그런 것이요?"라고 소리치며 솔론을 질책했다.[6] 그는 보물창고에 가득 찬 엄청난 양의 황금과 국왕으로서 누리는 절대 권력을 가지고 있는 자신이 이 세상에서 가장 행복한 사람이라고 확신하고 있었다. 그런데 아테네의 현자라는 사람이 나타나 이미 목숨을 거둔 텔로스나 클로이비스와 비톤 형제가 가장 행복한 사람이라고 하니 화가 나지 않을 수 없었다. 솔론은 분노하는 크로이소스 왕 앞에서 참된 행복에 대한 자신의 견해를 밝힌다.

"크로이소스 전하, 인간의 삶은 완전히 운명의 산물이라고 볼 수 있습니다. 당신은 엄청나게 부유하고 많은 사람들을 다스리고 있지만, 저는 당신이 돌아가시기 전에는 당신이 물어보는 것에 대해 대답할 수 없습니다. 재산이 아주 많은 사람이라도, 행운이 그를 따라다니며 그가 행복하게 죽기 전에는, 매일의 삶을 살아가는 사람보다 더 낫다고 말할 수는 없기 때문이죠. (중략) 만약 그가 영웅적인 죽음을 맞이한다면 그가 당신이 좇아야 할 사람이며, 그 사람이야말로 행복한 사람이라고 할 수 있습니다. 하지만 그가 죽기 전에는 그를 행복한 사람이라고 부르기는 어려우며, 단지 운이 좋았다고 말할 수 있습니다."[7]

페르시아 전쟁의 기원과 진행 과정 그리고 전쟁의 결과에 대한 탐사 보고서를 쓰겠다고 다짐했던 헤로도토스는 왜 뜬금없이 크로이소스와 솔론의 행복에 대한 대화를 소개하는 것일까? 이 질문에 답하기 전에 먼저 『역사』의 제1권에 이어지는 크로이소스 왕에 대한 이야기를 좀 더 살펴볼 필요가 있다. 헤로도토스는 여기서 또 다른 중요한 인물을 한 명 등장시킨다. 바로 페르시아제국의 건국자인 키루스 대왕Cyrus the Great(B.C. 576~530)이다(키루스 대왕에 대해서는 이 책 2부에서 상세히 다루도록 하겠다). 솔론과 크로이소스의 대화로 『역사』를 시작한 헤로도토스는 이어서 키루스 대왕과 크로이소스와의 대화를 소개한다.

세월이 흘러 리디아의 왕 크로이소스는 페르시아제국을 건설한 키루스 대왕의 공격을 받아 패배의 굴욕을 당하고, 결국 페르시아의 속국으로 전락하는 신세가 된다. 당시 기원전 6세기는 키루스 대왕이 페르시아제국을 창건하고 그 세력을 확장시키던 때였다. 아르메니아Armenia, 아시리아Assyria, 메디아Media 등의 강대국을 차례로 굴복시킨 키루스 대왕은 크로이소스 왕이 통치하는 리디아를 공략하기 위해 행군을 계속했다.

크로이소스는 새롭게 발흥하는 페르시아와의 전쟁을 앞두고 평소 엄청난 공납금을 바쳐온 델포이의 아폴로 신전으로부터 전쟁의 결과에 대한 신탁을 받았다. 자신이 통치하는 리디아가 "페르시아인들과 전쟁을 해야 하는지 그리고 다른 동맹군을 결성해야 하는지 신탁에 묻게"한 것이다.[8] 그가 받은 델포이의 신탁은 "페르시아와 전쟁을 하게 되면, 거대한 제국을 멸망시킬 것"이라는 내용이었다.[9]

크로이소스는 이 신탁을 자신에게 유리한 쪽으로 해석했다. 전쟁을 하게 되면 페르시아라는 거대한 제국을 멸하게 될 것이라고 해석해 선제공격을 감행한 것이다. 그러나 결국 그는 전쟁에서 패하고 말았다. 신탁이 패배를 예언했던 거대한 제국은 페르시아가 아니라 바로 자신이 통치하는 리디아였던 것이다.

키루스 대왕이 리디아의 수도를 함락시키고 크로이소스는 전쟁 포로로 잡혔다. 헤로도토스의 『역사』에 따르면 "크로이소스는 14년간 나라를 다스렸고, 14일간 포위되어 있었다"고 한다.[10] 일국의 왕으로 누렸던 14년의 부귀영화가 단 14일간의 항전抗戰으로 허무하게 끝난 것이다. 전쟁에서 패한 크로이소스 왕은 당시의 관습대로 정복자 키루스 대왕이 지켜보는 가운데 화형당할 운명에 처했다. 14명의 젊은 이들과 함께 불에 타 죽는 비극적인 인생의 결말이 그를 기다리고 있었다.

불타오르는 장작더미 위에서 끔찍한 죽음을 기다리던 크로이소스는 문득 솔론의 말을 떠올렸다. 만약 그가 "누군가 죽기 전에는 그를 행복하다 부르지 마시고, 운이 좋았다고 하소서"라고 말했던 솔론의 조언을 귀담아 들었더라면 이런 비참한 최후를 맞이하지는 않았을 것이다. 무려 14년 동안이나 왕으로서 부귀영화를 누리고, 엄청난 황금으로 자신의 보물창고를 채울 때는 그것이 세상 최고의 행복이라 믿었던 크로이소스였다. 그러나 그것은 그저 "잠시 운이 좋았을 뿐"이었다는 사실을 마침내 깨닫게 된 것이다. 크로이소스는 이 생각이 들자 한숨을 쉬고 낮게 신음을 내쉬었다. 그는 "솔론, 솔론, 솔론!"을 외치며 긴 침묵을 깼다.[11]

승전의 기쁨 속에서 화형식을 지켜보던 키루스 대왕은 크로이소스가 지른 탄성의 내용이 궁금해 잠시 화형을 중지시켰다. 그러고는 크로이소스에게 왜 솔론이라는 이름을 그렇게 애절하게 불렀는지 통역을 통해 물었다. 무엇보다 키루스는 솔론이라는 인물이 누구인지 가장 궁금했다. 그러자 크로이소스는 "천금을 주더라도 이 세상이 모든 왕들이 와서 만나야 할 사람이지요"라고 답했다.[12]

솔론이 당대나 후대의 모든 왕들이 반드시 기억해야 할 잠언을 남긴 인물, 즉 군주의 거울을 남긴 인물이라는 뜻이다. 그리고 크로이소스는 그때 솔론이 했던 말들이 모두 사실로 드러났으며, 황금과 권력을 행복의 필수조건이라 여겼던 자신의 어리석음을 깊이 반성하고 있다고 했다. 키루스는 한 인간의 깊은 회환을 보면서 인생의 부질없음과 덧없음을 깨닫고 크로이소스의 화형을 중단할 것을 명령했다.

▲
그리스의 적상 토기. 기원전 500~490년 추정,
프랑스 루브르 박물관 소장.
크로이소스가 화형을 당하는 장면이 묘사되어 있다.

행복이란 무엇인가?

헤로도토스는 우리에게 한 어리석은 군주의 모습을 예시적으로 보여준다. 크로이소스와 같이 우매한 리더는 자신의 지위와 재산 그리고 하늘 끝까지 닿을 것 같은 권력에 도취되어 자신을 세상에서 가장 행복한 사람으로 착각한다. 탁월함을 추구하는 삶의 노력이 생을 마감하는 순간까지 이어지는 것이야말로 진정한 행복의 기준이거늘, 얼마나 많은 거짓 리더들이 권력과 부의 축적이 행복의 기준이라고 착각하고 있는가? 또한 그들의 왜곡된 행복 추구 때문에 얼마나 많은 사람들이 고통을 겪고 있는가? 지금 헤로도토스는 한 어리석은 군주의 행복에 대한 그릇된 생각을 보여줌으로써, 바로 이런 허황된 행복의 추구가 페르시아 전쟁의 원인이었음을 드러내고자 한다. 다시 말해 헤로도토스의 『역사』에 등장하는 첫 번째 주인공 크로이소스는 반면교사反面教師로 등장하는 군주의 거울인 셈이다. 그는 우리가 결코 본받지 말아야 할 인물의 첫 번째 예다.

베네치아의 16세기 르네상스 거장 틴토레토Tintoretto(1518~1594)가 그린 〈불카누스에 의해 발각된 비너스와 마르스의 불륜〉이라는 작품이 있다. 오랜만에 집으로 돌아온 남편 불카누스가 침대에 잠들어 있는 아내 비너스의 벗은 몸을 살펴본다. 그러나 나신으로 누워 있는 미모의 아내 비너스는 지금 잠들어 있는 것이 아니다. 자는 척을 하고 있을 뿐이다. 남편 불카누스는 수완이 좋고 사업에 매우 능한 사람이었다. '대장장이의 신'으로 알려진 그는 제철 산업을 이끄는 최고의 철강업자였다. 그의 용광로에서 뽑아낸 철강으로 만든 칼은 절

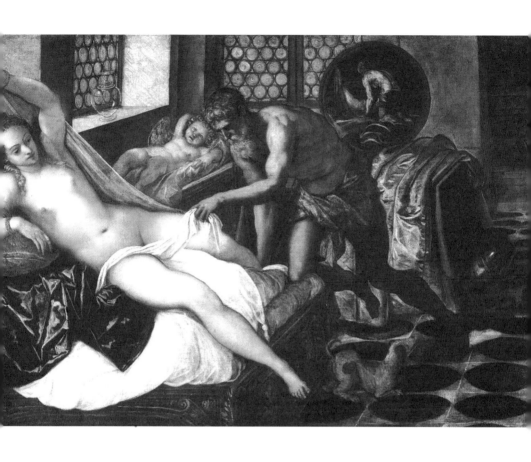

▲
틴토레토, 〈불카누스에 의해 발각된 비너스와 마르스의 불륜〉, 1551년,
뮌헨 알테 피나코테크 미술관 소장.

대로 깨어지지 않아 천하무적의 칼로 불렸다. 제우스의 번개도 그가 만들었고, 포세이돈의 삼지창도 그의 특수강으로 제작되었으며, 아킬레우스가 자랑하던 무적의 방패도 그의 작품이다. 직원들도 늘 열심히 일했고, 그래서 그는 늘 스스로를 이 세상에서 제일 행복한 존재라 여겼다. 그러나 늘 일에만 신경 쓰다 보니 아내와 가정에 소홀했다. 아내가 집안에 화급한 일이 있어서 대장간을 찾아와도 그는 거들떠보지 않았다. 그러다가 마침내 사달이 났다. 외로움에 지친 아내가 마르스와 바람이 난 것이다. 아내의 젊은 연인인 마르스는 그리스 신화에 '전쟁의 신'으로 등장한다.

이 문제적 가정의 불화를 지켜보다 못한 '예지의 신' 아폴로가 불카누스의 대장간에 찾아왔다. 앞만 보고 질주하던 불카누스에게 경고의 메시지를 전달하기 위해서였다. 아폴로는 불카누스에게 아내의 불륜 소식을 전한다. 이 예기치 않은 불행의 조짐에 놀란 불카누스는 하던 일을 멈추고 집으로 달려간다. 남편의 예기치 않은 급작스런 귀가에 불륜남녀는 당황하고, 마르스는 황급히 탁자 밑에 몸을 숨긴다. 집을 지키고 있던 강아지가 주인에게 숨어 있는 외간 남자의 존재를 알리기 위해 옆에서 힘껏 짖는다. 그러나 불카누스는 침대에서 자는 척하고 있는 아내의 나신을 살피느라 정신이 없다. 혹시 남아 있을지도 모를 불륜의 흔적을 찾고 있는 것이다.

이 웃지 못할 장면을 더욱 재미 있게 만드는 것은 작품 왼쪽 상단에 잠든 척하고 있는 큐피드의 모습이다. 이 예쁘장한 아기 천사는 남녀 간의 사랑에 불을 붙이는 역할을 맡고 있다. 큐피드의 화살에 맞으면 누구나 지독한 사랑에 빠진다. 마르스와 비너스가 저지른 사랑의 불장난도 전적으로 큐피드의 책임이다. 큐피드가 사랑의 화살을 어머니 비너스에게 잘못 쏘았기 때문에 이런 사달이 생긴 것이다. 큐피드는 그 불장난의 면책특권을 행사하기 위해 나는 모르는 일이라는 듯 자는 척을 하고 있다. 그래도 열 받은 남편과 부정을 저지른 아내 사이에 어떤 막장 드라마가 펼쳐질지 궁금했는지 실눈을 뜨고 부부의 행동을 슬쩍 훔쳐보고 있다.

헤로도토스의 『역사』 앞부분에 기록되어 있는 크로이소스 왕의 이야기를 하면서 뜬금없이 틴토레토의 그림을 설명하는 데는 이유가 있다. 그의 작품 속에 등장하는 불카누스의 둥근 거울 때문이다. 틴토레토의 작품은 우리에게 불카누스의 둥근 거울을 보라고 요구한다. 그 거울 속에는 죽자고 일만 하며 앞만 보고 달려온 성공한 인물 대신 아내와 가정을 소홀히 한 남편 불카누스의 초라한 뒷모습이 보일 뿐이다. 틴토레토는 이 작품을 그리기 전에 기초 도안을 위한 스케치를 남겼다. 여기서도 의도적으로 거울의 이미지를 강조하려 했음을 확인할 수 있다.

왜 스스로 가장 행복하다고 믿었던 불카누스의 가정에 이런 불행이 닥쳤을까? 그는 앞만 보고 달렸다. 그것이 행복으로 가는 지름길이라 믿었다. 그러나 불카누스는 결코 행복하지 않았다. 일하느라 바빠서 가정과 아내를 돌보지 않은 불카누스는 세상에서 가장 불행한 존재였다. 그 역시 리디아의 왕 크로이소스와 다를 바 없는 실수를 범했다. 불카누스처럼 사업에 성공을 거두고, 크로이소스처럼 많은 황금을 가졌다 해도 그것이 행복의 지표가 될 수는 없다. 헤로도토스는 이런 지독한 반어법을 구사하며 우리에게 또 다른 인물을 소개

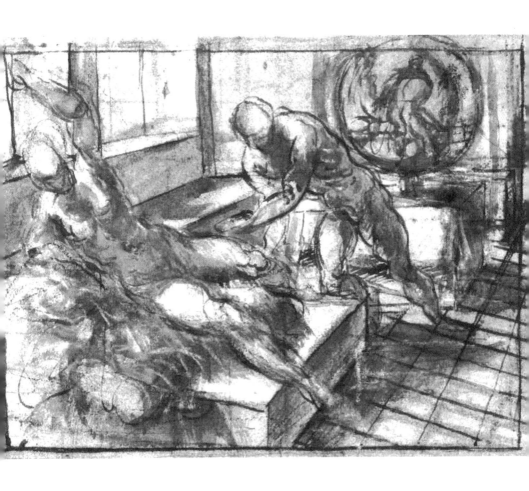

▲
〈불카누스에 의해 발각된 비너스와 마르스의 불륜〉을 그리기 위한 틴토레토의 스케치.
베를린 구(舊)거장미술관 소장. 거울에 비친 불카누스의 뒷모습이 강조되어 있다.

한다. 『역사』의 두 번째 주인공인 페르시아의 크세르크세스 왕, 바로 페르시아 전쟁을 일으킨 장본인이다.

페르시아의 왕 크세르크세스

페르시아의 왕 크세르크세스가 500만 대군을 이끌고 전대미문의 대규모 침략을 감행함으로써 그리스의 첫 번째 아포리아가 시작됐다. 크세르크세스는 자신의 아버지 다리우스 1세_{Darius I}(B.C. 550~486)가 마라톤 전투에서 패배하자 그 설욕을 다짐하며 재침공을 감행했다. 사실 마라톤 전투에서 다리우스 왕이 패한 것은 페르시아가 주력부대를 파견하지 않았기 때문이다. 당시 다리우스 왕은 그리스의 전력을 떠보기 위해 소규모 해군부대를 파견했을 뿐이다. 기원전 490년, 이 목적을 가진 소규모 페르시아의 해군이 상륙한 곳이 바로 그리스 동쪽 해안의 마라톤 평야다.

비록 페르시아의 주력부대가 아니었다 할지라도 아테네가 주축이 된 그리스 연합군의 승리는 모든 사람들에게 충격을 주었다. 당시 아테네와 그리스 연합군은 열 명의 장군이 협의체를 구성해 군대를 지휘하고 있었다. 페르시아 해군이 그리스 해안에 상륙하자 그들은 기습 공격을 할 것인지, 아니면 방진대형을 이루어 시간을 두고 싸우는 전략을 택할 것인지 논의를 거듭했다. 그때 아테네의 밀티아데스_{Miltiades}(B.C. 550~489) 장군이 과감한 선제공격을 주장했다. 결국 마라톤 평야에 상륙한 페르시아의 군대는 전통적인 그리스 군대의 공격

패턴을 예상하며 시간을 끌다가 밀티아데스 장군의 기습 공격을 받게 된다. 방진대형의 공격을 예상하며 방심하고 있던 페르시아 군대를 향해 아테네와 그리스 연합군은 투창 후 전속력으로 돌격했고, 당황한 페르시아 군대의 전열은 일시에 무너졌다.

밀티아데스 장군이 구사한 기습 작전은 그리스 육군이 사용하던 기존의 전략과는 완전히 달랐다. 그리스 육군은 팔랑크스Phalanx로 불리는 보병의 방진을 전면에 내세우는 작전을 주로 사용했다. 15명 정도가 일렬로 서서 5미터에 이르는 긴 창을 앞으로 내민 채 한 걸음씩 진진해가는 공격 형태다. 팔랑크스는 평지에서 싸울 경우 치명적인 공격력을 가지고 있지만, 행군의 속도가 느리다는 점과 후진이 약하다는 점, 그리고 늘 전열 오른쪽 끝이 쉽게 무너진다는 전략적 약점을 가지고 있었다. 일렬로 서서 행진하는 군사들이 모두 왼손에 방패를 들고 있기 때문에, 적의 공격을 받을 경우 왼쪽으로 바짝 몸을 밀착시키면서 대형의 오른쪽에 공백이 생기는 치명적인 약점이 있었다.

밀티아데스 장군은 이런 팔랑크스 전투 대형의 단점을 피하고 적에게 충격과 공포를 주기 위해 선제 기습 공격을 감행한 것이다. 그는 최전방에서 돌격하던 전위대에게 적진 200미터 앞에서 창을 던진 뒤 전속력으로 적진을 향해 돌진하라는 명령을 내렸다. 그가 이런 기습 전략을 선택한 또 다른 이유는 페르시아의 주력무기를 괴멸시키기 위해서였다. 페르시아 군대의 주 화력은 최정예 궁수부대를 포함한 장거리 공격 무기에 있었다. 밀티아데스 장군은 기습 공격을 감행해 페르시아 군대가 화살과 같은 장거리 무기를 사용할 틈을 주지 않았다. 마라톤 전투는 모든 사람들의 예상과 달리 그리스 연합군의 승리로 끝났다. 헤로도토스는 그 마라톤 전투의 결과를 이렇게 기록한다.

아테네인들은 훌륭하게 싸웠다. 그들은 달리면서 적을 공격한 최초의 헬라스인들이며, 페르시아풍 드레스와 그 옷을 입은 사람들의 광경을 견뎌낸 최초의 인물들이다. 그때까지 '페르시아'라는 말은 그리스에서 공포의 대상이었기 때문이다.[13]

마라톤 전투는 모든 사람의 예상을 깬 전대미문의 사건이었다. 이오니아 지방에서 일어났던 그리스 주민들의 반란을 단숨에 제압했던 다리우스 1세에게 마라톤 전투의 예상치 못한 패배는 큰 충격이었다.

마라톤 전투에서 양측의 사상자는 다음과 같다: 대략 6400명의 페르시아 군이 사망한 반면에 아테네 군은 단지 192명이 사망했다.[14]

마라톤 전투 이후 페르시아 전쟁은 본격적으로 전개되기 시작했다. 다리우스 1세에 이어 페르시아 왕위를 계승한 크세르크세스 왕은 마라톤 전투에서 아버지가 당한 굴욕을 설복하기 위해 무려 500만 명의 군대를 이끌고 직접 그리스를 침공했다. 이 페르시아 전쟁의 후반부는 〈300〉(2006)이라는 제목의 영화로 제작되기도 했다. 그러나 이 영화는 테르모필레 전투에서 전사한 레오니다스_{Leonidas}(B.C.

▲
마라톤 전투에서 사망한 아테네 군사들의 무덤.

487 추정~480) 왕을 지나치게 영웅적으로 묘사함으로써 헤로도토스의 『역사』가 전하고자 하는 메시지를 흐려놓는 오류를 범했다. 기원전 480년에 치러진 테르모필레 전투의 진짜 주인공은 그리스를 방어하다 장렬하게 전사한 스파르타의 왕 레오니다스가 아니라 그런 무모한 전쟁을 직접 이끈 크세르크세스였다. 헤로도토스는 『역사』에서 레오니다스의 죽음을 아주 간략하게만 묘사한다.[15] 스파르타의 왕 레오니다스와 300명의 용사들이 끝까지 목숨을 바치며 용전분투했지만, 크세르크세스와 페르시아 대군의 진격을 막지는 못했다. 그들이 몰살당한 테르모필레는 그리스 북쪽 마케도니아 지역에서 아테네와 스파르타 쪽으로 남하하려면 반드시 지나쳐야 하는 곳이었다. 서쪽으로는 험준한 파르나소스 산이 놓여 있고, 동쪽으로는 거친 바다가 펼쳐져 있다. 그런데 이 천하의 전략 요충지가 무너졌으니, 그리스의 위기는 그야말로 풍전등화였다.

헤로도토스의 『역사』를 자세히 읽어보면 실제 전투 장면의 묘사보다 그 전투가 발발하게 된 역사적 이유에 대한 설명이 더 자세하게 기록되어 있음을 알 수 있다. 크세르크세스가 일으킨 테르모필레 전투와 살라미스 해전 역시 그 배경에 대한 설명이 상세하게 기록되어 있다. 『역사』를 기록한 헤로도토스가 그리스 사람이기 때문에 침략자인 크세르크세스를 매우 부정적인 인물로 그렸으리라 추측할 수 있지만 사실은 그렇지 않다. 헤로도토스는 나름대로 공정하게 역사를 기록하기 위해 시종일관 편견 없이 크세르크세스를 평가하려 애썼다. 그래서 『역사』에는 크세르크세스가 페르시아 전쟁을 일으킨 이유와 역사적 당위성이 상세하게 기록되어 있다. 사실 이것이 헤로도토스가 『역사』를 쓴 이유다. 즉 『역사』의 주인공은 크세르크세스란 뜻이고, 그의 이야기는 제7권에서 본격적으로 등장한다.

헤로도토스에 따르면, 크세르크세스는 처음에는 그리스와 전쟁을 일으키려는 의도는 없었다고 한다.[16] 그의 원래 공격 목표는 기원전 486년 가을에 반란을 일으킨 이집트였다. 실제로 그는 임박한 이집트 침공을 앞두고 페르시아 백성들에게 전쟁 준비를 독려하느라 분주한 나날을 보내고 있었다. 그런 그에게 궁정 신하이자 고종 사이인 마르도니오스가 그리스 침공을 부추겼다.

그는 후세에 길이 남을 명성을 얻기 위해 왕은 전쟁을 감행해야 하는데 "에우로페Europe(필자주: 그리스)는 정말 아름다운 곳인데, 모든 종류의 과실수가 있고 토지 또한 비옥하다. 이곳이야말로 페르시아 왕만이 소유할 수 있는 땅이다"라고 감언이설을 늘어놓았다.[17] 마르도니오스는 입에 발린 아부로 크세르크세스의 정복욕을 자극하며, 천하의 비옥한 땅은 모두 페르시아의 왕이 소유해야만 한다는 승자의 논리를 펼쳤다. 그러나 마르도니오스의 줄기찬 주청奏請에도 불구하고 크세르크세스는 섣불리 그리스 공격을 결정하지 않았다. 헤로도토스의 『역사』에서 그는 오히려 여러 신하들에게 마르도니오스의 간언에 대한 냉정한 평가를 부탁할 정도로 신중에 신중을 기하는 인물로 묘사된다. 그는 아테네 원정을 떠나기 전에 "페르시아 지도자들을 회의에 불렀는데, 그들이 말하는 바를 들어보고 그의 의도를 공론화하기 위해서"였다.[18] 크세르크세스는 최소한 정권 초기에는 매우 신중한 인물이었다. 그는 궁정 신하들과 국가 원로들 앞에서 널리 의견을 구하면서 "나는 여러분이 타인의 의견을 경청하지 않는다고 생각하지 않길 원하므로, 이 문제를 공론화하고자 하오. 여러분의 생각을 자유롭게 이야기했으면 좋겠소"라고 공언할 정도로 신중한 왕이었다.[19]

그러자 마르도니오스는 다시 목소리를 높여 아테네 정벌을 주장한다. 전형적인 간신배의 목소리로 "왕이시여, 누가 당신을 막겠습니까? 당신이 거대한 육군과 함대를 이끌고 아시아로부터 온다면 누가 당신을 전쟁으로 위협하겠습니까?"라고 아부를 쏟아냈다.[20]

여기서 마르도니오스와 대조를 이루는 또 다른 친척이자 신하가 등장하는데, 바로 크세르크세스의 숙부이자 페르시아 황실의 고위 관료인 아르타바노스다. 그는 그리스 공격의 가능성을 신중하게 고려 중이던 크세르크세스에게 이렇게 간언諫言한다.

"왕이시여, 반대의 의견을 듣지 않는다면 다양한 계획 중에서 어떤 것이 가장 좋은 의견인지 선택하기 어렵습니다. 그 사람이 할 수 있는 유일한 것은 이미 말해진 의견에 따르는 것뿐입니다. (중략) 그러나 전하께서 치려는 자들은 스퀴타이족보다 크게 월등하며, 육지와 바다에서 모두 용맹함으로 유명합니다. 그렇기 때문에 이 전쟁은 위험하며, 이것을 말씀드리는 것이 저의 도리입니다. (중략) 전하께서는 신이 생물 중에서 눈에 띄는 것들은 내리치고 그들의 우월함을 자랑하지 못하게 하며, 작은 것들은 신경 쓰지 않는 것을 아실 것입니다. 신은 항상 거대한 건물과 가장 큰 나무들만을 쓰러뜨립니다. 신은 언제나 과도한 것을 깎아내려고 합니다. 만약 신이 분노한다면 거대한 군대도 작은 군대에 의해서 무너질 수 있습니다."[21]

아르타바노스는 충신이었다. 그는 크세르크세스에게 섣부르게 그리스 공격을 결정하지 말라고 간언했다. 그것은 그리스 정벌을 주장하던 마르도니오스에 대한 단순한 반대가 아니라 최종 결정권자로서의 군주가 결코 잊지 말아야 할 자중자애自重自愛의 덕목을 촉구한 것이다.

페르시아라는 대국의 왕만이 그리스와 같은 '향기로운 땅'을 차지할 수 있다는 간신배의 말에 넘어가지 말고, 비록 작은 나라지만 절대로 그리스를 우습게 보지 말라는 조언이다. 하늘의 신은 강한 자의 오만Hubris을 깨뜨리기 위해 벼락으로 내리친다는 은유적인 표현으로, 강대국 페르시아와 크세르크세스의 오만을 경계한 것이다.

간신배의 감언이설에 넘어가 향기로운 땅 그리스를 차지할 꿈에 부풀어 있던 크세르크세스는 강자와 대국의 오만을 경계하라는 숙부 아르타바노스의 조언에 벌컥 화를 냈다. 그는 욕설에 가까운 폭언을 퍼부으며 짐이 원하는 바는 그리스 정복이라고 외쳤다. 그러면서 "당신은 내 아버지의 형제이니, 당신의 오만함을 벌하지는 않겠소"라고 했다.[22]

그런데 그날 밤, 숙부 아르타바노스의 조언에 마음이 흔들려 좌고우면左顧右眄하다 잠이 든 크세르크세스가 꿈을 꾸게 되는데, 꿈속에서 한 남자가 나타나 군주는 한번 명령을 내렸으면 그대로 집행해야지 그렇지 않으면 왕의 체면에 누가 될 것이라고 했다.[23] 군주가 한번 내린 결정을 쉽게 번복하면 체통이 서지 않는다는 말이었다. 그러나 크세르크세스는 다음날 아침 일어나 "꿈은 아랑곳하지 않고" 전날 내린 결정을 번복해버린다.

"페르시아인들이여, 내가 마음을 바꾼 것을 용서하시오. 나의 정신적 상태가 완숙하지 않았고, 우리가 결정한 사안에 대해 나를 부추긴 사람들 때문에 마음의 평화를 잃었소. 내가 아르타바노스의 조언을 들었을 때, 나의 유치한 기질이 끓기 시작했고 그래서 그때 내가 내뱉은 말은 부적절했으며 연장자들에게 할 말이 아니었소. 그러나 이제 나는 그가 옳았다는 것을 알았고, 그의 계획을 따를 것이오. 그리하여 나는 마음을 바꾸어 헬라스를 정복하지 않을 것이니 전쟁 준비를 하지 않아도 되오."[24]

우리는 헤로도토스가 묘사한 크세르크세스의 모습에서 일견 현명하고 탁월한 군주의 자세를 엿보게 된다. 참모들의 찬반 의견을 모두 청취하고, 일시에 내린 판단이 잘못된 것이라면 이를 즉각 수정할 줄 알며, 새롭게 내린 합리적인 결정을 신속하게 행동으로 옮기는 군주의 거울을 보고 있는 것이다. 헤로도토스는 크세르크세스가 비록 적국의 왕이지만 그가 초기에 보여준 이런 신중한 행동을 높이 평가한다. 그러나 그의 훌륭한 면은 여기까지다. 그 뒤로 이어지는 크세르크세스의 판단과 행보는 본받지 말아야 할 군주의 부정적인 모습을 적나라하게 드러낸다.

그리스 침략 계획을 철회하고 다시 잠자리에 든 크세르크세스는 연속해서 이상한 꿈을 꾸게 된다. 꿈속에서 지난 밤 꿈에 보았던 그 남자가 다시 나타나 그리스와의 전쟁을 취소한 크세르크세스를 크게 나무라는 것이었다. 크세르크세스는 만약 지금 당장 그리스 원정을 감행하지 않으면 왕의 자리를 뺏기고 비천한 삶을 살아가야 할 것이라는 저주를 듣는다. 놀라서 깨어난 크세르크세스는 별 의미 없는 꿈

이러니 생각하고 다시 잠자리에 들었으나 또다시 같은 꿈을 꾸게 된다. 잠에서 깨어난 그는 계속해서 같은 꿈을 꾸자 혹시 그리스 원정이야말로 신이 정해준 자신의 운명은 아닌지 고민에 빠진다. 결국 그는 아르타바노스를 불러 연속해서 꾼 자신의 꿈의 의미에 대해 해서을 부탁했다. 그러자 아르타바노스는 거두절미하고 이렇게 대답한다.

"전하, 꿈은 신이 주는 것이 아닙니다. 제가 전하보다 더 오래 살았으니 우리가 자는 동안에 떠다니는 꿈들이 무엇을 의미하는지 설명할 수 있습니다. 꿈에 나타나는 환영은 종종 우리가 낮에 걱정하던 것들입니다."[25]

페르시아의 원로 아르타바노스는 젊은 군주에게 한마디로 그 꿈은 개꿈이니 신경 쓰지 말고 그리스 전쟁을 포기하는 것이 현명한 처사라고 간언했다. 그러면서 어쩌면 헤로도토스의 『역사』에서 가장 중요한 구절이 될지 모르는 유명한 말을 덧붙인다.

"전하의 훌륭함에도 불구하고 주변에는 나쁜 무리들이 있으며, 이들이 전하를 혼란스럽게 하고 있습니다. (중략) 제가 당신에게 질책당했던 것보다 페르시아인들이 두 가지 선택에 부딪쳤다는 것이 더 마음이 아팠습니다. 하나는 우리의 교만함을 조장시키는 것이었고, 하나는 현재 가진 것보다 더 많은 것을 가지게 하려는 것이 얼마나 나쁜 것인가를 지적하면서 그 교만을 억제하려는 것이었습니다. 그런데 제가 정말 화가 났던 것은 이 두 가지 선택에서 전하 자신과 전체 페르시아인들에게도 더 위험한 선택을 했다는 것입니다."[26]

바로 이 문장에서 헤로도토스가 탐사해낸 페르시아 전쟁의 원인이 정확하게 드러난다. 크세르크세스의 교만한 마음 때문에 페르시아 전쟁의 비극이 일어났음을 말하는 것이다. 그가 "가진 것보다 더 많은 것"을 가지려고 했기 때문에 페르시아 전쟁이 발발하게 되었고, 잘못된 동기에서 비롯된 잘못된 선택 때문에 결국 크세르크세스 자신과 페르시아 백성들이 위험에 처했다는 것이다.

그러나 크세르크세스는 매일 밤 같은 환영幻影에 시달렸다. 꿈속의 남자가 계속해서 나타나 그리스 원정을 감행하지 않을 경우 저주가 내릴 것이라는 불길한 예언을 멈추지 않았다. 결국 크세르크세스는 숙부 아르타바노스에게 한 가지 웃지 못할 제안을 한다. 숙부가 대신 왕인 자신의 옷을 입고 자신의 침대에서 잠을 자라는 것이었다. 그리고 자신이 꾸었던 꿈이 숙부의 잠자리에서도 반복된다면 그때는 꿈속의 예언을 신의 뜻으로 받아들이자는 제안이었다.

크세르크세스의 어이없는 부탁에 숙부 아르타바노스는 그리스 전쟁이 불가피하다는 판단을 내린다. 전쟁을 만류하는 조언을 계속했다가 역린逆鱗의 낭패를 당할지도 모른다는 생각이 든 것이다. 결국 그는 왕과 같은 꿈을 꾸었다는 핑계를 대며 크세르크세스에게 "이번에는 제가 뒤로 물러나고 마음을 바꿀 차례입니다"라고 간언한다.[27]

크세르크세스는 신의 뜻에 따라 그리스 원정에 나서야만 한다는 것을 확신했다. "교만을 조장하는 의견과 가진 것보다 언제나 더 많은 것을 가지도록 마음을 길들이는 것"이 위험한 일이라는 충신의 주청도 소용없었다. 그는 오만의 자리에 앉게 된 것이다. 크세르크세스는 여기서 또 다른 꿈 이야기를 들려준다. 헤로도토스는 크세르크세스의 꿈 이야기를 통해 왕의 오만을 이렇게 고발한다.

나중에 크세르크세스는 그가 전쟁 준비에 몰두하는 동안의 어느 날 밤, 세 번째 꿈을 꾸었다. 그것은 올리브 가지들이 온 세상을 덮고 있었고, 그 올리브 가지로 만들어진 관(冠)을 쓰고 있다가, 그 관이 사라지는 꿈이었다. 그가 마고스Magi(필자주: 점성술사)들에게 꿈 이야기를 하자 올리브 가지가 온 세상에 뻗친 것은 황제가 전 인류를 통치하는 것이라고 말했다.[28]

이 장면은 크세르크세스의 오만을 정확하게 보여준다. "온 세상에 올리브 가지가 뻗친 것"을 "전 인류를 통치하는 것"이라고 믿었던 그의 오만이 페르시아 전쟁의 원인이자 페르시아의 패배 이유라는 것이다. 오만의 정점을 찍은 크세르크세스는 4년 동안 그리스 원정을 위한 모병을 하고 5년째 되던 해에 직접 군대를 이끌고 향기로운 땅 그리스로 진격한다. 그 수와 기세가 얼마나 대단했던지 페르시아 대군이 행군을 시작하자 지축이 흔들렸고, 그들이 일시에 물을 마시면 강물이 말라버렸다.[29]

교만과 욕심 때문에 전쟁이라는 위험한 선택을 한 크세르크세스는 500만 대군을 이끌고 그리스를 침공하면서 또다시 어리석은 행동을 반복한다. 그는 지금의 터키와 그리스의 경계선인 아토스Athos라는 곳을 지나가야 하는 상황에서 바다로 길게 뻗어 있는 아토스 반도에 필요치도 않은 운하를 파도록 했다. 그냥 바다 쪽으로 우회해도 될 텐데 군이 반도를 가로지르는 운하를 파도록 무모한 명령을 내린 것이다. 군사 작전상 아무런 필요도 없는 운하를 판다는 것은 지극히 어리석은 일이다. 불필요한 토목 공사로 시간을 지체하는 동안 그리스는 방어 준비를 할 시간을 벌 수 있기 때문이다. 헤로도토스는 아토스 운하를 판 크세르크세스의 행동을 이렇게 평가한다.

> 아마도 크세르크세스는 그의 힘을 과시하고 후세에 기념비를 남기고 싶어서 교만과 허세로 인해 운하를 파도록 명령했을 것이다.[30]

아토스에 불필요한 운하를 파게 한 것은 순전히 과시욕 때문이었다는 것이다. 그의 어리석은 행동은 여기서 그치지 않았다. 그는 지금의 터키에서 그리스로 넘어가는 경계 지역인 헬레스폰투스 Hellespontus 해협을 건너야 하는 상황에 놓이자 페르시아 군대의 행군을 위해 그 해협을 가로지르는 거대한 다리를 놓게 한다. 백색 아마亞麻 밧줄을 사용하는 페니키아인들과 파피루스 밧줄을 사용하는 이집트인들이 각각 두 개의 거대한 다리를 설치했다. 아시아와 유럽을 잇는 최초의 다리가 완성된 것이다. 배를 일렬로 정박시킨 뒤, 그 위에 밧줄로 임시 가교를 만들어 500만 대군을 통과시키려는 의도였다.

그러나 공교롭게도 몰아친 폭풍으로 인해 다리가 산산이 부서지고 말았다. 이 소식을 전해들은 크세르크세스는 분노를 주체하지 못하고 엉뚱한 짓을 하기에 이른다. 어이없게도 신하를 보내 채찍으로 헬레스폰투스 해협의 바닷물에게 300대의 곤장을 치도록 명령한 것이다. 감히 페르시아 왕의 앞길을 방해했다는 것이 그 이유였다. 헤로도투스는 크세르크세스의 오만함과 어리석음을 이렇게 고발한다.

그는 헬레스폰투스에 매를 치며 당신이 그리스어로 들어보지 못했을 심한 말로 모욕했다고 한다. "이 쓴 물아, 우리 주인께서 너에게 잘못한 것이 없는데도 주인에게 잘못한 벌이다. 크세르크세스 대왕은 너의 의견에 관계없이 건너갈 것이다. 너와 같은 진흙탕 물 같고 싼 흐름에 제물을 바치지 않는 것은 당연하지!" 그래서 바다는 그의 명령에 의해 벌을 받았고 헬레스폰투스에 다리를 놓는 일을 보던 감독관들은 참수당했다.[31]

그가 얼마나 어이없는 짓을 일삼는 군주였는지를 극명하게 드러내는 대목이다. 크세르크세스는 개꿈을 신의 현몽이라 착각할 만큼 우유부단했고, 아무 필요 없는 아토스 운하를 건설할 만큼 자기과시욕에 넘쳐났으며, 바닷물을 채찍으로 때릴 만큼 어리석은 군주였다.

헤로도토스의 『역사』에 등장하는 두 번째 군주 크세르크세스 역시 앞부분에 등장한 크로이소스 왕처럼 우리가 본받아야 할 인물이 아니라 결코 본받지 말아야 할 인물로 소개되고 있다. 페르시아의 500만 대군을 진군시킬 만큼 그의 권력이 온 땅을 덮었으나 그의 오만과 명예욕은 하늘을 찌르고도 남았고, 그의 어리석은 행동은 만인의 웃음거리가 됐다.

아테네의 영웅, 테미스토클레스

『역사』의 세 번째 주인공은 크세르크세스의 공격으로부터 그리스와 아테네를 구한 테미스토클레스다. 그는 그리스의 첫 번째 아포리아를 헤쳐나간 아테네의 위대한 영웅이었다. 우리는 앞서 『역사』의 두 주인공인 리디아의 크로이소스 왕과 페르시아의 크세르크세스 왕을 통해 절대로 본받지 말아야 할 반면교사를 확인했다. 그렇다면 이제부터 소개할 테미스토클레스를 통해 우리는 진정한 아포리아 시대의 영웅을 만나게 될까. 그는 헤로도토스로부터 진정한 영웅의 대접을 받았을까. 그는 후대에 영원히 기억될 군주의 거울로 손색 없는 인물이었을까.

헤로도토스는 테미스토클레스가 "언제나 돈 욕심이 많은" 인물이었다고 묘사한다.[32] 실제로 그는 우방 국가를 기만하고 뇌물을 받아 챙기기도 한 인물이다. 로마 시대의 역사가 플루타르코스는 "그의 야심은 모든 인간의 야심을 넘어섰다"고 일갈할 만큼 명예욕에서는 타의 추종을 불허한 인물이다.[33] 테미스토클레스는 사람 됨됨이로 보자면 크로이소스나 크세르크세스와 크게 다를 바 없는 인물이었다. 불세출의 영웅이 등장하기를 고대한 독자들에게는 실망스러운 이야기가 아닐 수 없다.

마라톤 전쟁에서 그리스가 승리를 거두자 사람들이 모두 이 예기치 않은 승리에 환호하고 감격한 것과 달리 테미스토클레스는 안절부절못했다고 한다.[34] 예상을 뒤집는 기습 공격 작전을 성공시켜 마라톤 전투를 승리로 이끈 밀티아데스 장군이 아테네의 모든 영광을 차지할까봐 두려웠던 것이다. 테미스토클레스는 야심으로 가득찬 사람이었기에 밀티아데스가 모든 영광을 누리게 되면 자신에게 입신의 기회가 오지 않을까 노심초사했다.

물론 테미스토클레스는 장차 영웅으로 성장할 특출난 재능을 타고났다. 그는 미래를 예측하는 정확한 판단력과 수단과 방법을 가리지 않는 강한 추진력을 가지고 있었다. 그리스 사람들이 모두 마라톤 전투에서의 승리에 취해 있을 때, 오직 그만이 페르시아의 재침공을 예측해 전쟁 준비를 제안했다. 그는 그리스를 승리로 이끌 전쟁의 방식까지도 정확하게 예측했다. 페르시아 군대가 전열을 재정비한 뒤 반드시 바다와 해군력을 이용해 다시 침공해오리라고 예측한 것이다. 그는 승전의 기쁨에 취해 있는 아테네인들에게 삼단노선Trireme 200척을 미리 건조하자고 제안한다. 그러나 페르시아와의 전쟁도 끝난 상황에 느닷없이 해군력을 강화시키자는 테미스토클레스의 제안을 아테네인들은 이해할 수 없었다.

200척의 삼단노선을 만들어 앞으로 닥칠 전쟁을 대비하자는 테미스토클레스의 제안은 단순히 해군력 증강을 통한 전쟁 준비만을 의미하지 않는다. 널리 알려져 있듯이 아테네의 여신 아테나Athena는 바다의 신 포세이돈Poseidon과 경쟁해 승리를 거둔 후, 그 도시의 수호신이 됐다. 그래서 도시의 이름도 아테네다. 올리브로 상징되는 아테나는 곧 땅을 의미하며, 군대로 말하자면 육군인 셈이다. 반면 포세이돈은 바다의 신으로 해군력을 상징한다. 테미스토클레스는 아테네를 아테나가 다스리는 육군의 땅에서 포세이돈의 나라인 해군의 땅으로 방향을 바꾸자는 주장을 하고 있는 것이다. 당연히 아테네인들은 그의 제안에 반대했다. 그때나 지금이나 절박한 위기가 닥치지 않으면 사람들은 그 위기의 실체를 인지하지 못하는 법이다. 위기가 닥치지 않을 것이라는 막연한 기대 심리Wishful thinking 뒤에 미래에 대한 두려움을 숨겨놓는 것이다.

▲
피레우스 항구의 야외에 전시되어 있는 테미스토클레스 동상.
살라미스 해전의 영웅 테미스토클레스는 아테네부터 피레우스 항구를 연결하는 성벽을 쌓아
아테네 주변을 요새로 만들었다.

테미스토클레스는 머리가 좋은 사람이었다. 그는 먼 미래의 불확실한 전쟁의 가능성으로 아테네인들을 설득하는 데 한계가 있음을 잘 알고 있었다. 사람들은 위기의 실체를 직접 눈으로 보아야만 어떤 조치를 취하거나 최소한 긴장이라도 하게 된다. 그래서 그는 아테네인들이 위기의식을 갖도록 하기 위해 경쟁 국가인 아이기나Aegina의 존재를 활용하기로 한다. 아이기나는 아테네에서 불과 27킬로미터 정도 떨어진 큰 섬으로, 도리아 족들이 세운 호전적인 도시국가가 있던 곳이다. 당시 아테네와 아이기나는 새로 발굴된 은광의 채굴권을 놓고 서로 대립하고 있었다. 테미스토클레스는 그 아이기나가 언제 아테네를 침공할지 모르니 그 섬을 선제공격하기 위해서는 삼단노선이 필요하다고 주장했다. 이것은 위장 전술이었다. 테미스토클레스는 페르시아 해군의 공격을 대비하기 위해 삼단노선이 필요했고, 아테네인들을 설득하기 위해 눈앞에 보이는 위협 요소인 아이기나를 활용한 것이다. 테미스토클레스는 이처럼 미래를 보는 통찰력뿐만 아니라 불리한 상황을 자신의 뜻대로 바꿀 수 있는 지략과 추진력을 겸비하고 있었다.

그리고 마라톤 전투가 끝난 지 겨우 10년이 지난 시점에 페르시아의 크세르크세스 왕이 500만 대군을 이끌고 그리스 침공을 개시했다는 소문이 아테네인들에게 전해졌다. 테미스토클레스의 예측이 적중한 것이다. 기대했던 스파르타 군도 테르모필레 전투에서 막강한 페르시아 군대에 밀려 전멸당하고 말았다. 아테네인들은 몹시 당황했다. 아예 아테네를 포기하고 이탈리아 남부로 나라를 통째로 옮기거나 이탈리아 남단의 시칠리아 섬에 새로운 나라를 세우자는 주장까지 나왔다. 임박한 적의 공격에 당황하던 아테네인들은 델포이 신전으로 사절단을 보내 아테네의 운명에 대한 신탁을 받기까지 했다. 테미스토클레스는 자신의 뜻대로 아테네를 이끌기 위해 이 델포이의 신탁까지 이용했다. 신탁의 내용은 다음과 같다.

"어리석은 자들이여, 왜 여기 앉아 있는가? 대지의 끝으로 도망가거라.
그대들의 집과 도시로 둘러싸인 높은 언덕을 버리고 떠나라.
머리는 불안정하며, 몸은 떨리며, 아래쪽의 발이나,
손과 그 사이에 있는 어떤 것도 살아남지 못하며, 망할 것이다.
(중략) 멀리 보는 제우스께서 그대에게 나무 성벽을 주실 것이다.
오직 이것만이 안전할 것이며 너와 너의 아이들을 도울 것이다.
너는 그것만 지키면서 대륙으로부터 거대한 기병과 보병의 대군이
다가오기를 기다리지 말고, 등을 돌리고 도망쳐라.
그들을 마주할 날들이 올 것이다. 신성한 살라미스 섬이여,
씨가 뿌려지거나 거두어질 때,
너는 대지의 어머니의 아들들의 죽음을 보게 되리라."[35]

페르시아의 침공을 앞두고 있던 아테네인들은 이 신탁의 내용을 각자 해석하고 싶은 대로 해석했다. 어떤 사람은 아크로폴리스 위로 올라가서 항전을 하자고 했다. 아크로폴리스가 가시나무 울타리로 둘러싸인 적이 있는데, 신탁에서 언급된 "나무 성벽"을 아크로폴리스로 해석한 것이다. 또 어떤 사람은 도망쳐야 할 "대지의 끝"이 이탈리아라고 해석해, 모두 그곳으로 도망가자는 주장을 펼치기도 했

다. 살라미스를 아테네 "어머니들의 아들의 죽음이 될" 부정한 곳으로 해석하는 사람도 있었다. 그러나 테미스토클레스는 "도시로 둘러싸인 높은 언덕"을 파르테논 신전이 있는 아크로폴리스로 해석했다. 그곳을 떠나 "대지의 끝"으로 도망가라는 것은, 아테네를 떠나 피레우스 항구에서 배에 오르라는 뜻이라고 주장한 것이다. 실제로 아크로폴리스에서 보면 피레우스 항구는 비록 지척이지만 "대지의 끝"에 해당한다. 그리고 신탁에서 말하는 "나무 성벽"을 바로 자신의 주장으로 건조해놓은 200척의 삼단노선으로 해석했다. 나무로 된 이 삼단노선에 들어가서 함께 싸우는 것이 아테네가 "너와 아이들을 도우는" 안전한 길이라고 주장했다. 그는 운명적인 해전의 장소를 살라미스라고 보았다. 왜냐하면 델포이의 신탁이 그곳을 "신성한" 살라미스라고 불렀기 때문이다. 그곳이 아테네 군대가 패망할 불길한 곳이라면 "비정한" 살라미스라는 표현이 더 적절했을 것이라는 주장이었다.[36]

한편 테르모필레에서 레오니다스와 300명의 스파르타 용사들을 단숨에 물리친 페르시아 육군이 빠른 속도로 아테네와 스파르타 쪽으로 남하하고 있다는 소식이 전해졌다. 그러자 다급해진 그리스의 연합군 사령관들은 아테네를 포기하고 펠로폰네소스 반도로 집단 이주해야 한다는 주장을 펼쳤다. 만약 페르시아 군대가 육로를 통해 펠로폰네소스 반도로 진군한다면 코린토스Korinthos라는 좁은 지역을 통과해야 하므로 이곳에 방어를 위한 배수진을 치면 승산이 있다고 판단했다. 사실 이런 주장은 스파르타 자국을 보호하기 위한 스파르타인들의 억지 논리였지만, 펠로폰네소스 반도로 들어가기 위한 병목 지역인 코린토스는 폭이 약 6킬로미터밖에 되지 않기 때문에 전략상 최고의 요충지임에는 분명했다. 아테네를 끝까지 사수하자는 주장, 펠로폰네소스 반도로 가족들을 집단 이주시킨 뒤 남자들은 코린토스의 병목에서 방어선을 펼치자는 주장, 그리고 아예 이탈리아 남부로 집단 이주하자는 주장이 서로 충돌하면서 그리스 연합군은 의견 일치를 보지 못했다.

이 혼란 중에 테미스토클레스는 또 다른 작전을 구사한다. 마치 자신을 그리스를 배신한 변절자처럼 속여 크세르크세스에게 밀사를 보내고 페르시아의 해군을 살라미스의 좁은 해협 쪽으로 유도한 것이다. 테미스토클레스가 보낸 사신은 크세르크세스에게 거짓 정보를 흘린다.

"저는 아테네인 장군에게서 온 밀사입니다. 그는 전하의 의견에 동조하며 헬라스인들보다 그대들이 전쟁에서 이기기를 바라고 계십니다. 그리스인들은 제가 여기 있는 것을 아무도 모릅니다. 헬라스인들은 패닉에 빠져 도망갈 계획만 짜고 있습니다. 대왕께서 여기 가만히 계셔서 그들이 도망치게만 하지 않는다면, 위대한 승리를 거두실 수 있을 것이라고 전하라고 하셨습니다. 그들은 분열되어 있으며 당신에게 저항할 힘이 없습니다."[37]

평소 귀가 얇고 우유부단하기로 유명한 크세르크세스는 테미스토클레스가 보낸 밀사의 말을 철석같이 믿고 살라미스에 모든 해군력을 집중시킨 뒤 성급한 공격을 감행한다. 총 1207척의 함선을 거느리고 그리스를 공격했지만 참담한 패배로 결말이 났다. 크세르크세스의 함대는 아테네의 삼단 노선 180척이 주도하는 그리스 연합군의 희생 제물이 되고 말았다.

이 테미스토클레스가 주인공으로 등장하는 살라미스 해전 또한 영화 〈300: 제국의 부활〉(2014)로 개봉했었다. 마라톤 전투에서 다리우스 왕이 테미스토클레스가 쏜 화살에 맞아 죽었다거나 페르시아의 여장군 아르테미시아의 활약이 지나치게 과장되었다는 정도의 왜곡을 제외하면 살라미스 해전의 전모를 이해하는 데 어느 정도 도움이 되는 영화다. 헤로도토스의 『역사』에서도 강조되고 있듯이 살라미스 해전의 승리로 인해 그리스 전체가 절체절명의 위기에서 벗어날 수 있었고, 그 승리의 영광은 테미스토클레스에게 돌아가야 했다. 헤로도토스도 이 점을 확인시켜주고 있다.

여기서 나는 많은 사람들이 불쾌함에도 불구하고, 그것이 진실이라고 믿기 때문에 나 자신만 혼자 알지 않고 말해야 하는 것을 말하겠다. 만약 아테네인들이 그들에게 다가오는 위험 때문에 도망가고 그들의 국가를 버렸다거나, 아니면 떠나지 않고 남아 있어서 크세르크세스에게 항복했더라면, 아무도 바다에서 이 왕에게 맞서 싸우려고 한 사람은 없었을 것이다. (중략) 그러므로 누군가 아테네인들이야말로 그리스의 구원자라고 한다면 그 말은 완전히 맞을 것이다.[38]

헤로도토스는 이 증언을 통해 테미스토클레스가 이끈 아테네 해군이 그리스의 구원자였음을 분명하게 밝히고 있다. 살라미스 해전

빌헬름 폰 카울바흐, 〈살라미스 해전〉, 1868년, 뮌헨 신미술관 소장.

을 승리로 이끈 테미스토클레스와 같은 탁월한 리더가 있었기 때문에 그리스는 페르시아의 침공이라는 전대미문의 아포리아에서 무사히 벗어날 수 있었다는 것이다. 테미스토클레스는 미래를 예측하는 통찰력과 그것을 실행에 옮기는 지략과 과감한 추진력 부분에서 후대의 군주들이 반드시 본받아야 할 덕목을 갖춘 군주의 거울이 됐다.

그러나 헤로도토스의 『역사』를 끝까지 읽어보면 이 대목에서부터 놀라운 반전이 펼쳐진다. 만약 헤로도토스가 여기까지만 기록하고 집필을 마쳤다면 아마 그의 『역사』는 인류의 영원한 고전으로 남지 못했을 것이다. 헤로도토스는 『역사』의 마지막 주인공으로 등장하는 테미스토클레스가 살라미스 해전의 승리 이후 완전히 다른 인간으로 변했다는 놀라운 반전의 기록을 남겼다.

살라미스 해전이 충격적인 패배로 끝나자 크세르크세스는 신속하게 철군을 시작했다. 그리스의 장군들은 외국의 침략자를 완전히 격퇴시키기 위해 헬레스폰투스 해협에 설치되어 있는 선교船橋를 파괴시켜서 크세르크세스를 완전히 괴멸시키자고 주장했다. 그러나 테미스토클레스는 이 장면에서 놀라운 변신을 한다. 언젠가 자신과 아테네인들 사이의 관계가 나빠질 경우를 미리 대비하기 위해 "크세르크세스 왕의 호감을 사두고자" 한 것이다.[39] 만약의 경우를 대비해 크세르크세스라는 보험을 미리 들어놓겠다는 것이다. 그래서 그는 괴변을 늘어놓으며 헬레스폰투스 해협의 선교를 파괴하지 말자는 주장을 펼쳤고, 크세르크세스에게 또다시 은밀히 사신을 보내 이렇게 말하도록 했다.

"아테네 군대의 장군이며, 전 그리스 군에서 가장 용감하고 유능한, 네오클레스의 아들 테미스토클레스께서 저를 보내시며 이런 메시지를 주셨습니다. 아테네의 테미스토클레스께서는 당신께 호의를 보이고자, 헬라스인들이 당신의 군대를 추격하고 헬레스폰투스의 다리들을 파괴하는 것을 막았다는 사실을 전하라고 하셨습니다. 이제 전하께서는 평안히 귀국하실 수 있습니다."[40]

테미스토클레스는 이렇게 조국의 배신자가 됐다. 더 충격적인 것은 명예와 재물에 대한 욕심이 많았던 테미스토클레스가 그때부터 아예 노골적으로 해적질을 일삼기 시작했다는 것이다. 페르시아 전쟁의 승리 이후 아테네의 동맹국이 된 안드로스Andros와 같은 작은 섬나라에 사신을 보내 강제로 분담금을 물리고 그 돈을 사적으로 갈취했다. 그는 안드로스가 페르시아 전쟁 기간 동안 아테네에게 협력하지 않았다는 것을 핑계로 강제로 부담금을 책정했고, 가난 때문에 지불을 못하자 아예 포위 공격까지 감행했다. 이것은 주위 나라들을 겁박하고 더 많은 돈을 뜯어내기 위한 수단이었다. 헤로도토스는 "테미스토클레스가 다른 그리스 장군들이 알지 못하게 에게 해 섬 주민들의 돈을 갈취했다"고 증언하고 있다.[41]

그리스인들이 테미스토클레스의 음흉한 속셈을 모를 리 없었다. 페르시아 전쟁 후 승전의 공이 가장 큰 장군을 선출하는 투표에서 아테네인들은 테미스토클레스 장군을 2등으로 지명했다. 마음이 상한 테미스토클레스는 아테네를 떠나 스파르타로 가버렸다. 결국 아테네 법정은 그를 도편추방했고, 생애 마지막 순간에 그는 조국을 배신한 후 적국 페르시아로 전향해버렸다. 그가 죽음을 맞이한 곳도 조국 아테네가 아니라 페르시아였다. 백척간두百尺竿頭의 나라를 구해낸 영웅의 최후 치고는 더할 나위 없이 충격적인 결말이다. 페르시아 전쟁의 전말을 기록한 헤로도토스는 테미스토클레스에 대한 기록을 최고의 영웅이 아닌 최후의 변절자로 마무리한다. 권력에 대한 지칠 줄 모르는 야심과 재물에 대한 끝없는 탐욕이 정도를 넘어 결국 조국을 배신한 인물로 만들어버린 것이다.

헤로도토스의 결론: 리더의 자질이 없는 자는 척박한 땅에 만족하라

기원전 5세기 전반, 페르시아 전쟁이라는 그리스의 첫 번째 아포리아가 닥쳤을 때 헤로도토스는 대혼란의 이유와 리더십의 상관관계에 대해 천착穿鑿했다. 페르시아 전쟁과 같이 의미 없는 전쟁은 왜 발생하는가. 그 전쟁을 일으킨 군주와 나라를 지키기 위해 목숨을 바친 장군들은 도대체 무슨 생각으로 전투에 임했는가. 그들은 우리에게 어떤 모습을 보여주었는가. 헤로도토스는 『역사』를 통해 그 시대를 살았던 세 명의 리더인 크로이소스, 크세르크세스 그리고 테미스토클레스를 주인공으로 제시했다.

리디아의 왕 크로이소스는 자신이 누렸던 권력과 부를 행복의 기준으로 착각한 인물이었고, 페르시아의 왕 크세르크세스는 어리석고 우유부단했으며 쓸데없는 과시욕에 사로잡혀 불필요한 전쟁을 일으킨 인물이다. 마지막으로 살라미스 해전의 영웅 테미스토클레스는 타고난 정치적 감각으로 승리를 쟁취했으나 권력을 향한 의지가 지나쳤고 재물 욕심을 억제하지 못한 인물이었다.

도대체 헤로도토스는 왜 이런 나쁜 군주, 본받지 말아야 할 리더의 모습을 우리에게 보여주고자 했을까. 참혹했던 페르시아 전쟁이 일어나게 된 동기와 과정 그리고 그 결과에 대한 탐사 보고서를 작성하던 그가 내린 결론은 이렇다. 진정한 군주의 자격을 갖추지 못한 인물이 리더의 위치에 오르면 이런 문제가 발생한다는 것이다. 그를 믿고 따르는 백성들은 도탄에 빠지고, 그 사회는 아포리아에 처하게 된다. 행복에 대한 그릇된 생각을 가진 왕과 명예욕에 불타올라 불필요한 전쟁을 일으킨 군주, 그리고 물질에 대한 탐욕에서 벗어나지 못한 장군이 나라를 이끌면 그 나라는 쇠락을 면치 못하게 되고 온 국민이 고통의 시대를 살아가야 한다. 부적절한 리더 때문에 아포리아에 처하게 되는 것이다. 헤로도토스의 주장은 한마디로 '리더는 아무나 하는 것이 아니다. 함량 미달인 자는 함부로 리더의 위치에 오르지 말라!'는 것이다.

헤로도토스의 『역사』 마지막 권은 정말 압권이라 할 만한 놀라운 결론을 우리에게 제시한다. 페르시아 전쟁의 전말을 밝힌 방대한 분량의 책을 마무리하면서 헤로도토스는 갑자기 한 세기 전에 있었던 사건을 기록함으로써 대단원의 막을 내린다. 헤로도토스의 『역사』는 총 9권으로 구성되어 있는데, 제일 마지막 9권의 주인공은 당연히 페르시아의 크세르크세스 왕이다. 페르시아 전쟁을 일으킨 장본인이었고, 마지막에 그리스 땅에서 철군을 결정한 것도 크세르크세스 왕이었기 때문이다. 그런데 흥미로운 것은 9권의 제일 마지막 장(122장)에 갑자기 키루스 대왕이 다시 등장한다는 점이다. 바로 『역사』가 시작되는 1권에서 리디아의 왕 크로이소스를 살려주었던 페르시아의 건국자 키루스 대왕이다. 페르시아 전쟁을 기록한 『역사』의 실제 주인공인 크세르크세스는 키루스 대왕의 증손자뻘 되는 인물이다. 그런데 헤로도토스는 『역사』의 마지막 부분에서 다시 위대한 페르시아의 건국자인 키루스 대왕의 이야기로 돌아간다.

내용은 이렇다. 키루스 대왕이 마침내 페르시아제국을 기원전 550년에 건국하고, 여러 나라를 차례로 정벌해나가자 한 신하가 대왕 앞에 엎드려 제국의 확장이 필요하다는 간언을 올린다. 제우스 신이 키루스에게 거대한 제국의 통치권을 선물로 주었으니, "우리가 있는 이 작고 울퉁불퉁한 땅에서 떠나 더 나은 곳으로 가도록" 침략 전쟁을 일으키자고 주장한 것이다.[42] 그 신하는 페르시아제국의 지리적 확장을 주창하며 이렇게 목소리를 높였다.

"우리 국경에는 많은 나라들이 있고, 더 먼 곳에도 많은 나라들이 있습니다. 그중 하나를 우리가 가진다면 우리는 더 많은 사람들에게 알려지게 될 것입니다. 이것은 힘이 있는 민족에게는 당연한 것입니다. 우리가 수많은 민족과 전체 아시아를 지배하는 지금보다 더 좋은 기회가 언제 오겠습니까?"[43]

페르시아는 신으로부터 "지배 민족"으로 부름을 받았기 때문에, 나머지 피지배 민족을 무력으로 정복하고 힘으로 다스리는 것은 정당한 권리라고 주장했다. 그러나 신하의 주청을 가만히 듣고 있던 키루스 대왕은 그 제안을 "대단하다 여기지는 않았으나, 그 제안대로 추진하라"고 허락하면서, 대신 "그럴 경우 지배자에서 노예로 전락할 각오를 하라"는 준엄한 경고를 내렸다.[44] 제국의 지리적 확장은 영원히 계속될 수 없지만 그렇다고 제국의 속성상 확장의 속도를 멈출 수도 없으니 정복을 계속해보라는 것이었다. 다만 그럴 경우 결국 "지배자에서 노예로 전락"하게 될 것이라는 사실을 명심하라는 경고였다.

헤로도토스가 페르시아 전쟁의 탐사 보고서라고 밝힌 『역사』의 제일 마지막 부분에 이런 이야기가 포함되어 있는 이유는 무엇일까. 키루스 대왕은 인간의 '오만'을 경계하라고 말하고 있는 것이다. 제국의 확장을 주청하던 신하는 초강대국 페르시아의 무력 사용과 피지배 민족에 대한 침략을 "지배 민족에게 당연한 일"이라고 주장했다. 이런 오만이 페르시아 전쟁의 원인이 되었고, 오만 때문에 페르시아는 그리스에 패전하고 말았다. 이것이 페르시아 전쟁의 원인에 대한 헤로도토스의 탐사 보고서가 내린 결론이다. 잘못된 리더의 오만이 문제를 일으켰고, 그것 때문에 페르시아와 그리스의 무고한 백성들만 죽을 고생을 했다는 것이다. 페르시아 전쟁이라는 그리스의 첫 번째 아포리아에 대한 탐사 보고서 『역사』는 다음 문장으로 끝이 난다.

그래서 페르시아인들은 그의 의견이 옳음을 인정하고 떠났다. 키루스의 의견이 그들보다 낫자 비옥한 땅을 경작하며 노예가 되는 길보다는 척박한 땅에서 살며 지배하기로 결심했다.[45]

이것이 헤로도토스가 남긴 『역사』의 제일 마지막 문장이다. 제국의 끝없는 확장을 위해 자신의 오만함을 숨기지 않았던 페르시아인들은 결국 자신들보다 한 세기를 먼저 살았던 키루스 대왕의 선견지명이 옳았음을 인정할 수밖에 없었으니, 오만했던 리더의 잘못된 선택은 결국 실패로 끝이 나고 말았다는 뜻이다.

리디아의 왕 크로이소스, 페르시아의 왕 크세르크세스 그리고 아테네의 영웅 테미스토클레스의 공통점은 바로 오만이다. 군주는 스스로 이 오만을 경계해야 한다. 제국의 권력과 황금의 쾌락이 주는 오만의 유혹을 멀리해야 한다. 이것이 우리가 헤로도토스의 『역사』라는 군주의 거울을 통해 배워야 할 교훈의 핵심이다. 우리나라 학계에서 고대 그리스 연구 분야를 이끌다 작고한 김진경 교수는 헤로도토스의 『역사』가 보여주었던 오만과 벌Nemesis에 대해 명료한 해석을 내렸다. 1972년에 발표한 『서양사론』 제13호에 실린 글이다.

인간은 유한의 운명을 지닌 한낱 덧없는 존재에 불과하다. 그러나 때가 이르러 힘이 강대해지면 자신의 분수를 잊고, 자기의 힘을 과신한 나머지, 남을 경멸하고 신을 경시하기에 이른다. 이것이 히브리스(오만)이며, 이윽고 신이 내리는 아테Ate(미망)에 빠져, 신이나 인간에 의해 집행되는 네메시스(벌, 보복)를 받아, 야욕은 좌절되고 자신은 파멸한다.[46]

3 │ 반복되는 역사 속에 드러나는 인간의 본성
– 투키디데스의 『펠로폰네소스 전쟁사』

태풍 전의 고요함

기원전 5세기 그리스에 밀어닥친 첫 번째 아포리아는 살라미스 해전의 승리로 극복됐다. 페르시아의 주력부대는 크세르크세스 왕과 함께 줄행랑을 쳤고, 다른 방향으로 퇴각하던 잔류병도 모두 섬멸됐다. 아테네인들의 자신감은 하늘을 찌를 듯했다. 페르시아라는 말만 들어도 벌벌 떨던 그들이 이제 제국의 군대를 격퇴시키고 지중해와 에게 해의 맹주로 등극하게 된 것이다. 아테네인들이 뽐냈던 기원전 5세기 중엽의 자신감과 활력은 곧바로 문화의 중흥으로 이어졌다. 이른바 '아테네의 황금기'가 도래한 것이다. 역사를 돌이켜보면 심각한 위기를 극복했을 때 문화가 비약적으로 발전하는 경향을 보인다. 위기가 초래한 극도의 긴장감과 난관이 사람들로 하여금 더욱 고뇌하게 만들고, 삶과 죽음과 같은 인간의 근본적인 문제를 성찰하게 만들기 때문일 것이다.

이 시기 아테네에는 소포클레스와 같은 뛰어난 비극 작가가 등장해 인간의 본질을 파헤치기 시작했다. 아이스킬로스Aeschylos(B.C. 525~456)와 같은 선배 작가도 있었고, 에우리피데스Euripides(B.C. 480 추정~406)와 같은 후배 작가도 활동했지만 유독 소포클레스가 더 알려진 이유는『오이디푸스 왕』,『안티고네』그리고『엘렉트라』등이 모호한 인간의 심연을 들여다보게 만들기 때문일 것이다. 소포클레스의 작품은 인간이 가장 극한 상황에서 품을 수 있는 내면의 슬픔과 좌절을 개인과 공동체(국가)가 추구하는 가치의 충돌과 교차시켰다. 이 문화 융성의 시기에 발표된 다수의 비극 작품은 제국으로 발돋움하던 아테네의 국가적 정체성을 유지시키는 든든한 정신적 지주가 됐다. 그리스의 비극은 단순히 감정적인 인간의 슬픔만을 이야기하는 것에 머무르지 않고, 비극이 발생할 수밖에 없는 상황의 부조리를 먼저 상정한다. 비극의 서사적인 원인은 개인과 공동체(국가)가 서로 다른 가치를 추구할 때 발생하는 딜레마 때문이다. 소포클레스의 비극『안티고네』에서 그런 가치 충돌의 딜레마를 발견할 수 있다.

안티고네Antigone는 손가락으로 자기 눈을 찔러 스스로 장님이 된 오이디푸스Oedipus 왕의 딸이다. 테베의 왕자였던 안티고네의 두 오빠는 서로 왕위를 다투다가 둘 다 죽는다. 왕자였던 오빠들이 모두 죽자 삼촌 크레온이 테베의 왕으로 등극하는데, 삼촌은 안티고네의 오빠 에테오클레스를 위해서는 성대한 장례를 치러주지만 또 다른 오빠 폴리네이케스를 위한 장례는 금지시킨다. 폴리네이케스가 공동체(국가)의 이익에 반하는 행동을 했기 때문이다. 그리스에서 장례를 치르지 못하게 한다는 것은 그야말로 끔찍한 형벌이다. 인간의 존엄을 유지하기 위해 망자는 반드시 적절한 애도 절차를 거쳐 매장되어야 한다. 안티고네는 깊은 고뇌에 빠진다. 국가의 법을 내세워 오빠의 장례를 지내지 못하게 하는 삼촌 크레온의 결정과 달리 동생인 자신은 오빠의 장례를 적절히 치러주어야 할 의무가 있다. 국가의 결정을 따를 것인가, 아니면 가족의 도리를 다할 것인가. 나라가 먼저인가, 아니면 혈육의 정이 먼저인가.

소포클레스의 비극『안티고네』를 보고난 아테네 시민들은 삼삼오오 모여 앉아 포도주를 들이키며 극 중 안티고네가 선택한 결정에 대해 토론했을 것이다. 어떤 사람은 오빠의 시신을 몰래 매장한 안티고네가 혈육의 정을 지켰다고 칭찬했을 것이고, 또 어떤 사람은 국가의 명령을 어긴 안티고네의 결여된 애국심을 비난했을 것이다. 소포클레스의 비극은 아테네 시민들의 토론을 촉발시켰고, 결국 이런 공동체의 격조 높은 문화적 활동이 그들의 소속감과 연대감을 증대시켰다.

이 시기에는 비극뿐만 아니라 희극 작가들의 활동 또한 활발했다. 그중『구름』,『개구리』,『새』등 촌철살인의 희극 작품을 선보인 아리스토파네스가 유명하다. 특히『구름』은 그가 자신의 친구인 소크라테스를 신랄하게 풍자한 작품으로 대단한 명성을 떨쳤다. 희극은 기존의 권위에 도전하고 금기시하는 영역에 대한 발칙한 도발을 감행할 때 관객들의 웃음을 유발하게 된다. 아테네의 현자로 불리던 소크라테스는『구름』에서 순진한 아테네 청년들을 미혹하는 소피스트로 등장한다. 엄연한 철학자를 희극의 주인공으로 등장시킨 극을 보면서 사람들은 한바탕 웃고 떠들며 사회적 긴장감을 완화시키곤 했다. 비극이 공동체의 소속감을 증대시키는 역할을 했다면 희극은 체제 전복적이기 때문에 아테네에서는 희극보다 비극이 더 주목을 받았고, 정치가들의 더 많은 후원을 받았다.

의술의 아버지로 불리는 히포크라테스Hippocrates(B.C. 460~370 추정) 또한 그 시대의 사람이다. "의사인 나는 어떤 집에 들어가더라도 병자의 이익을 위해 갈 것이며, 어떤 해악이나 부패한 행위를 멀리 할 것이다"라는 내용의 '히포크라테스 선서'는 기원전 5세기의 찬란했던 아테네의 정신을 대변한다. 앞에서 살펴본 "역사의 아버지"헤로도토스 역시 이 시대의 사람이다. 페르시아 전쟁이 발발했을 당시 신의 섭리에 의존하는 기존의 신화적 해석에서 벗어나 사료와 증언을 바탕으로 전쟁의 원인과 결과를 밝히겠다는 그의 탐사 보고서는 역사적 사고Historical thinking의 시발점이 됐다.

그리스의 두 번째 아포리아, 펠로폰네소스 전쟁

살라미스 해전 후 약 20년이 지난 뒤, 그리고 작가, 의사, 역사가 등의 등장으로 아테네의 황금기가 문화 융성의 정점으로 향하던 즈음, 그리스 전체에 영향을 미칠 두 번째 아포리아가 발생할 조짐이 보였다. 기원전 460년, 제1차 펠로폰네소스 전쟁이 발발한 것이다. 그리스에 갑자기 밀어닥친 두 번째 아포리아의 조짐은 동족상잔의 비극으로 출발했다. 같은 그리스어를 사용하고 문명의 정체성을 함께 향유하던 그리스의 두 맹주, 아테네와 스파르타가 서로를 죽이는 전쟁을 벌여야 하는 어처구니없는 현실이 펼쳐진 것이다. 펠로폰네소스전쟁은 마치 인간이기를 포기한 두 집단의 싸움과도 같았다. 펠로폰네소스 전쟁 이전까지만 해도 그리스 사람들은 전쟁을 치르면서도 인간의 존엄을 잃지 않기 위해 노력했다. 문명화된 인간은 전쟁터에서도 규율과 절제를 지킨다는 것이 그리스인들의 문화적 자부심이었다. 그들은 동료 시민군과 어깨를 맞대고 조국을 수호한다는 자유시민의 긍지와 문명국을 지킨다는 명예를 목숨보다 소중히 여기던 사람들이었다. 그러나 펠로폰네소스 전쟁 때부터 이런 긍지와 명예심이 자취를 감추고, 승리를 위해서라면 천륜을 저버리는 일도 서슴없이 감행하는 반문명적인 전쟁의 행태가 나타나게 되었다. 문명과 야만의 경계선이 무너지고, 군사들의 명예심과 절제가 사라진 자리에 분별없는 무모함이 용기처럼 인식됐다. 전쟁의 그림자와 함께 문명의 땅에 야만의 시대가 슬금슬금 드리운 것이다. 그리스인들은 차라리 외적과 싸우던 페르시아 전쟁이 더 견딜 만했다고 한탄하기 시작했다.

그리스 사람들을 더욱 충격에 빠뜨린 것은, 전쟁 후에 발생한 희생자들에 대한 천륜을 저버린 처리 방식이었다. 이전까지 그리스인들은 전투가 끝나면 목숨을 잃은 적의 군사들을 그들 편에 넘겨주어 적절하게 장례를 치르도록 예우하는 것을 당연한 의무며 관례라고 여겼다. 그것이 상호 간에 인간의 존엄성을 유지하는 최소한의 예의라고 생각했기 때문이다. 그러나 펠로폰네소스 전쟁 때부터 그런 관례가 사라졌고, 전장에 방치되어 있던 시체들이 들짐승들에게 뜯어먹히거나 썩어가는 참혹한 광경이 눈앞에서 펼쳐졌다. 지금껏 그리스 사회를 지탱해주던 절제의 미덕과 인간 가치에 대한 존중의 관념이 사라지면서 그리스에 두 번째 아포리아가 밀어닥친 것이다.

이 야만의 시대를 직접 목격하고 역사 기록을 남긴 투키디데스는 실제로 펠로폰네소스 전쟁에 참전했던 아테네의 장군 출신이다. 그는 기원전 422년, 암피폴리스Amphipolis라는 지역에서 벌어진 전투에 뒤늦게 참전했으나 패전의 책임을 지고 법정에서 굴욕적인 재판을 받게 된다. 결국 그리스 북쪽의 트라키아Thracia 지방으로 망명을 떠난 투키디데스는 그곳에서 자신이 직접 경험한 전쟁의 역사를 집필하게 되는데, 그 책이 바로 『펠로폰네소스 전쟁사』다. 헤로도토스의 『역사』에 이어 두 번째로 소개하는 그리스의 군주의 거울은 이런 배경에서 탄생하게 된다. 펠로폰네소스 전쟁이 단순한 지역 간의 분쟁이 아니라고 보았던 투키디데스는 책의 서두를 이렇게 시작했다.

아테네인 투키디데스는 아테네인들과 스파르타인(펠로폰네소스인)들 사이의 전쟁의 서막부터 기록했다. 이것은 과거에 있었던 어떤 전쟁보다도 기록할 가치가 있었고, 중요한 전쟁이라고 생각했기 때문이다. (중략) 이 전쟁은 헬라스인들뿐만 아니라 대부분의 비헬라스인들에게도 가장 큰 변화이며, 아마도 전 인류에게도 가장 중요한 사건일 것이다.[1]

그리스에서 일어난 이 내전을 두고 투키디데스는 인류 전체에게 영향을 미칠 중대한 사건이라고 평가했다. 이것은 절대로 과장된 표현이 아니다. 『펠로폰네소스 전쟁사』를 관통하는 핵심 중의 하나는 '제국의 논리'에 대한 그리스인들의 새로운 해석이다. 스파르타와 아테네가 각각 제국의 논리를 수립하고 주위 국가들과 관계를 맺어가는 방식에 대한 논의가 반복되어 나타나는데, 이런 제국의 논리는 지금의 국제 정치에서도 여전히 작동하는 강대국의 외교 정책이다. 단일 국가의 운영이 아니라 다른 국가의 경영에 개입할 수 있는 제국의 논리를 처음으로 이론화했기 때문에 『펠로폰네소스 전쟁사』는 지금도 전 인류에게 중요한 영향을 미치고 있다.[2] 투키디데스의 책이 전 인류에게 영향을 미치는 또 다른 이유는 그가 역사를 기술(記述)하는 것에 대한 새로운 방향을 제시했기 때문이다. 신화적 사고나 편파적인 판단에서 역사의 의미를 찾고자 노력했던 선배 역사가들을 그는 신랄하게 비판했다.

그러나 나는 내가 기술한 증거로부터 결론에 도달하는 사람은 그릇된 판단을 내리지 않을 것이라고 생각한다. 이것은 시인들이 제시하는 증거보다 나은 것인데, 시인들은 자신들의 주제를 과장하는 경향이 있고, 산문 작가들은 사실을 말하는 것보다는 입증되지 않은 이야기를 해서 대중의 관심을 받으려고 하기 때문이다. 또한 이들이 다루는 주제는 시간이 흘러 증명할 수 없는 사료에 기반하기 때문에 결국 신화의 영역에 속하고 만다.[3]

자신들의 주제를 과장하는 시인이란 호메로스가 트로이 전쟁의 역사를 기록하면서 객관성을 훼손하고 문학적으로 처리한 것을 꼬

집는 말이다. 또한 대중의 관심을 받으려고 입증되지 않은 이야기를 하는 산문 작가란 헤로도토스를 말하는 것으로 페르시아 전쟁사를 기록하며 불필요한 이야기를 포함시켰다는 것을 비판하는 것이다. 투키디데스는 여기서 사료로서의 '신뢰성'에 기반을 둔 객관적인 역사 기록을 남기겠다고 공언하고 있다. 대문호였던 호메로스와 동시대의 인물이었던 헤로도토스를 정면으로 비판할 수 있었던 것은 역사를 바라보는 자신의 통찰력에 자신감이 있었기 때문이다. 투키디데스는 서두에서 역사를 기술하는 방식에 대한 논의를 넘어 시대를 관통하는 인류 보편의 본성까지 파헤치겠다는 야심찬 포부를 밝히고 있다. 그의 확신에 찬 주장은 이렇게 이어진다.

> 내가 기술한 이야기는 낭만적인 요소가 없어서 읽기가 쉽지는 않을 것이다. 그러나 나의 이야기는 과거에 일어난 사건들과, 앞으로 언젠가는 유사한 방식으로 반복될 사건(인간의 본성도 그러하기 때문에)을 정확하게 이해하고 싶은 사람에게는 도움이 될 것이다.[4]

자신이 파헤친 『펠로폰네소스 전쟁사』의 실체는 기원전 5세기 후반에 그리스에서 일어난 내전에 대한 기록이지만, 인간의 본성에 따라서 영원히 반복될 보편적 역사에 대한 성찰이기도 하다는 것이다. 다시 말해 투키디데스는 역사를 통해 반복적으로 드러나는 인간의 본성을 성찰하겠다는 의지와 자신감을 피력한 것이다. 반복되는 역사의 전후좌우를 살펴보는 것은 위기 상황에서 반복적으로 드러나는 인간의 본성을 밝힘으로써 후대 사람들에게 진정한 역사의 의미

뿐만 아니라 인간 본성의 지도를 그려 보여주겠다는 뜻이었다.

　투키디데스는 "대중의 즉흥적인 유희를 위해 글을 쓰지 않았으며, 영원히 지속시키기 위해 썼다"고 확신했는데,[5] 그의 장담처럼 실제로 『펠로폰네소스 전쟁사』는 지금도 현대를 살아가는 우리에게 인간의 본성에 대한 놀라운 통찰력을 제시한다. 대중의 기호와 시대의 조류에 따라 순간 읽히고 소비되는 그런 책이 아니라 그의 표현대로 영구 장서용으로 인류의 역사와 함께할 고전이 되었기 때문이다.

펠로폰네소스 전쟁의 발발과 전개 과정

투키디데스의 『펠로폰네소스 전쟁사』는 펠로폰네소스 전쟁이 "전 헬라스에게 미증유의 고통"을 안겨준 사건이었다는 구절로 시작된다.[6] 크세르크세스라는 무지막지한 페르시아의 자칭 신왕神王이 그리스를 유린할 때도 그들은 서로 어깨를 맞대고 힘을 모아 대의를 위해 함께 싸웠다. 그런데 그런 동족들끼리 서로를 죽이는 살육전을 벌인 것이다. 페르시아 500만 대군의 공격도 함께 버텨낸 위대한 문명의 민족끼리 서로 죽여야만 하는 이 한탄스럽고 참혹한 전쟁은 왜 일어나야만 했을까.

　펠로폰네소스 전쟁의 원인을 밝혀내는 것은 대대로 정치학자들의 몫이었다. 전쟁은 정치적 힘의 균형을 제어하려는 권력의 충돌이기에 정치학자들은 이 역사적 사례를 집중적으로 연구해왔다. 『펠로폰네소스 전쟁사』를 쓴 투키디데스는 이런 정치학적 질문에는 애당초

관심이 없었다. 전쟁이 시작된 경위에 대해서는 서두에서 분명히 그리고 아주 간략하게 자신의 견해를 미리 밝힘으로써 본인의 의도는 이것과는 다른 것임을 명확하게 하고 있다. "전쟁을 불가피하게 만든 가장 중요한 이유는 아테네의 세력이 성장했기 때문이며 이것이 스파르타의 공포를 불러일으켰기 때문"이라는 것이다.[7] 전쟁의 발발 원인은 이미 알려져 있고 자신은 그것에 관심을 두지 않는다는 뜻이다. 다시 말하자면 이 책은 전쟁 자체에 대한 이야기가 아니라 동족상잔의 내전이라는 위기 상황 속에서 인간 군상이 어떻게 행동하고, 그 광범위한 개별적 행동의 스펙트럼 속에서 리더가 어떻게 바로 서야 하는지에 대한 논의를 담고 있다는 것이다.

페르시아 전쟁의 전개 과정을 상세하게 기록했던 헤로도토스는 "만약 누군가가 아테네인들이 헬라스의 구원자라고 한다면 그 말은 아주 정확할 것이다"라고 말하며,[8] 아테네가 조국 수호에 큰 몫을 담당했다는 사실을 공식적으로 인정한 바 있다. 아테네가 보여준 용기와 불굴의 희생정신 덕분에 페르시아를 물리칠 수 있었다는 것이다. 승전의 공功이 크면 클수록 돌아오는 보상도 커야 한다는 것이 보통 사람들의 생각이다. 아테네인들은 페르시아 전쟁의 승리가 자신들의 용기와 희생 때문이었다고 확신하며, 하늘을 찌를 듯한 자부심을 갖게 됐다. 그러나 무엇이든지 도가 지나치면 문제가 되듯이 아테네인들이 페르시아 전쟁 이후에 보여준 승리에 대한 지나친 자부심과 페르시아를 물리친 문명국으로서의 자긍심이 그들을 점차 제국의 길로 들어서게 만들었다. 거대 제국을 물리치고 그리스의 맹주로서 지중해의 패권을 장악하게 되었으니, 그들의 이런 변모는 어쩌면 자연스러운 것이었는지도 모른다.

그러나 아테네의 이런 제국으로의 환골탈태는 스파르타를 비롯한 펠로폰네소스 동맹국들의 경계심을 자극했다. 아테네의 급작스런 부상浮上은 인근 도시국가들의 경각심을 불러일으켰고, 결국 이런 긴장감이 펠로폰네소스 전쟁이라는 폭력적 대결을 초래하게 만들었다. 다시 말하자면 페르시아 전쟁 후에 표면화되기 시작한 아테네의 제국화가 펠로폰네소스 전쟁의 직접적인 원인이었던 것이다.

페르시아 전쟁이 끝난 뒤 그리스는 두 개의 동맹으로 크게 양분됐다. 스파르타를 중심으로 한 '펠로폰네소스 동맹'과 아테네를 중심으로 한 '델로스 동맹'이 그것이다. 이 두 동맹의 맹주였던 스파르타와 아테나는 각각 육군과 해군의 우위를 자랑하며 서로 치열하게 경쟁했다. 점차 시간이 경과함에 따라 델로스 동맹의 우세가 드러나게 되는데, 무엇보다 경제적인 면에서 델로스 동맹이 펠로폰네소스 동맹을 압도했기 때문이다. 경제력의 신장은 세력 확장으로 이어졌고, 스파르타를 포함한 펠로폰네소스 동맹국들은 긴장의 끈을 더욱 조일 수밖에 없었다. 기원전 454년, 델로스 동맹은 그동안 동맹 분담금과 기부금을 모아두던 재물 창고를 델로스에서 아테네로 전격 이전했다. 물론 아테네인들이 강압적으로 취한 조치였다. 제국화의 길로 들어선 아테네는 "델로스 섬에 귀신이 들었다"는 소문까지 퍼트리며 동맹의 재물 창고를 아테네의 파르테논 신전으로 옮겨버린 것이다.

최고 정점에 달한 군사력과 더불어 막대한 재정까지 확보하게 되었으니 아테네의 제국화는 점점 더 탄력받을 수밖에 없었다. 그들은 장차 있을지도 모를 페르시아의 침공을 막는다는 명분으로 아테네

▲
델로스 동맹의 재물 창고 유적지.

도심과 피레우스 항구를 연결하는 '긴 성벽Long Wall'을 쌓기에 이른다. 펠로폰네소스 동맹의 맹주였던 스파르타의 입장에서 볼 때 이것은 아테네가 군사 기지로 변모하고 있다는 반증이었다. 아테네에서 항구가 있는 곳까지 성벽을 쌓는다는 것은 유사시 신속히 항구로 이동해 전쟁을 위한 함선을 띄우겠다는 호전적인 전략이었다.

긴 성벽을 건축해 아테네를 요새화할 것을 고안한 인물은 다름 아닌 페르시아 전쟁의 영웅 테미스토클레스였다. 앞장에서 이미 소개한 바 있는 그는 페르시아의 최대 격전지였던 살라미스 해전을 승리로 이끈 역전의 노장이다. 테미스토클레스는 살라미스 해전을 승리로 이끈 뒤 아테네와 피레우스 항구를 긴 성벽으로 연결해 미래의 위협에 맞서자고 제안했다. 만약 페르시아를 포함한 외국 군대가 아테네를 공격하면 이 긴 성벽을 이용해 육군의 공격을 방어하며 신속하게 해군 기지가 있는 피레우스 항구로 이동해 해전을 펼칠 전략을 고안해낸 것이다. 살라미스 해전의 승리 이후 아테네는 포세이돈의 나라로 변모했으며, 막강한 해군력을 바탕으로 제국화의 길에 박차를 가하고 있었다. 긴 성벽은 이런 아테네의 전략적 선택이었다. 앞에서 설명한 대로 스파르타가 이 요새화에 격렬하게 반대하자, 테미스토클레스는 위장 지연 작전을 펼치며 끝까지 성벽 공사를 완성시켰다.

스파르타를 포함한 펠로폰네소스 동맹의 도시국가들은 아테네의 이런 전략적 행보를 의심의 눈초리로 보기 시작했다. 스파르타와 아테네는 서로 대사大使를 교환하며 상대 국가에 대한 거친 외교적 공격을 주저하지 않았다. 아테네의 제국화로 그리스 전체에 점차 긴장감이 고조되어 갔다.

아테네 도심에 보존되어 있는 '긴 성벽'의 유적지.

결국 스파르타의 선제공격으로 그리스 전체는 내전에 휩싸인다. 코린토스와 메가라Megara 지역을 무력으로 점령하고, 아테네 도심을 성벽으로 에워싸는 제국의 요새화를 트집 잡아 무적의 스파르타 육군이 진격을 시작했다. 기원전 460년경부터 촉발된 이른바 제1차 펠로폰네소스 전쟁은 스파르타의 육군이 아테네 성벽 주위까지 진군하면서 기선을 잡았지만 아테네가 해군을 동원해 스파르타 본토를 공격할 조짐이 보이고, 스파르타 내부의 반란을 우려한 최정예 군대가 펠로폰네소스 반도로 귀환함으로써 싱겁게 끝나고 말았다. 기원전 446년에 체결된 두 동맹 간의 '30년 평화 조약'이 제1차 펠로폰네소스 전쟁의 결과였다. 그러나 그 평화 협정은 오래가지 못했다. 사실 아테네와 스파르타의 패권 다툼으로 제일 먼저 타격을 입은 사람들은 두 나라의 중립 지역에 있던 코린토스인과 메가라인들이었다. 이 작은 도시국가들은 어느 편에 서느냐에 따라 나라의 운명이 바뀔 수 있는 위태로운 운명에 놓였다. 아테네는 메가라인들이 스파르타 편에 섰다는 이유로 기원전 432년 그 유명한 '메가라 봉쇄령'을 내렸다. 메가라인들은 더 이상 아테네와 교역할 수 없다는 일종의 경제 봉쇄령이었다. 이 조치는 즉각적인 무력 충돌을 불러일으켰고, 이를 제2차 펠로폰네소스 전쟁(B.C. 431~404)이라 부른다. 이 두 번째 내전에서 초기 10년간의 전쟁을 따로 독립해서 분류하는 학자도 있는데, 이를 아르키다무스 전쟁(B.C. 431~421)이라고 한다. 스파르타의 왕 아르키다무스 2세Archidamus II가 도발했다고 해서 붙여진 이름이다.

기원전 432년, 이른바 '30년 평화 조약'이 깨질 조짐이 보이고 두 동맹 간의 전쟁이 불가피해 보이던 이때, 중립 지역에 있던 코린토스의 대표단이 스파르타에서 열린 동맹 의회를 찾아가 아테네(델로스 동맹)와의 전쟁을 독려하는 연설을 한다. 코린토스 대표단은 스파르타를 자극하기 위해 작심이라도 한 듯 거친 문장을 사용하면서 스파르타인들의 무기력한 대응을 질책했다.

"이 모든 것은 당신들에게 책임이 있습니다. 애초에 페르시아 전쟁 이후 아테네인들이 도시 수비를 강화하고 긴 성벽을 쌓는 것을 허락했습니다. (중략) 아테네인들은 항상 진취적이며, 해결책을 생각하고 수행하는 것이 빠릅니다. 그러나 여러분은 이 상태를 유지하는 것을 좋아합니다. 생각을 새롭게 만들지 않고, 목표에 도달하기도 전에 행동을 멈춰버리고 맙니다. 그러나 아테네인들은 자신들이 가진 능력을 뛰어넘으려고 하며, 그들이 상식선을 넘어선 위험에 도전하기도 하고, 위험한 순간에서도 자신감이 넘칩니다. 그러나 여러분은 여러분이 할 수 있는 것보다 덜 도전하고, 건전한 상식을 불신하고, 이것이 어떻게 들릴지는 모르겠지만 어떤 위험이 영원히 지속될 것이라고 겁을 냅니다. 이것 또한 생각해보십시오, 여러분이 물러나 있는 동안 그들은 망설이지 않습니다. 여러분이 집에 있는 동안 그들은 항상 외국에 나갑니다. 그들은 더 멀리 나갈수록 더 많은 것을 얻을 수 있을 것이라고 생각하지만, 여러분은 집을 떠나면 가지고 있는 것도 없어질 것이라고 두려움에 떨고 있습니다."[9]

코린토스 사절단 대표는 스파르타인들은 보수적이고 창의력도 부족하며 말만 앞세울 뿐이라고 비난했다. 아테네의 제국화를 막는 유일한 길은 스파르타를 중심으로 한 펠로폰네소스 동맹국들이 일치

단결해 아테네를 굴복시키는 것이라고 목청을 높였던 것이다. 투키디데스의『펠로폰네소스 전쟁사』는 사실 이런 종류의 연설 모음집이라고 해도 과언이 아니다. 전쟁을 앞두고 있거나 치열한 전투가 치러지는 와중에 각국의 지도자들이 시민이나 적 앞에서 했던 연설문을 시대 순으로 재구성해놓았기 때문이다. 이 전쟁 연설문을 통해서 우리는 각 나라의 리더들이 얼마나 정확하게 위기의 본질을 꿰뚫어보는지, 또 얼마나 강력하게 사람들의 마음을 휘어잡고 위기를 극복해나가는지를 확인하게 된다.

투키디데스의 책이 인류의 고전으로 칭송받는 이유는『펠로폰네소스 전쟁사』의 연설문들이 각각 어떤 위기적 상황의 구조적 특성을 반영하고 있기 때문이다. 펠로폰네소스 전쟁이 치러지는 동안 거의 모든 위기의 구조적 특징이 드러났고, 투키디데스는 이런 위기의 구조적 패턴에 대응하던 이상적인 리더들의 모습을 하나씩 보여준다. 서두에서 밝혔듯이 투키디데스가 이 책을 통해 말하고 싶었던 것은, 위기는 동일한 패턴으로 계속해서 반복된다는 점이다. 그리고 그는 그 위기를 극복하는 리더의 해법을 하나씩 소개한다. 그래서 미래의 리더들이 그 반복되는 위기의 패턴을 분별해 그 극복 방식을 배우라는 것이다. 그런 점에서 투키디데스의『펠로폰네소스 전쟁사』역시 그리스 최고의 군주의 거울이라고 하기에 충분하다.

한편 그 현장에서 연설을 듣고 있던 아테네 사절단이 스파르타 시민들 앞에서 발언의 기회를 청하게 된다. 왜 아테네는 페르시아 전쟁 이후에 제국의 길로 들어설 수밖에 없었는지, 그리고 왜 긴 성벽을 쌓을 수밖에 없었는지에 대해 자신들의 입장을 밝힌 것이다. 아테네 사절단은 스파르타인 앞에서 델로스 동맹의 맹주인 아테네와 전쟁을 하는 것은 무모한 결정이 될 것이라고 경고했다. 그리고 페르시아 전쟁에서 승리를 거둔 아테네인들의 단결된 힘과 용기를 과소평가하지 말라는 경고도 덧붙였다. 또한 페르시아 대군을 물리쳤던 아테네인들의 용기와 희생 때문에 스파르타가 살아남을 수 있었다는 사실을 기억하고 은혜를 저버리지 말라고 호소했다. 마라톤 전투에서 아테네 군사들만이 용기를 내어 페르시아 군대를 물리쳤고, 아테네 함선이 주축이 되어 싸웠던 살라미스 해전에서의 승리 때문에 페르시아 군대가 펠로폰네소스를 공격하지 못했다는 점을 기억하라는 것이다. 그 과정에서 아테네는 스스로 "용기와 결단과 능력"를 보여주었지만, 스파르타는 아테네를 도와주지 않았다고 질책한다.[10] 또한 아테네가 제국의 맹주 자리에 오른 것은 스스로 원한 것이 아니라 스파르타인들이 "페르시아 군과 맞서서 끝까지 싸우려고 하지 않았기 때문"이며, "이때 우리 동맹들이 스스로 우리에게 찾아와 그들을 이끌어달라고 부탁했기" 때문이라고 강변한다.[11]

여기서부터 그 유명한 '제국의 논리'가 등장한다. 페르시아 전쟁을 마치고 그리스의 맹주 자리에 오른 아테네는 "우리의 국력을 현재의 상태로 확장할 수밖에 없었다"고 현실을 솔직하게 인정했다.[12] 그것은 마치 아테네라는 특출한 나라의 역사적 숙명이었다는 것이 아테네인들의 논리였다. 한번 제국의 맹주 자리에 오르고 보니 계속해서 제국을 확장하지 않을 수 없는 상황에 처했다는 것이다. 아테네의 지도자들이 이런 확장 정책으로 코린토스나 메가라를 압박할 수밖에 없었던 이유는 "페르시아에 대한 두려움이 첫 번째였고, 그 이후 우

리의 체면과 이익도 중요하다고 생각했기"때문이라고 주장했다.[13]

이것이 바로 제국의 논리다. 인류 역사를 통해 간헐적으로 등장했던 모든 제국은 이 논리를 따라 확장을 계속하다가 결국 소멸의 과정을 거치게 된다. 제국의 위치를 빼앗길지 모른다는 두려움과 패권을 장악한 국가의 체면, 그리고 그 나라의 끊임없는 이익 추구로 한번 제국의 길로 들어선 국가는 되돌릴 수 없는 상황에 이르게 된다. 이런 제국의 논리를 제일 먼저 인정하고 받아들인 나라가 바로 아테네였다. "두려움과 체면과 이익"이 아테네를 제국의 길로 이끌었다는 것이다.

사실 아테네가 처해 있는 이런 현실에서 볼 때 "두려움, 체면, 이익이라는 세 가지 강력한 동기가 제국을 포기하지 않도록" 했으며, "우리가 제국을 포기하지 않고 유지한 것은 엄청나게 대단한 일을 한 것도 아니고, 인간 본성에 어긋나는 일을 한 것도 아니"라고 주장한 것은 실제로 외면할 수 없는 현실이었는지 모른다.[14] 패권이 지배하는 세상에서, 힘 있는 자가 힘없는 자를 장악하고 통제하는 세상에서, 어떤 형식으로든지 강자는 존재하기 마련이다. 그 강자를 제거한다고 해서 그 사회에 힘의 균등한 분배가 실현되거나 비폭력적인 평화의 시대가 도래하는 것은 아니다. 그 강자를 제거하면 또 다른 강자가 등장하기 마련이라는 것이 이 세상의 냉혹한 현실이다.

아테네 사절단의 주장은 단순 명확했다. 아테네는 제국이라는 새로운 운명을 받아들여야만 했으며, 만약 스파르타인들도 아테네처럼 한 제국의 맹주가 되었다면 아테네와 똑같이 행동했을 것이라고 주장했다. 이어서 펼쳐진 아테네 사절단의 연설은 이 세상 모든 제국에게 정당성을 부여하고, 강자가 자신들의 지배 논리를 강화할 때 늘 인용되곤 하는 문장이다.

"이렇게 행동하는 것은 우리가 절대 처음이 아닙니다. 강자에게 약자가 굴복해야 하는 것은 불변의 법칙이었습니다. 우리는 우리 힘을 누릴 만한 가치가 있다고 생각합니다. 아마 지금 순간까지 당신도 우리가 그렇다는 것을 생각했을 것입니다. 그러나 지금 당신은 당신의 이익을 따지고 옳고 그름의 기준에서 말하기 시작하는군요. 강력한 힘을 가진 이들 중 어떠한 사람도 부를 늘릴 기회가 왔을 때 이 기회를 놓친 적이 없습니다."[15]

이것이 투키디데스가 분석한 펠로폰네소스 전쟁의 기원이다. 제국의 확장은 강자가 받아들여야 할 운명인 동시에 약체 국가가 복종을 운명으로 받아들여야 하는 정치적 과정이다. 이 세상 모든 사람들은 자신의 이익을 위해서라면 정의의 논리에 개의치 않는다. 정의를 목청껏 외치던 민주 투사도 자신의 이익 앞에서는 평소의 절개를 스스럼없이 버리는 경우를 쉽게 목격하게 된다. 거친 바람이 불어오면 자잘한 풀들은 휜 몸을 땅에 눕힐 수밖에 없는 것이 인생살이의 슬픈 현실이다.

아테네 사절단은 거의 협박조로 전쟁 계획을 포기하라고 윽박지른다. 냉정을 되찾고 사안을 중재 재판에 부쳐 양 동맹의 분쟁을 해결하는 것이 낫지, 같은 종족끼리 서로를 죽이는 전쟁을 하지 말자는 주장이었다. 만약 전쟁을 하게 된다면 이미 제국의 맹주로 부상한 아테네로부터 치명적인 타격을 받게 될 것이라는 위협도 서슴지 않았다.

아테네 사절단의 강압적인 주장과 협박은 스파르타인들의 분노를 자극했다. 자신들을 약자로 규정하고, 제국 통치의 논리와 강자의 지배를 정당화한 아테네 사절단의 발언에 분노한 스파르타인들은 막강한 주력부대를 꾸려 아테네와 대규모 전쟁을 일으킨다. 평화의 땅 그리스에 결국 동족상잔의 아포리아가 펼쳐지게 되었다.

진정한 군주의 거울, 영웅 페리클레스

페르시아 전쟁을 통해 테미스토클레스라는 영웅이 탄생했다면, 펠로폰네소스 전쟁을 통해 그리스는 페리클레스Pericles(B.C. 495~429)라는 또 다른 영웅을 만나게 된다. 그는 고대 그리스 역사에 등장했던 가장 탁월한 군주의 거울이라고 해도 과언이 아니다. 역사가들은 기원전 5세기의 아테네에 '페리클레스의 황금기Golden Age of Pericles'가 도래했다고 말한다. 그가 아테네를 이끌던 시절, 그리스 3대 비극 작가로 불리는 아이스킬로스, 소포클레스, 에우리피데스가 등장했고, 역사가 헤로도토스와 투키디데스, 의사 히포크라테스와 철학자 소크라테스가 그리스 문명의 황금기를 이끌었다. 그리스 건축의 미학을 대표하는 파르테논Parthenon 신전이 건축된 시기이기도 한데, 이 건물을 발주하고 그 막대한 경비를 댔던 인물이 바로 페리클레스다. 훌륭한 지도자 밑에서 문화의 황금기가 탄생하게 된다. 펠로폰네소스 전쟁이라는 아테네의 아포리아를 용기와 탁월함으로 극복하고, 좌절해 있

로렌스 알마-타데마, 〈친구들에게 파르테논의 벽장식을 보여주는 피디아스〉, 1868년,
영국 버밍엄 미술관 소장.

는 아테네 시민들에게 꿈과 희망을 제시한 페리클레스야말로 진정한 군주의 거울이었다.

페리클레스는 혜안을 가진 지도자였다. 그는 펠로폰네소스 전쟁의 위기 앞에서 사람들이 적에 대한 복수를 호언장담하고 출정 전날 포도주를 들이키며 흥분을 감추지 않았을 때도 차분하게 앉아 전쟁의 예상 비용을 산출하던 사람이다. 사실 전쟁은 돈 싸움이다. 얼마나 많은 전쟁 자금을 확보하느냐에 따라 전쟁의 승패가 갈라지곤 한다. 전쟁을 위한 비상 국가 예산이 넉넉해야만 장기전에 대비할 수 있다.

페리클레스는 앞으로 전쟁이 지속될 기간을 예상하고 그 전쟁에 소요될 예산의 총액을 계산해본 결과, 충분히 승산이 있다고 믿었다. 우선 아테네는 맹주의 자격으로 델로스 동맹금을 자국에 보유하고 있었기에, 수년 동안 전쟁이 계속되더라도 크게 문제될 것이 없었다. 하지만 스파르타는 동맹국에서 임시로 거두어들인 전쟁 분담금만으로 전쟁을 치러야 하므로 곧 재정난에 봉착할 것이라고 예상했다. 페리클레스는 이런 계산을 마친 뒤 승리를 확신하며 아테네인들에게 전쟁에 임할 것을 요청했다. 집단적 위기에 처한 아테네인들을 격려하기 위해 그들의 자부심을 불러일으키는 연설을 준비했다. 그는 페르시아 전쟁에서 승리를 거두었던 위대한 조상들을 기억하며 용기를 내자고 호소했다. 그리고 전쟁을 위한 충분한 국가 비상 예산을 확보하고 있는 아테네에 승산이 있음을 주지시켰다.

"여러분이 양보하게 되면, 그들은 우리가 겁을 먹어서 포기했다고 생각하고, 그 즉시 더 많은 요구를 할 것입니다. 그러나 여러분이 단호하게 거절한다면, 그들이 여러분을 동등하게 대우해야 한다는 사실을 확실히 깨닫게 될 것입니다. 그러므로 여러분은 공격을 받기 전에 포기하든지, 아니면 전쟁을 해야 하는지에 대해 결정해야 합니다. 전쟁을 해야 하는 이유는, 문제가 크고 작든 간에, 지속적인 방해의 위협이 있는 한 우리가 소유한 것을 스스로 잃거나 지키기가 힘들기 때문입니다. (중략) 또한 전쟁은 급작스런 세금 인상보다는 보유금으로 치러야 합니다. (중략) 그러나 가장 중요한 것은 그들이 돈이 없어서 어려움에 처할 것이며, 돈을 모으는 데 시간을 허비할 것이라는 겁니다. (중략) 우리가 먼저 전쟁을 시작하지는 않겠지만, 일단 시작한다면 저항할 것이라고 말합시다. 이것이 옳은 답변이며, 우리 도시가 준비해야 하는 답변입니다."[16]

페리클레스는 전쟁의 공포에 사로잡혀 있던 아테네 시민들을 이렇게 격려하며 스파르타와의 전쟁을 시작했다. 이것이 제2차 펠로폰네소스 전쟁의 시작이다. 모든 시민들이 주저하고 있던 상황에서 전쟁을 하지 않을 수 없었던 아테네의 상황을 정확하게 보여주며 전쟁을 독려한 것이다. 그러나 첫 번째 전투인 아르키다무스 전쟁은 아테네의 패배로 끝이 났다. 많은 수의 전쟁 희생자가 발생했고, 전쟁터로 출전했던 아들이 싸늘한 시신으로 돌아오자 아테네의 부모들은 페리클레스를 향해 비난을 퍼부었다. 전사한 자식의 시신 앞에서 오열하는 부모들을 보며 페리클레스는 다시 용기를 내 장례식 연단에 올랐다.

그 유명한 '페리클레스의 추도 연설'은 이때 발표된 것이다. 그는 먼저 왜 아테네가 위대한 도시인지, 그리고 그 도시를 위해 목숨을

필립 폰 폴츠, 〈추도사를 하는 페리클레스〉, 1853년.

바친다는 것이 얼마나 명예로운 일인지를 논리적으로 설명한다. 물론 논리적인 설명 뒤에는 아테네를 위해 목숨을 바친 전사들에 대한 애틋한 추도사도 잊지 않았다. 그리고 장례식장의 시민들에게 조국을 위해 목숨을 바친 전사들의 뒤를 따를 것을 촉구했다.

"이제 여러분은 그들을 본받아 행복이 자유에 달려 있고 자유는 용기에 달려 있다는 것을 깨달으십시오. 전쟁의 위협 앞에서는 긴장을 늦추지 마십시오. (중략) 현명한 자는 자기도 모르게 전투에서 용맹스럽게 죽는 것보다 태만함으로 인해 굴욕을 당하는 것이 더 고통스러울 것입니다. 그래서 나는 이 자리에 참석하신 전사자들의 부모들에게 위로하기보다는 안심시켜드리겠습니다. 여러분은 많은 변화와 기회가 있는 세계에서 산다는 것을 잘 알고 계십니다. 그러나 이 시기에 이들은 삶을 명예롭게 끝낼 수 있으며, 여러분은 명예롭게 전사자들을 애도할 수 있다는 것은 다행입니다. 이분들의 삶은 죽음과 행복이 함께 균형을 이룬 삶이었습니다."[17]

자식을 잃고 길 없음의 아포리아 상태에 빠져 있는 사람들 앞에 서서 이런 연설을 한다는 것은 결코 쉬운 일이 아니다. 아테네인들은 패전의 슬픔에 빠져 있었고, 졸지에 자식을 잃은 부모들은 전쟁을 독려했던 페리클레스 앞에서 원망을 쏟아냈다. 그러나 페리클레스는 아포리아 상태에 리더가 취해야 할 자세를 분명하게 보여주었다.

아테네가 절체절명의 위기에 처할 때마다 그는 시민들의 눈치를 보지 않고 분연히 일어나 사자후獅子吼를 토해냈다. 그가 연설을 할 때마다 아테네 남자들은 주먹을 불끈 쥐며 용기를 얻었고, 아테네 여성들은 손바닥으로 흐르는 눈물을 닦으며 마음에 큰 위로를 받았다. 그의 연설에는 "새로운 용기를 북돋고 분노한 마음을 달래서 차분하고 자신감 있게 해주는" 힘이 있었기 때문이다.[18]

예상치 못한 첫 번째 전투의 패배 때문에 아테네는 다시 혼란에 빠졌다. 스파르타와 계속해서 전쟁을 해야 할지를 결정하기 위한 긴급 민회가 소집됐다. 아테네 사람들은 대부분 후속 전쟁에 반대했다. 스파르타의 막강한 군사력이 두려웠던 것이 아니라 전쟁 때문에 입게 될 자신들의 피해가 염려스러웠기 때문이다. 전쟁이 장기화된다면 한 해 농사를 완전히 망치게 될 것이고, 장성한 아테네의 아들들이 또다시 전쟁터에서 목숨을 잃게 될 것이다. 아테네 시민들은 스파르타와의 전쟁을 재차 독려하는 페리클레스에게 야유를 퍼부었다. 공개적으로 그의 집안 전체를 모욕하는 일도 서슴지 않았다. 페리클레스는 다시 연단에 올라 격앙된 아테네 시민을 향해 연설을 이어갔다.

"여러분이 저에게 화를 낼 거라고 예상했고, 그 이유도 이해하고 있습니다. (중략) 여러분이 저에게 화가 나셨다면, 앞으로 해야 할 일이 무엇이고 그에 대해 해석할 줄 알며, 조국을 사랑하고 돈에 영향받지 않는 사람을 비난하고 있는 것입니다. 식견은 있으나 그것을 명료하게 설명할 수 있는 능력이 없다면 생각이 아예 없는 것과 같습니다. 두 가지 자질은 모두 갖고 있으나 애국심이 없다면, 그가 해야 하는 만큼 공동체의 이익을 위해 말을 할 수 없을 것입니다. 만약 그가 애국적이지만 뇌물을 거부할 수 없다면, 이 한 가지 약점으로 인해 모든 것을 사고 팔아버릴 것입니다. 그러므로 여러분이 이런 능력에서 제가 타인들보다 좀 더 낫다고 생각하여 저의 충고를 받아들이고 전쟁을 시작했다면 제가 잘못했다고 해서 비난받는 것은 옳지 않습니다. 만약 어떤 이가 평화와 전쟁 중에 선택을 하여 평화롭게 살 수 있다면, 전쟁을 하는 것은 매우 어리석은 일입니다. 그러나 굴종이나 생존을 희망하는 즉각적인 노예상태나 위험이라는 두 가지 선택에 직면한다면 그것으로부터 도망치기보다는 위험에 맞서는 것이 낫습니다. 저로서는 여전히 바뀌지 않았고 바뀐 것은 없습니다. 바뀐 것은 여러분입니다."[19]

페리클레스의 연설은 단순히 참전을 독려하려는 전쟁 담화문도 아니고, 패전의 책임을 회피하려는 정치가의 면피성 발언도 아니었다. 그의 연설에는 승전의 오만도, 패전의 좌절도 보이지 않았다. 페리클레스의 연설은 위기의 순간에 군주가 갖추어야 할 덕목을 정확하게 제시한다. 그리고 자신의 삶과 군주의 덕목이 다르지 않음을 보여줌으로써, 패전의 충격과 공포에 사로잡혀 있는 아테네 시민들에게 희망의 길을 제시했다. 그의 주장을 요약하면 이렇다.

참된 지도자는 무엇보다 먼저 식견을 갖춘 인물이어야 한다. 사물의 순리를 간파할 수 있는 능력과 사태의 흐름을 판단할 수 있는 능력이 있어야 하는 것이다. 식견을 갖춘다는 것은 스스로 미래를 예측할 수 있는 능력을 말하고, 이것은 지도자에게 절대적인 덕목이다. 미래를 예측하는 것은 참모의 역할이 아니다. 참모는 예측된 미래를 실현하기 위한 구체적인 실행력을 갖추면 된다. 그러나 미래의 방향을 결정하는 것은 지도자의 몫이다. 미래를 예측하는 식견이 없는 지도자는 스스로 지도자의 자리를 포기하고 참모의 역할에 만족해야 한다.

페리클레스는 지도자가 이런 식견을 갖추었다 할지라도 그것을 표현하고 공동체의 일원들과 그 내용을 소통할 수 있어야만 지도자로서의 자격이 있다고 보았다. 지도자의 자격과 능력은 미래를 예측하는 능력과 더불어 그것을 대중과 소통하는 능력에 달려 있다. 소통하지 않는 지도자나 소통의 능력이 부족한 지도자는 공동체를 혼란에 빠트린다. 이런 부적격 지도자의 일반적 성향은 독선의 흑백 논리를 구사하는 것이다. 자신은 옳고 다른 사람은 모두 틀렸다는 독선은 자연스러운 소통의 흐름을 가로막는 바리게이트다.

페리클레스는 세 번째 덕목을 추가했다. 그것은 자신이 속한 공동체, 즉 그것이 조국이든 회사든 가정이든 학교든 그것을 진심으로 사랑해야 한다는 것이다. 힘과 권력을 행사하기 위해 정치 공간을 점유하는 것은 무자격 지도자의 탐욕일 뿐이다. 자신이 이끄는 공동체를 사랑하고 그 구성원들을 존중하지 않는 지도자는 스스로 피곤한 삶을 살아가는 권력의 노예일 뿐이다. 원하지 않는 삶을 억지로 살아가야 하는 노예와 하등 다를 바 없다.

마지막 네 번째 덕목으로 페리클레스는 재물에 대한 초연한 마음을 제시했다. 지도자가 사리사욕을 밝히고, 권력을 부정한 방식으로 재물을 축적하는 데 사용한다면 그 공동체의 미래에는 희망이 없다. 지도자가 재물에 대한 욕심을 내기 시작하면 그 수하에 있는 사람들은 이를 모방하게 될 것이고, 이런 탐욕의 악순환은 그 공동체를 타

▲
티볼리에서 발굴된 페리클레스의 흉상. 로마 바티칸 박물관 소장.
머리가 커서 투구를 비스듬히 걸친 모습이다.

락으로 이끌게 된다.

페리클레스는 격앙된 마음과 전쟁의 두려움 사이에서 떨고 있던 아테네 시민들 앞에서 아포리아 시대의 참된 지도자 상을 제시했다. 미래를 예측하는 식견을 갖추고, 그것을 대중과 소통할 수 있는 사람, 그리고 공동체의 일원을 존중하고 재물의 유혹에서 초연할 수 있는 지도자 상을 제시하면서 본인 스스로 그런 인물임을 당당하게 밝혔다. 투키디데스는 이런 페리클레스의 통찰력과 자신감을 높이 평가했다. 그것은 결코 페리클레스의 과장이나 자기 착각이 아니었기 때문이다. 페리클레스에 대한 투키디데스의 평가는 이렇게 이어진다.

실제로 페리클레스가 국정을 보고 있는 평화로울 때 국가는 지혜롭게 운영되었으며 굳건하게 수비되었고, 그의 국정하에 있을 때 아테네는 가장 위대했다. (중략) 그 이유는 다음과 같다. 페리클레스는 그의 지위, 지식, 판단력 덕분에 사람들의 자유를 존중함과 동시에 그들을 통제할 수 있었다. 그가 그들을 이끌었으며, 사람들이 그를 이끈 것은 아니었다. 이는 그가 잘못된 동기로 권력을 추구하지 않았으며 대중에 아첨하지 않았기 때문이다. 그는 높은 명망을 누리고 있어서 대중에게 화를 낼 수도 있고 그들의 말을 반박할 수도 있었다. 실제로 대중이 과도한 자신감을 보이며 과도한 행동을 할 때면 페리클레스는 그들에게 위험을 상기시키기도 했고, 그들이 아무 이유 없이 낙담되어 있을 때는 자신감을 불어넣기도 했다. 그리하여 명목상으로는 민주주의였으나 권력은 제1 시민의 손안에 있었다.[20]

페리클레스에 대한 투키디데스의 평가는 찬사에 가깝다. 페리클레스는 아포리아의 질곡을 헤쳐나갈 수 있는 최고의 덕목을 갖춘 지도자였다는 것이 투키디데스의 평가다.

페리클레스는 명망과 판단력을 겸비한 실력자이자 청렴결백하기까지 했기에 대중의 마음을 사로잡을 수 있었다는 것이다. 동시대의 다른 지도자들처럼 대중의 뜻에 따라 자신의 정치적 판단을 굴종시키지 않았고, 자신의 판단력을 믿고 이를 적절한 소통으로 관철시켰던 인물이다. 무엇보다 그는 아테네 시민들이 지나치게 자신을 과신하면 이를 경계시켰고, 반대로 지나치게 낙담하면 용기를 불어넣어주던 탁월한 지도자였다. 아포리아 시대의 지도자는 거친 파도로 흔들리는 배 위에서 중심을 잡고 서 있는 사람이어야 한다는 것을 정확하게 보여주었다. 대중이 오른쪽으로 기울어지면 왼쪽에 서서 중심을 잡고, 반대로 왼쪽으로 기울어지면 오른쪽에 서서 중심을 잡던 페리클레스야 말로 아포리아 시대에 본받아야 할 탁월한 군주의 거울이다.

아테네는 페리클레스의 존재 때문에 일어섰고, 페리클레스의 부재 때문에 넘어졌다. 기원전 430년, 아테네에 발진 티푸스로 추정되는 역병이 창궐해 3만 명 이상의 희생자가 발생했고, 그 사망자 명단에는 페리클레스의 이름도 올라 있었다. 전염병에 쓰러진 페리클레스의 병사病死와 더불어 아테네는 병들게 된다.

아테네의 서거를 촉발시킨 질병은 발진 티푸스가 아니었다. 아테네를 죽음으로 몰아간 질병은 다름 아닌 탁월한 지도자의 서거와 잘못된 지도자의 등장이었다.

배신의 아이콘, 알키비아데스

투키디데스가 쓴 『펠로폰네소스 전쟁사』에는 두 명의 주인공이 등장한다. 아포리아 시대의 격랑을 헤쳐나간 페리클레스가 전반부의 주인공이라면, 후반부의 주인공은 배신의 아이콘 알키비아데스 Alcibiades(B.C. 450~404)다. 아테네는 페리클레스가 일으켜 세웠고, 아테네의 악동 알키비아데스가 쓰러트렸다. 투키디데스의 기록에 따르면 페리클레스의 죽음으로 아테네의 몰락이 시작됐다. 그리고 그 몰락을 실질적으로 재촉한 인물이 바로 『펠로폰네소스 전쟁사』의 두 번째 주인공인 알키비아데스다. 알키비아데스가 없었다면 이른바 제3차 펠로폰네소스 전쟁이라 불리는 '시칠리아 원정'은 일어나지 않았을 것이다. 바로 그 시칠리아 원정이 아테네 쇠락의 결정타였다.[21]

투키디데스는 '왜 아테네는 쇠락의 길로 접어들었을까?'라는 근본적인 질문에 답하기 위해 『펠로폰네소스 전쟁사』를 집필했다. 나라와 국가 그리고 조직과 단체가 흥하고 망해가는 보편적인 과정을 분석하고, 그 쇠락의 원인을 제공한 동기나 핵심 인물들을 파헤침으로써 후대의 지도자들에게 역사의 원칙과 순리를 보여주고자 했던 것이다.

투키디데스가 『펠로폰네소스 전쟁사』를 통해 진심으로 전하고 싶었던 것은 "어떤 나라나 조직이 흥하고 망하는 이유는 다 사람 때문"이라는 간결한 메시지다. 페리클레스와 같은 사람이 있으면 그 나라나 조직은 흥하게 되고, 알키비아데스와 같은 사람이 지도자의 자리에 오르면 그 나라는 결국 망하게 된다는 것이다. 페리클레스가 갑자기 아테네의 전염병에 걸려 죽지 않았다면 아테네는 그렇게 쉽게 무너지지 않았을 것이다. 그리스 역사의 황금기를 이끌었던 페리클레스가 죽고 알키비아데스와 같은 선동 정치가가 출현함으로써 결국 아테네는 역사의 뒤안길로 사라져야만 했다.

그런데 여기서 문제가 발생한다. 아테네의 영웅 페리클레스와 아테네의 암 덩어리 같았던 알키비아데스가 아주 가까운 친척 사이였다는 것이다.[22] 알키비아데스는 페리클레스의 5촌 조카였고 아테네 최고의 정치가였던 페리클레스로부터 공식적인 후원을 받았다. 그런데 한 사람은 나라를 구했고, 다른 한 사람은 나라를 망하게 했다. '콩 심은데 콩 나고, 팥 심은데 팥 난다'는 속담은 적어도 여기에는 맞지 않는다. 콩을 심었는데 팥이 날 수도 있었으니, 페리클레스와 알키비아데스가 그런 관계였다.

알키비아데스는 명문가 귀족의 피만 타고난 것이 아니다. 그의 스승은 소크라테스였다. 아테네의 현자 소크라테스와 알키비아데스는 단순히 스승과 제자 사이를 넘어 플라토닉한 '동성애적 관계'로까지 발전했다는 해석이 있다. 젊은 시절 주지육림酒池肉林의 방탕한 생활 속에서 알키비아데스를 구출한 사람도 소크라테스였고, 그들은 실제로 함께 전쟁에 참전해 죽음의 고비를 넘기기도 했다.[23]

스승이 소크라테스이다 보니 알키비아데스가 당대 최고의 연설가 중 한 명이었다는 것은 당연한 일이다. 어떤 불리한 상황 속에서도 대중을 자신의 논리대로 설득할 수 있었던 알키비아데스는 그 뛰어난 연설 솜씨로 펠로폰네소스 전쟁의 분수령이 된 시칠리아 원정을 주장했다.

▲
제르망 에르난데즈 아모레스, 〈고급 매춘부의 집에서 알키비아데스를 훈육하고 있는
소크라테스〉, 1857년, 스페인 프라도 박물관 소장.

나라를 위해서도 적과 싸워 이기기를 원해서도 아니었다. 그저 명성을 얻고 권력을 차지하기 위해 아테네 시민들을 전쟁의 광풍 속으로 몰고 간 것이다. 그는 계략을 부려 시칠리아 원정의 당위성을 설득한 뒤 스스로 아테네 군대의 총사령관 자리에 올랐다. 30대 중반의 젊은 나이였다. 알키비아데스와 함께 아테네 원정부대의 총사령관으로 임명된 니키아스Nikias(B.C. 470~413)는 아테네 시민들에게 이런 경고의 말을 던졌다.

"여기에 앉아 있는 자 중에서 오직 자기 이익을 위해 장군으로 선출되어 기뻐하는 자는 여러분이 모두 원정을 가야 한다고 주장할 것입니다. 그것은 그 자리에 비해서 그가 너무 미숙하기 때문입니다. 그는 그가 가진 말들이 값비싸기 때문에 칭송을 받기를 원하며, 그의 사회적 위치로 이익을 얻고자 합니다. 여러분 이 사람을 조심하십시오! 이 사람이 자신의 삶을 윤택하게 하면서 국가를 위험에 빠뜨리지 말게 하십시오. 이런 사람들은 사적인 방탕을 추구하며 악정惡政을 펼친다는 사실을 잊지 마십시오. 그렇기 때문에 이런 일은 젊은 사람이 급하게 결정하고 행동해서는 안 되는 일입니다."[24]

아테네 원정대의 공격 목표가 된 시칠리아는 장화처럼 생긴 이탈리아 반도의 서남쪽에 있는 삼각형 모양의 섬이다. 프랜시스 포드 코폴라 감독의 영화 〈대부〉로 마피아의 본거지라는 오명을 얻었지만 사실 시칠리아는 비옥한 곡창지대로, 고대 그리스와 로마에서 "지중해의 곡간"으로 불리던 곳이다. 이미 기원전 8세기부터 많은 그리스 사람들이 이주해 식민지를 개척했고, 이 곡창지대를 차지하기 위한 스파르타와 아테네의 충돌이 빈번하게 일어났다. 알키비아데스는 펠로폰네소스 전쟁이 소강 상태에 접어들자 아테네 시민들의 정신 무장을 위해서라도 전쟁은 불가피하며, 시칠리아 정복은 비옥한 곡창지대를 확보하는 경제적인 측면과 펠로폰네소스의 맹주인 스파르타를 견제할 수 있는 최선의 군사 외교적 방책이라고 주장했다. 알키비아데스는 아래와 같은 논리로 아테네 시민들을 선동했다.

"아테네 여러분, 나는 누구 못지않게 장군이 될 자격이 있으며 그 위치에 아주 적합하다고 생각합니다. (중략) 그리고 여러분 시민들이 아테네에서 내가 한 위대한 일, 즉 코러스의 비용을 대는 것 때문에 저를 부러워하는 것은 당연합니다. 그러나 이것은 외부 세계에 우리의 힘을 보여주는 것이 됩니다. 어떤 사람이 사비를 들여 자신뿐 아니라 그의 도시에게도 유익이 되게 한다면 매우 유용한 바보스러움인 것입니다. (중략) 우리가 평화로운 상태를 거부하고 시칠리아로 원정을 떠난다면 펠로폰네소스인들의 교만은 꺾일 것입니다. (중략) 여러분은 도시가 다른 것들처럼 그 상태에 머물러버린다면 도시 자체와 기술, 그리고 모든 것이 무너지고 쇠한다는 것을 기억하십시오. 하지만 전쟁 중에는 항상 새로운 경험이 쌓이고 말을 넘어서 행동으로 도시를 지키게 됩니다. 결론적으로 말하자면, 본성적으로 활동적인 도시는 본성을 잃고 게으르게 되면 쇠락하게 되지만, 비록 완전하지는 않더라도 도시가 가지고 있는 제도와 성격을 유지하며 제도와 성격과 어우러져 사람이 살아간다면, 그 도시를 사람들이 가장 안전하게 느낄 것입니다."[25]

아테네 시민들은 알키비아데스의 이 교묘한 논리에 말려들었다. 현재의 불확실한 평화 상태를 포기하고 시칠리아를 선제공격하는 것이 나라의 기상을 펼치는 데 도움이 될 것이라는 그의 논리는 외형상으로는 흠잡을 데가 없었다. 만약 시칠리아 공격을 감행하면 스파르타의 군대가 주력부대가 없는 아테네를 공격할 것이라는 니키아스의 반론은 전혀 먹혀들지 않았다. 노련한 정치가이자 백전노장의 니키아스 장군의 엄중한 경고에도 아테네 시민들은 시칠리아 원정 전쟁을 승인하고, 30대의 젊은 알키비아데스를 총사령관으로 임명했다. 그런데 출정을 하루 앞둔 날 밤, 아테네를 발칵 뒤집어놓는 불미스러운 신성 모독 사건이 발생했다. 아테네 야외 곳곳에 전시되어 있던 헤르메스 신상의 남근이 모두 절단되는 괴이한 일이 벌어진 것이다. 아테네 시내에서는 술에 취한 알키비아데스와 그의 추종자들이 범인이라고 지목했지만, 대규모 전쟁을 앞둔 아테네 시민들은 일단 알키비아데스가 이끄는 시칠리아 원정대의 출항을 허락해주었다.

그러나 아테네 함대의 총사령관으로 임명되어 대규모 함선을 이끌고 시칠리아로 진군하던 알키비아데스는 결국 조국을 배신하기에 이른다. 헤르메스 신상 훼손 사건의 주범으로 몰린 그는 시칠리아로 가던 도중 부대를 이탈해 스파르타 편에 섰다. 적국 스파르타의 군사 참모가 된 그는 첫 번째 배신의 아이콘이 됐다. 아테네 법정은 신성 모독 혐의에 반역 혐의를 더해 알키비아데스에게 사형선고를 내렸다. 아테네 군대의 총사령관이었던 알키비아데스는 이제 적국 스파르타에서 자신의 재능을 마음껏 발휘하며 조국 아테네의 등에 칼을 꽂는다. 아테네 군대의 약점을 속속들이 알고 있던 그의 조언은 즉

각 스파르타의 군사 작전에 반영되었고, 아테네는 다시 스파르타의 군사적 위협에 노출됐다. 알키비아데스는 스파르타인들에게 아티카Attica 지역의 전략적 요충지인 데켈레이아Dekeleia를 요새화하면서 아테네를 압박하라고 조언했다. 해군력이 강한 아테네가 대규모 원정대를 시칠리아로 파병했으니 본토 방어가 취약한 상태라는 것이다. 배신 중에도 지독한 배신이었다. 알키비아데스는 심지어 이런 배신의 말을 서슴지 않고 뱉어냈다.

"바라건대 제가 조국을 사랑하는 것으로 유명함에도 불구하고, 조국의 가장 적대적인 원수들과 힘을 합쳐 조국을 공격한다고 해도 저를 최악으로 생각하지 마십시오. 그리고 이런 감정이 제가 추방을 당할 것 같은 강한 느낌에서 말할 것이라는 추측도 하지 마십시오. (중략) 제가 사랑하는 아테네는 현재 저에게 부당하게 처우하는 아테네가 아니며, 제가 시민으로서 권리를 즐길 수 있게 하는 아테네입니다. 제가 지금 공격하고 있는 나라는 이제 더 이상 저의 조국이 아닌 것으로 보입니다. 이제 저는 저의 조국이 아닌 조국을 찾으려고 하는 것입니다. 나라를 진정으로 사랑하는 자는 그가 부당하게 쫓겨났을 때 그 나라를 공격하기를 거부하는 사람이 아니고, 그 조국을 다시 얻기 위해 어떠한 것도 두려워하지 않는 열망이 가득한 사람입니다. 그러니 라케다이몬Lakedaimon (필자 주: 스파르타가 주축이 된 펠로폰네소스 동맹) 여러분, 어떤 위험이나 고통이 와도 저를 쓰는 것을 망설이지 않기를 바랍니다."[26]

천부적으로 재능이 뛰어난 사람은 한 가지 특징이 있다. 자기 생각이 언제나 옳다고 믿으며 자신의 행동이 늘 정당하다고 확신하는 버릇이다. 그러나 그러한 사람이 가진 치명적인 약점은 문제가 발생하더라도 그것을 충분히 해결할 수 있다고 믿는 그릇된 확신에 있다.

스파르타에서도 타고난 식견과 재능을 인정받았던 알키비아데스는 자신의 그 능력 때문에 다시 궁지에 몰리게 된다. 놀랍게도 알키비아데스는 스파르타의 왕비 티마에아Timaea와의 불륜 스캔들을 일으켰다. 알키비아데스는 뛰어난 상황 판단력과 웅변술을 가지고 있었을 뿐만 아니라 금발을 가진 잘생긴 외모로도 유명했다. 적국의 왕비에게 작업을 걸 만큼 탁월한 외모와 말재주를 갖추었던 모양이다. 알키비아데스는 그 정도의 스캔들은 쉽게 수습할 수 있다는 자신감 또한 감추지 않았다. 그들의 불륜관계에서 아들이 태어났는데, 티마에아 왕비는 아이의 귀에 대고 이렇게 속삭였다고 한다. "알키비아데스! 너의 아빠는 알키비아데스란다!"

분노한 스파르타의 왕 아기스 2세Agis II가 알키비아데스를 죽이라고 명령하자, 그는 다시 스파르타를 탈출해 이번에는 페르시아 편에 붙었다. 페르시아 전쟁의 철천지원수였던 그리스의 적국에 자신의 몸을 의탁하고, 다시 그곳에서 페르시아의 태수 티사페르네스Tissaphernes의 군사 참모가 된 것이다. 이것이 그의 두 번째 배신이다. 알키비아데스는 다시 특유의 재능을 발휘한다. 그의 두 번째 배신의 과정을 투키디데스는 이렇게 전한다.

알키비아데스는 깜짝 놀라서 티사페르네스에게 피신한 후 그의 영향력을 이용해 펠로폰네소스인들에게 최대한 피해를 주려고 했다. 그는 모

▲
루이 장 프랑수아 라그르네, 〈연인 앞에 무릎을 꿇고 있는 알키비아데스〉,
1781년경, 캘리포니아 노튼 사이먼 박물관 소장.
알키비아데스가 스파르타의 왕비 티마에아를 유혹하는 장면이다.

든 일에 조언자가 되었으며, 티사페르네스가 주는 선원의 일당 급료를 1앗티케 드라크메에서 반+ 드라크메로 줄였고 그마저도 불규칙적으로 주었다. (중략) 또 알키비아데스는 티사페르네스에게 조언하기를, 전쟁을 빨리 끝내지 말고, 더 많은 포이니케 함대를 데려와서 더 많은 헬라스 선원들의 급료를 지급하지 말라고 했다. 그 이유는 이렇게 되면 육지와 바다가 모두 한 세력의 수중에 들어가게 되는데, 그보다는 두 세력이 서로 각각 육지와 바다에서 독자적으로 영향력을 펼치게 되었을 때, 왕이 그중 한 세력과 마찰이 생길 경우 다른 세력과 협력할 수 있을 것이기 때문이다. (중략) 따라서 왕은 경비의 일부만 부담하고 위험을 무릅쓰지 말고, 헬라스인들이 서로 싸우게 하는 것이 더 경제적이라고 했다.[27]

정말 기가 막힌 전략이었다. 당시 페르시아는 아테네의 군사력을 견제하기 위해 스파르타에 군비를 지원하고 있었다. 당시 페르시아가 지원하던 원조금은 주로 스파르타 함선에서 노를 젓는 병사들의 급료로 사용되고 있었다. 알키비아데스는 페르시아의 태수에게 스파르타 해군에게 지불하던 급료를 한꺼번에 주지 말라고 조언한다. 급료를 일시에 지급하면 스파르타 군인들은 돈을 받고 탈영하거나 고향으로 그냥 돌아가버릴 확률이 높다는 것이다. 그러면 아테네가 지중해의 패권을 장악하게 되고, 이것은 페르시아에게 불리한 형국이다. 따라서 페르시아는 스파르타에 대한 군자금 지원을 늦춤으로써 군사들이 계속 군대에 남아 있도록 하고, 이를 통해 스파르타의 힘을 키워주어야 한다는 것이 알키비아데스의 조언이었다. 페르시아가 해야 할 선택은 이른바 '힘의 균형Balance of Powers' 정책이다. 현대 국제 정치에서도 적극적으로 활용되고 있는 힘의 균형 정책은 알키비아데스가 처음 공식적으로 제안했다. 아테네와 스파르타가 서로 힘의 균형을 유지하며 계속해서 싸우도록 유도하는 것이 페르시아에게는 훨씬 효과적인 전략이다. 둘이 싸우다가 서로 지쳐 모두 망하게 만들어야 하고, 설령 한쪽이 패권을 잡더라도 최대한 전력을 약하게 만드는 것이 유리하다는 것이다. 이를 현대 국제 정치에서는 '분리해서 통치하기Divide and Rule' 전략으로 부르기도 한다.

한편 시칠리아 원정이라 불리는 제3차 펠로폰네소스 전쟁은 원정군 아테네의 참패로 끝이 났다. 아테네 원정군은 시라쿠사 전투에서 충격의 패배를 당한 후 육지로 도주하다가 체포되어 모두 목숨을 잃었다. 살아 남은 잔류병들은 시라쿠사의 채석장으로 끌려가 온갖 고생을 하다가 모두 객사했다.

아테네는 시칠리아 원정에서 무참히 패한 뒤 군의 재정비를 꾀했으나 계속되는 스파르타의 파상 공격에 속수무책으로 당하고만 있었다. 스파르타의 리산데르Lysander 장군은 아테네인들의 식량을 조달하던 헬레스폰투스를 점령해 사기를 완전히 꺾어버렸다. 결국 아이고스포타미Aegospotami 해전(B.C. 405)에서 크게 패한 아테네는, 델로스 동맹 국가들이 하나둘 아테네로부터 떨어져나가자 마침내 스파르타에 항복을 선언했다. 이로써 전 그리스를 분열과 갈등으로 몰아넣었던 펠로폰네소스 전쟁은 끝이 난다.

기원전 404년, 마침내 펠로폰네소스 전쟁이 종결되고 아테네는 패전국이 됐다. 아테네가 펠로폰네소스 전쟁에서 참패를 당하고 역사

▲
아테네 군사들이 끌려가 강제 노역에 시달렸던 시칠리아의 채석장 동굴.
17세기 초, 화가 카라바조가 이 동굴의 이름을 '디오니시우스의 귀'라 붙였다.

의 패배자가 된 이유는 무엇일까. 아테네에 초래된 아포리아의 궁극적인 원인은 무엇이었을까. 투키디데스는 그 이유를 알고 싶어 『펠로폰네소스 전쟁사』를 썼다. 실제로 펠로폰네소스 전쟁에 참전했던 투키디데스의 냉철한 판단에 의하면 아테네의 패배는 페리클레스의 갑작스런 죽음 이후 등장한 지도자들의 한심한 행태 때문이었다. 그는 아테네가 망한 이유를 이렇게 기록한다.

> 페리클레스의 후계자들은 수준이 비슷비슷했으며 서로 첫 번째 자리를 차지하려고 했고, 민중을 선동하는 데 치우쳐서 국정을 다스리는 데 실패했다. (중략) 그들은 통치권을 주도하려고 사적인 욕심을 부리는 데 너무 치우쳤고, 서로 다투느라 여념이 없어서 결국 해외 원정에서 동력을 잃고 국가 정책에 혼란을 가져오게 되었다.[28]

아테네가 흥한 이유는 사람 때문이었다. 테미스토클레스와 페리클레스와 같이 재능이 뛰어난 사람들이 나라를 이끌었기에 아테네는 페르시아 전쟁의 상처를 치유하고 그리스 전체의 패권을 장악할 수 있었다. 펠로폰네소스 전쟁이 터졌을 때 주저하던 시민들을 독려하며 전쟁을 승리로 이끌 수 있었던 것도 모두 페리클레스와 같은 탁월한 식견을 갖춘 지도자가 있었기에 가능한 일이었다. 그리고 아테네가 망한 이유도 순전히 사람 때문이었다. 알키비아데스와 같이 재능이 뛰어난 사람이 나라를 팔아먹고 조국의 파쟁을 몰고 옴으로써 아테네는 쇠락의 길로 접어들 수밖에 없었다.

우리가 기원전 5세기, 지금으로부터 약 2500년 전에 있었던 일련의 사건들을 돌이켜보는 이유는 그것이 지금 우리가 살고 있는 시대상과 별반 다를 게 없기 때문이다. 무릇 지도자란 특히 아포리아 시대의 지도자란, 페리클레스의 삶처럼 식견이 있어야 하고 그 식견을 공동체와 나눌 수 있는 능력이 있어야 하며, 자신이 속한 공동체를 사랑해야 하고, 사리사욕과 탐욕에 초연해야 한다. 그렇지 않고 알키비아데스처럼 행동하는 지도자가 득세한다면 우리 시대는 아포리아의 먹구름에서 벗어나기 힘들다. 누가 우리 시대의 페리클레스이고, 또 누가 우리 시대의 알키비아데스인가. 어떻게 하면 우리는 알키비아데스가 아닌 페리클레스와 같은 지도자가 이끄는 미래를 만들 수 있을까.

4 철학으로 아포리아에 맞선 스승과 제자
─ 플라톤의 『국가』

그리스의 세 번째 아포리아, 소크라테스의 죽음

그리스에 몰아닥친 세 번째 아포리아는 기원전 399년에 발생한 소크라테스의 죽음으로 인해 촉발됐다. 소크라테스의 죽음은 아테네 사람들에게 충격 그 자체였다. 아테네의 현자로 존경받으며 동시대 청년들을 탁월함의 세계로 인도하던 큰 스승 소크라테스가 독배를 들고 죽음을 맞이했을 때, 아테네 사람들은 한 시대의 종말을 직감했다. 후에 플라톤의 제자 아리스토텔레스는 자신이 제자로 가르쳤던 알렉산드로스Alexandros(B.C. 356~323) 대왕을 신으로 추앙하라는 요구를 거절하고 아테네를 떠난다. 그때 아리스토텔레스는 아테네가 철학에게 "두 번째 범죄"를 저지르지 못하도록 아테네를 떠나겠다고 말했다.[1] 아리스토텔레스가 암시했던 철학에 대한 첫 번째 범죄는 바로 소크라테스를 죽음으로 몰고 간 아테네의 범죄였다. 그것은 한 국가가 철학에게 천인공노할 범죄를 일으킨 대사건이었다. 사람들은 어쩌다 아테네가 이런 암울한 시대, 출구가 보이지 않는 아포리아에 빠져들게 되었는지를 한탄하며 철학이 살해당한 자신들의 시대를 슬퍼했다. 동족끼리 서로 반목하고 다투는 것도 모자라 지혜를 사랑하고 탁월함을 추구하는 것이 전부였던 한 시대의 현자를 그들 스스로 살해해버린 것이다. 그리스에 세 번째 아포리아가 발생한 이유는 외국과의 전쟁 때문도 동족끼리의 전쟁 때문도 아니었다. 알키비아데스와 같은 악동의 등장도 직접적인 이유가 될 수 없었다. 그보다 더 근본적인 문제, 즉 구조적인 쇠락의 조짐이 이미 아테네에 만연해 있었다. 그리고 그것은 아테네 정신의 쇠락과 연관이 있다. 정신이 쇠퇴하면 나라도 망조가 들기 마련이다.

아테네가 중심이 된 델로스 동맹이 결성된 이후 아테네는 제국의 길로 들어서게 되었고, 이 팽창의 논리는 피할 수 없는 결과를 초래했다. 갑자기 막대한 부가 아테네로 집결되면서 사람들의 생활 방식과 사고방식이 변하기 시작한 것이다. 앞에서도 잠시 언급했듯이 아테네인들은 델로스 동맹의 재물 창고를 아예 아테네로 옮겨버렸다. 경쟁 동맹이었던 펠로폰네소스 동맹의 군사적 위협이 가시화되자, 맹주 국가인 아테네는 전쟁 준비를 위해 동맹국들에 더 많은 동맹금을 부담시켰고, 인근 도시국가의 조공도 아테네로 몰려들었다. 아테네는 막대한 동맹 분담금과 조공을 모아 주위 국가들을 상대로 돈을 빌려주고 어마어마한 이윤을 갈취했다. 국가가 고리대금업에 나선 것이다.

물론 이 경제적인 여유 때문에 아테네의 문화와 예술이 발전하는 선순환이 일어나기도 했다. 앞서 언급한 파르테논 신전의 건축도 이 경제적 여유로 가능한 일이었다. 그러나 아테네 사람들은 경제적 여유와 문화적 자신감에 빠져 점점 더 속물화되어갔다. 황금이면 모든 일이 가능하다고 믿게 된 것이다. 아테네인들은 파르테논 신전 안에 있던 아테나 신상이 모두 금으로 도금되는 것을 보고 환호했다.

역사가들은 이 시기를 아테네의 황금기라 부르지만, 사실 아테네인들이 '황금에 눈이 먼 시대'가 찾아온 것이다. 때마침 그리스 북단의 타소스Thasos라는 섬에서 엄청난 양의 금광석이 매장된 광산이 발견되었고, 사람들은 금을 캐기 위해 너도나도 짐을 꾸려 그곳으로 떠났다. 헤로도토스는 『역사』의 한 구절에서 타소스 금광에서 어떤 일이 벌어졌는지에 대해 설명한다.

그들의 수입은 본토와 광산에서 오는 것이었다. (중략) 타소스인들이 본토와 광산에서 거두는 연간 수입은 곡물에 세금을 부과하지 않고도 200달란톤이었으며, 많을 때는 300달란톤이었다. 나 자신도 이 광산을 본 적이 있다. 가장 놀라운 것은 타소스와 함께 들어온 포이니케인들이 정착한 섬—그 섬의 이름은 이 포이니케인인 타소스의 이름을 따라 지어졌다—에서 발견한 긴 광산들이었다. 타소스 섬에 있는 포이니케인들의 광산은 아이뉘라와 코이뉘라라는 곳 사이에 있으며 사모트라케 맞은편에 있다. 그곳의 커다란 언덕은 사람들이 금을 찾으려다가 완전히 파헤쳐져 있었다.[2]

아테네의 '골드러시'는 모든 것을 바꾸어버렸다. 타소스 금광에서 막대한 양의 금이 채굴되어 도시로 유입되자 사람들은 황금의 가치에 눈이 멀었다. 황금이라면 주저 없이 목숨을 거는 사람들, 돈이라면 언제라도 양심을 헌신짝처럼 버릴 준비가 된 사람들로 인해 아테네는 점차 배금拜金의 도시로 변해갔다.

물질적 풍요가 가치 선택의 기준이 되는 사회에서 함께 목격되는 것은 '몸의 숭배' 현상이다. 황금이 우선하는 사회에서는 이른바 '몸짱'과 '얼짱'이 각광을 받는다. 황금에 눈이 먼 시대를 살아가던 당시 청년들은 아테네의 건국 왕인 테세우스Theseus를 열렬히 숭배하기 시작했다. 근육으로 단련된 테세우스의 아름다운 몸을 숭배하기 시작했다는 표현이 더 옳을 것이다. 스파르타에 헤라클레스가 있었다면 아테네에는 테세우스가 있었다. 헤라클레스처럼 열두 가지 위업을 달성하고, 크레타 섬에서 괴물 미노타우로스를 물리쳤던 테세우스의 용기를 닮고 싶었던 것이 아니라 그의 아름다운 근육질 몸매를 숭배한 것이다. 아테네 청년들은 강가나 들판에 모여 아령을 들고 달리기를 하면서 몸의 근육을 키우기 시작했다. 테세우스처럼 근육질의 몸을 갖는 것이 진짜 남자로 인정받는 지름길이라고 생각한 것이다. 덩달아 아테네 여성들도 변해갔다. 본격적으로 짙은 화장을 하고, 경쟁하듯이 아름다운 옷을 입고 거리를 배회하며 자신의 미모를 뽐냈다. 이른바 가장 '아름다운 사람'이 가장 '이상적인 사람'이라는 개념이 생겨나기 시작한 것이다. 지금 우리 사회에 팽배해 있는 외모 지상주의와 별반 다르지 않은 현상이다. 그리고 이런 현상 뒤에는 시대를 막론하고 늘 황금만능주의가 도사리고 있게 마련이다.

▲

안토니오 카노바, 〈테세우스와 켄타우로스〉, 1804~1819년, 비엔나 예술사박물관 소장.
황금에 눈이 먼 아테네인들은 테세우스의 아름다운 몸을 숭배하기 시작했다.

바로 이런 시기에 잘생기지도 않고, 근육질 몸매도 아닌 한 남자가 아테네에 등장한다. 다른 모든 사람들이 황금에 눈이 멀어 있을 때 홀로 물질에 정신을 팔지 않던 사람, 그가 바로 아테네의 현자 소크라테스다. 오히려 그는 지지리도 못생긴 사람이었으며, 매일 입에 풀칠하기도 버거운 가난한 집안의 가장이었다. 동시대의 풍자 시인 유폴리스Eupolis(B.C. 446~411)는 소크라테스를 이렇게 표현한 바 있다.

"나는 저 찢어지게 가난한 수다쟁이 소크라테스를 혐오한다네. 그는 세상의 모든 것을 사색하지만, 다음 끼니를 어디서 구해야 하는지도 모를 지경이지."[3]

플라톤의 『향연』에서 술에 취한 알키비아데스가 자신의 스승 소크라테스의 외모에 대해 "이분은 조각상 상점에 있는 실레노스 모양을 가장 닮았다네"라고 묘사하는 장면이 나온다.[4] 실레노스Silenos는 포도주의 신 디오니소스의 술친구로, 못생긴 외모를 가진 숲의 신이다. 소크라테스는 배불뚝이 대머리였던 실레노스처럼 못생긴 사람이었다.

잘난 사람들이 주목받는 시대에 외모가 못난 사람들은 대체로 위축되기 마련이다. 거만한 부자들이 큰소리치는 세상에서 가난한 자들은 숨죽이며 눈치를 살피기 바쁘다. 가난한 자들이 부자들보다 더 고매한 영혼을 가지고 있다고 생각하는 것은 순진한 착각이다. 가난한 자들은 생존을 위해 발버둥치며 인간됨의 가치를 스스로 낮출 가능성이 높기 때문이다. 그러나 소크라테스는 그렇지 않았다. 비록 그는 끼니를 걱정해야 할 만큼 가난한 사람, 아름다움과는 거리가 먼 사람, 그래서 이상적인 사람이라 불리지 못했지만 그의 고매한 영혼은 아테네의 정신으로 불렸다. 황금이라면 모든 것이 가능하다고 믿던 시대에 그는 이렇게 기도했다.

"친애하는 판Pan 신과 이곳의 모든 신들이시여! 나의 내면이 더 아름다워지게 해주시고, 내 외적인 재산은 내 내면의 상태와 일치하게 하소서. 나는 지혜로운 사람이 부자라고 믿고 싶으며, 내가 갖고 싶은 황금은 절도 있는 사람이 지니거나 가져갈 수 있을 만큼만 갖고 싶사옵니다."[5]

소크라테스는 신전에서 숭배되던 위대한 신에게도 기도하지 않았다. 자연 동굴 속에서 가난한 농부와 사냥꾼들이 숭배하던 평범한 판 신에게 기도했다. 다른 사람들이 모두 황금을 찾아 길을 떠날 때, 자신만은 내면의 아름다움을 추구하는 삶을 걷게 해달라고 기도한 것이다. 아름다운 사람이 이상적인 사람이 아니라 지혜를 추구하는 사람이 이상적인 사람임을 자신의 삶을 통해 증명하겠다는 것이다. 황금에 눈멀지 않겠다는 한 철학자의 간절한 기도였다.

기원전 5세기 중엽, 아테네는 '말을 잘하는 사람의 도시'이기도 했다. 궤변을 늘어놓으며 말로 대중을 미혹하는 것이 대단한 돈벌이가 되던 시대였다. 논쟁이나 재판에서 상대방을 말로 제압하는 비법을 알려주던 소피스트Sophist들은 '말하는 방식'으로 쏠쏠한 수입을 올렸다. 아테네 법정에서는 물시계 장치를 설치해 변론하는 사람이 정확하게 6분간만 발언할 수 있도록 제한했다.

▲
판 신을 숭배하던 이스라엘 북부 가이사랴 빌립보(골란 하이츠) 지역의 신전 상상도.
그리스와 로마 시대에 판 신은 농경과 목축의 신으로 숭배됐다.
그리스 시대에는 신전이 아닌 천연 동굴이나 야산 등지에서 숭배되었다가
로마 시대에 이르러 동굴을 개조한 신전 숭배의 대상으로 확대됐다.

'클렙시드라Klepsydra'로 불린 이 물시계는 6분이 지나면 위의 그릇에 담겨 있던 물이 아래 그릇으로 모두 흘러내리도록 만들어졌다.

아테네 법정에 선 연설가들은 정확하게 6분 내에 기승전결을 갖춰 논리적으로 말할 수 있도록 훈련받아야 했고, 그래서 소피스트들의 변증술 수업이 인기를 끌 수밖에 없었다. 더 효과적으로 상대방을 제압할 수 있는 말의 논리를 구사하는 논법이 각광을 받으면서 선동적인 연설이나 상대방을 무력화시키는 화법 등이 인기를 끌었다. 어떤 상황에서도 겉만 뻔지르르하게 연설하는 방법, 어떤 곤란한 질문을 받아도 뱀장어처럼 교묘하게 빠져나갈 수 있는 화법을 구사하는 사람이 최고의 연설가로 꼽혔다.

그러나 소크라테스는 이런 '말 잘하는 사람'의 시대에 '질문하는 삶'을 살 것을 촉구했다. 그는 "캐묻지 않는 삶은 인간에게는 살 가치가 없다(필자 주: Unexamined life is not worth living)"는 유명한 말을 남겨, 서양 철학의 위대한 아버지가 됐다.[6] 그는 청산유수처럼 말만 잘하는 것이 중요한 것이 아니라 스스로에게 질문을 던지고 내면을 성찰하는 삶이 참된 것이라고 가르쳤다. 소크라테스는 어떻게 이런 결론에 도달하게 되었을까. 왜 그는 동시대의 아테네인들과 전혀 다른 삶의 방향을 선택하게 되었을까. 황금만능의 시대에 왜 그는 정신의 가치를 가장 소중하게 여기는 삶을 선택하게 되었을까. 왜 그는 부와 명예를 추구하지 않고 지혜와 진리를 위하는 삶을 살게 되었을까. 역사가들은 오랜 추적 끝에 그의 제자였던 알키비아데스의 증언에서 그 해답의 실마리를 찾았다.

소크라테스의 성찰과 깨달음은 기원전 431년, 메가라 봉쇄령으로

▲
고대 그리스 법정에서 사용했던 물시계 클렙시드라.
아테네 아고라 박물관 소장.

촉발된 제2차 펠로폰네소스 전쟁과 연관이 있다. 아테네의 시민이었던 소크라테스는 다른 사람들처럼 보병으로 징집되어 3년간 포티다이아Poteidaia 전투에 참전했다. 이곳은 그리스 북단에 있는 작은 도시국가로 코린토스의 속국이었다. 아테네가 포티다이아의 성벽을 허물고 도시를 점령하자 스파르타와 코린토스에 원조를 청했고, 결국 아테네가 직접 포티다이아를 공격하는 국지전으로 확대됐다.

이때 일반 보병으로 이 전투에 참전한 소크라테스와 같은 막사를 쓰며 싸웠던 전우가 바로 알키비아데스다. 전투에 함께 참전해 같은 막사를 쓴다는 것은 생사고락을 함께한다는 뜻이다. 당시 두 사람은 이른바 '파이데라스티아Paiderastia'의 관계였다. 이는 덕망을 갖춘 어른이 혈기왕성한 어린 소년과 함께 생활하면서 경험을 바탕으로 젊은이를 지도하고 교화하는 관계를 말한다. 알키비아데스는 소크라테스가 포티다이아 전투에서 새로운 성찰의 세계로 나아가는 것을 목격했고, 현장에서 본 것을 기록으로 남기도록 했다. 소크라테스는 이 전투에서 그리스인들이 가장 소중한 인간의 덕목으로 간주하던 탁월함, 즉 '아레테Aretē'의 개념을 새롭게 정립하게 된다.

포티다이아 전투는 매우 참혹했다. 전투가 지속되던 3년간 무려 1000명 이상의 아테네 군사들이 장기전과 전염병으로 인해 죽음으로 내몰렸고, 그 시신들은 그대로 들판에 방치됐다. 소크라테스는 아테네 군사들의 시신이 굶주린 동물들에게 뜯어 먹히거나 썩어가는 비참한 모습을 지켜보면서 깊은 회한과 상념에 빠졌다. 그리스에서 3년간이나 전쟁이 계속되는 것은 극히 예외적인 경우다. 보통 추수를 해야 할 늦가을이 오면 그리스의 전쟁 당사국들은 협정을 맺고 다음해

봄까지 휴전을 하는 것이 관례였다. 그러나 성문을 걸어 잠그고 결사 항쟁하던 포티다이아를 점령하기 위해 아테네는 늦가을이 찾아와도 철군하지 않았다. 결국 포티다이아인들은 성 안에 갇혀 3년을 버텨야 했고, 식량이 떨어지자 인육人肉을 먹는 참혹한 광경이 펼쳐졌다. 알키 비아데스는 당시 소크라테스의 모습을 이렇게 증언한다.

"이 모든 것은 우리가 나중에 함께 포티다이아로 원정을 떠났을 때 일어난 일이라네. 거기서 우리는 한솥밥을 먹었지. 우선 그는 고난을 참는 데서 나뿐만이 아니라 다른 사람들보다도 훨씬 뛰어났다네. 우리가 원정을 하고 있을 때 때때로 보급품이 끊겨 굶어야 했을 때, 우리들은 도저히 그 상황을 참을 수 없었지만 그는 그렇지 않았다네. (중략) 그러나 그가 추위를 참는 것—그 지역은 겨울이 끔찍했지—이야말로 정말 대단했지."[7]

알키비아데스는 향연에 참석한 친구와 동료 들에게 포티다이아에서 동고동락했던 소크라테스가 얼마나 인내심이 강한 사람이었는지를 구체적인 예로 설명했다. 겨울에 신발을 신지도 않고 얼음 위를, 그것도 신발을 신은 병사들보다 더 빨리 걸어 다녔다는 것이다. 그리고 이어서 문제의 장면을 상세하게 설명한다. 소크라테스가 탁월함의 추구에 대한 생각을 바꾸는 철학사의 전환점이 되는 장면이다.

"하루는 새벽에 그가 어떤 문제를 골똘히 고민하기 시작하셨는데, 한자리에서 계속 고민하면서 서계시더군. 그 문제가 힘들다고 생각하셨는

▲
안젤름 포이어바흐, 〈플라톤의 향연〉, 1869년, 카를스루에 주립미술관 소장.
알키비아데스의 증언이 발표되었던 향연의 모습이다.
오른쪽에 등을 돌리고 앉아 있는 인물이 소크라테스, 중간에 서 있는 사람이 향연을 주최한
아가톤, 그리고 술에 취해 입장하는 젊은이가 알키비아데스다.

지, 포기하지 않고 그곳에 계속 서서 노력하시더군. 시간이 정오까지 흘렀는데, 사람들이 그를 알아보기 시작했고 서로 놀라면서 말했지. "소크라테스 님께서 새벽부터 지금까지 계속 사색하시면서 서 있다네!" 끝내는 밤이 되어서야 몇몇 이오니아인들이 저녁을 먹고 — 이때는 여름이었다네 — 담요와 거적을 가져와서 주운 곳에서 잠을 자는 지경까지 왔다네. 그들은 소크라테스 님이 밤을 새면서 서서 그 문제를 고민하는지를 보려는 것이었지. 결국 그분은 새벽까지 서 있다가 해가 떴고, 해에게 기도를 올린 뒤 떠났다네."[8]

알키비아데스가 목격하고 플라톤이 글로 남긴 이 증언은 소크라테스 철학의 전환 과정을 짐작할 수 있는 중요한 문헌적 증거다. 소크라테스는 밤새도록 포티다이아 평원에 서서 그동안 그리스인들이 이상적인 덕목이라 여겼던 '탁월함'의 개념을 전면적으로 수정한 것으로 보인다. 바로 이 순간이 철학사에서 탁월함의 개념이 전환되는 시점이다.

포티다이아 평원 이전의 탁월함은 주로 신체의 아름다움이나 적 앞에서 기죽지 않는 군사적 용맹을 뜻했다. 전투에 임한 장수는 어떤 상황에서도 적을 무찌를 수 있는 용기가 있어야 한다고 믿었다. 그것이 탁월함의 증표였다. 그러나 죽은 자의 시체가 썩어가는 모습과 사람이 사람을 잡아먹는 참혹한 광경을 목격하면서 소크라테스는 이런 탁월함의 추구가 세상을 끔찍한 곳으로 만들어버렸음을 자각하기에 이른다.

이제 소크라테스의 탁월함은 외모 지상주의가 아니라 절제하고 헌신하는 자세로 바뀌었고, 진정한 용기는 남에게서 승리를 빼앗고 적을 살육하는 것이 아니라 정의를 실현하고 무엇보다 지혜를 추구하는 삶으로 바뀌게 되었다.

포티다이아 전투가 끝난 뒤 소크라테스는 고향 아테네로 돌아왔다. 물질만능의 시대를 구가하던 아테네는 변한 것이 없었으나 포티다이아 이후의 소크라테스는 완전히 변해 있었다. 그의 근본적인 변화는 아테네의 질적 변화를 촉구하기에 이르렀고, 서양 철학사는 그때부터 본 궤도에 오르게 된다. 지혜를 추구하는 삶이 탁월함, 즉 이상적인 인간의 지표가 된 것이다. 소크라테스는 그때부터 아테네 사람들에게 스스로 '숙고하는 삶'을 사는 참된 탁월함을 추구하라고 촉구했다.

말 잘하는 사람들의 시대에 주인공이었던 소피스트들은 유창한 언변으로 사람들을 설득했고, 이를 위해 궤변과 장광설을 늘어놓곤 했다. 그러나 소크라테스는 연설이 아니라 서로 생각을 나누며 질문하는 삶을 선택했고, 이것이 바로 지혜에 이르는 숙고하는 삶의 방식이었다. 해답을 제시하는 것이 아니라 스스로 깨닫게 함으로써 그 질문의 답을 찾아가도록 유도한 것이다. 이런 대화를 통한 진리의 접근을 우리는 소크라테스의 산파술이라고 한다. 소크라테스는 왜 아테네에 아포리아가 초래되었는지에 대한 원인을 분석하며 자신의 철학적 사명을 이렇게 외친다.

"내가 살아 있고 계속할 수 있는 한, 나는 철학을 포기하지 않고 나에게 익숙한 방식으로 내가 만나는 모든 사람들에게 진리를 알려주고 괴롭히는 것을 할 것이오. 존경하는 여러분이여! 여러분은 아테네의 시민들이 아닙니까? 아테네는 도시 중에 가장 위대하며, 그 지혜와 힘으로 존경을 받습니다. 그런데 여러분이 명예와 세상의 명성을 위해 부를 쌓는 것에만 치중하고, 영혼의 완성과 지혜와 진리를 추구하지 않는 것이 부끄럽지도 않소?"[9]

이것이 소크라테스가 선택한 아포리아 시대의 사명이었다. 아테네의 아포리아는 "명예와 세상의 명성과 부"를 얻기 위해 안달하면서도 정작 "영혼의 완성과 지혜와 진리"에 대해서는 관심도 없고 생각조차 하지 않았기 때문에 발생했다. 이때 소크라테스는 아테네의 아포리아에 정면으로 대응했다. 그는 쇠파리처럼 끈질기게 달라붙으며, 부도덕하고 탐욕에 찌든 아테네인들에게 부끄러운줄 알라고 일침을 놓았다. 그의 통렬한 비판은 지금 우리 시대에도 정확하게 유효하다.

우리 사회도 "명예와 세상의 명성과 부"를 얻기 위해 안달하면서도 정작 "영혼의 완성과 지혜와 진리"에 대해서는 관심도 없고 생각조차 하지 않는다. 대한민국의 아포리아가 초래된 것도 사실 같은 이유에서다. 아름다운 외모에 대한 비정상적인 열망, 더 많은 돈을 벌 수 있다면 사람의 목숨을 파리 목숨처럼 여기는 부도덕한 인간들이 득시글거리고 있기 때문이다.

물론 소크라테스의 이 같은 돌출 행동을 모두가 좋아한 것은 아니다. 심지어 소크라테스의 절친한 친구이며 희극 작가인 아리스토파네스조차 소크라테스도 소피스트와 다를 게 없는 궤변론자라며 그를

▲
아테네 아카데미 입구에 전시되어 있는 소크라테스 좌상.

비난했다. 그 내용은 아리스토파네스의 유명한 희극『구름』에 상세하게 반영되어 있다. 소크라테스는 이 희극에서 아테네의 젊은이들에게 황당무계한 논리를 가르치는 소피스트로 등장한다. "대기 위를 걸어 다니며, 태양에 관해 명상하는" 인물로 희화되었고,[10] 제자들에게 아래와 같이 사람이 되도록 가르치는 소피스트 교사로 등장했다.

"나는 대담하고, 성급하고, 기발하고, 거짓말을 살짝 버무리고 아첨꾼에, 뻔지르르하게 말하고, 속이고 법의 규정을 교묘하게 이용하고 닳고 닳아 빠져서 거지처럼 살아가고 임기응변에 능하고, 원칙이 없으며 속이기를 잘하고, 저주받아 처량한 삶을 살아가야 하고 최악의 상황을 견디며 살아가는….",[11]

기원전 423년, 이런 모욕적인 연극이 처음 상연되던 날, 소크라테스는 자신을 조롱하는 아리스토파네스의 연극을 직접 보기 위해 관람석에 앉아 있었다. 함께 연극을 관람하던 사람들은 소크라테스를 얼간이로 조롱하는 장면이 나올 때마다 깔깔거리며 관람석에 앉아 있는 그를 바라봤다. 그의 반응이 궁금했기 때문이다. 소크라테스는 만면에 웃음을 띠고 자리에서 일어나 청중을 향해 웃으며 답례했다. 연극이 끝나고 사람들이 "선생님을 '달을 훔쳐보는 멍청한 사람'으로 풍자하고 비꼬는데, 기분이 나쁘지 않으셨습니까?"라고 묻자, 소크라테스는 손사래를 치며 "아니라네. 이 연극을 통해 혹시 내가 고칠 점이 있으면 고쳐야겠다는 생각을 가지고 이곳에 왔다네"라고 말했다.[12]

한편 아테네의 상황은 악화일로로 치달았다. 제3차 펠로폰네소스 전쟁은 알키비아데스의 배신과 원정군 전원 몰살이라는 충격적인 결과로 종결됐다. 속죄양이 필요했던 아테네인들은 패전의 원인을 엉뚱한 데로 돌렸다. 기원전 413년 시칠리아 원정군들이 전원 전사하고, 기원전 404년 아테네가 스파르타에 항복해 패전국이 된 이유를 소크라테스의 탓으로 돌린 것이다. 소크라테스가 알키비아데스와 같은 젊은이들을 선동했고, 무엇보다 그가 알키비아데스를 직접 가르친 스승이었기 때문에 아테네가 봉착한 위기의 원인으로 소크라테스를 지목한 것이다.

펠로폰네소스 전쟁 종전 이후, 아테네를 접수했던 스파르타 측은 이른바 '30인의 참주'를 내세워 독재 정치를 펼쳤다. 아테네의 전통 귀족계급을 등에 업고 의도적으로 극심한 정치적 혼란을 야기함으로써 아테네의 간접 지배를 공고히하려 했다. 놀라운 것은 소크라테스를 고소한 사람들이 바로 이 '30인의 참주'를 전복시킨 아테네의 민주파 시민들이었다는 사실이다. 그래도 다행스러운 것은 스파르타가 배후에 있던 참주제가 전복되고, 민주파들은 스파르타의 지원을 받던 전통 귀족 출신들의 참주들을 모두 몰아내는 데 성공했다는 것이다.

득세한 아테네의 민주파들은 조국을 배신한 알키비아데스의 스승이었다는 이유로 소크라테스를 체포해 감금했다. 소크라테스는 극심한 혼란기에 흔히 자행되는 이른바 '속죄양' 신세가 되어 처벌을 받게 된 것이다. 결국 그는 동굴 같은 감옥에 갇혀 지내다가 독배를 들고 죽음을 맞이했다. 아테네가 철학에 범죄를 저지른 첫 번째 사건이었다.

그리스의 마지막 아포리아에 맞선 제자, 플라톤

소크라테스의 죽음은 또 다른 아테네의 아포리아가 되어 더 치명적
인 길 없음의 상태를 초래했다. 현자를 잃은 슬픔과 자신들의 손으
로 철학을 살해했다는 자괴감이 아테네 사회를 또 다른 절망감으로
몰아갔다. 아포리아의 악순환이 반복된 것이다. 소크라테스가 맞이
한 최초의 철학적 순교는 아테네 청년들의 마음을 뒤흔들어놓았다.
현자의 어처구니없는 죽음을 지켜본 그의 제자 플라톤이 아마 가장
큰 충격을 받았으리라. 그는 스승의 순교 장면을 가까이에서 지켜보
았고, 그 과정을 책으로 기록했다. 플라톤이 쓴 『소크라테스의 변론』,
『크리톤』 그리고 『파이돈』은 당시 그가 받은 충격을 고스란히 담고
있다.

　플라톤은 이 충격적인 아포리아의 도래 앞에 정치가가 되려던 꿈
을 접고 아테네를 떠나버린다. 그는 이집트와 시칠리아 등 지중해 연
안의 여러 나라를 주유周遊하며 새로운 문물과 제도를 배우고, 이상
세계에 대한 숙고와 사색을 마친 뒤 아테네로 돌아온다. 이른바 '플
라톤 아카데미Academia Platonica'를 설립하고 스승 소크라테스가 보여주
었던 지혜의 길을 걸어가기 위해서였다. 그는 자기 스승이 살해당했
던 오명의 도시 아테네를 벗어나 아테네인들의 무덤이 조성되어 있
는 오솔길 끝에 자리한 아카데메이아Akademeia에 학교를 열었다.[13] 그는
이곳에서 철학을 논구하며 제자들을 길러냈는데, 널리 알려진 대로
플라톤과 쌍벽을 이루는 서양 철학의 아버지 아리스토텔레스도 이
곳에서 철학을 공부했다.

▲
자크 루이 다비드, 〈소크라테스의 죽음〉, 1787년, 뉴욕 메트로폴리탄 박물관 소장.
침대 끝에 앉아 슬픔을 달래고 있는 남자가 플라톤으로 추정된다.
실제 나이보다 훨씬 더 늙은 모습으로 묘사되어 있다.

현재까지 플라톤의 작품은 25권의 저서와 13편의 서한이 전해지고 있으나 과연 이 모든 작품들을 플라톤이 직접 집필한 것인지에 대해서는 여전히 학자들 사이에 논쟁이 분분하다. 학자들이 합의하는 그의 초기 대표작으로는 『소크라테스의 변론』과 『크리톤』이 있고, 중기 대표작으로는 『파이돈』, 『국가』, 『향연』 그리고 후기 대표작으로는 『티마이오스』와 『법률』 등이 있다. 플라톤은 일인칭 작가 시점으로 글을 쓰지 않았고 대부분 스승 소크라테스의 대화를 통해 자신의 주장을 펼쳤다. 특히 초기와 중기 작품은 더욱 그렇다. 그래서 어떤 부분이 소크라테스의 사상이고, 어떤 부분이 플라톤의 생각인지, 그것을 구별하기 위한 학자들의 의견 또한 분분하다. 다만 초기 대표작들에는 스승 소크라테스의 사상이 많이 반영되어 있고, 중기와 후기로 갈수록 플라톤 자신의 철학이 강화되는 경향을 보인다는 점은 대부분의 학자들이 동의하는 바다.

　20세기의 철학자 알프레드 화이트헤드Alfred Whitehead(1861~1947)가 "유럽 철학사를 가장 안전하게 일반화하자면, 그것은 플라톤 철학에 대한 일련의 각주로 구성되어 있다는 것이다"라고 인정할 정도로 플라톤이 서양 철학사에 미친 영향은 지대하다.[14] 서양 철학사에서 플라톤은 이데아Idea론의 창시자이며, 현상의 세계를 넘어서는 초월적 일자一者에 대한 통찰로 모든 관념주의 철학의 선구자가 됐다. 그러나 그의 철학 역시 기원전 5~4세기에 초래된 그리스와 아테네의 아포리아 상태에서 탄생한 시대와 역사의 산물임을 기억할 필요가 있다.

　가장 이상적인 문명사회의 모델로 자타가 칭송하던 아테네에서 현자 소크라테스가 뜻밖의 죽음을 맞이하자 플라톤의 고민은 깊어질 수밖에 없었다. 그는 '과연 이상적인 국가란 어떤 나라일까? 어떻게 하면 우리는 이런 집단적인 아포리아 상태에서 벗어나 이상적인 문명국가를 만들 수 있을까? 이상 국가를 만들기 위해서 우리는 어떤 통치자를 가져야 하고, 또 그런 이상적인 통치자를 길러내기 위해 우리는 그들을 어떻게 교육시켜야 할까?' 등의 문제를 진지하게 고민했다. 그리고 바로 그 이상 국가에 대한 진지한 모색이 담겨 있는 책이 『국가』다.

그러므로 플라톤의 주저로 알려져 있는 『국가』는 관념론적인 철학 책이 아니라 아포리아 시대에 직면한 한 철학자의 처절한 고뇌가 담긴 책인 동시에 후대 사람들에게 군주의 거울을 보여주기 위한 실천적인 시도이기도 하다. 기원전 4세기, 아테네 인근 아카데메이아의 그늘진 산책길에서 플라톤이 제자들과 함께 토론하고 고민하던 주제들은 지금 우리 사회의 심각한 현안 문제와 다르지 않다. 어쩌다가 나라꼴이 이렇게 되었을까. 어떻게 하면 우리는 이 아포리아를 극복할 수 있을까. 그런 의미에서 플라톤과 그의 저서 『국가』는 우리 시대의 군주의 거울로 삼기에 충분하고도 남음이 있는 책이다.

지금까지 우리는 『국가』를 철학 책으로만 읽어왔다. 아포리아 시대에 『국가』를 읽는 방식은 달라야 한다. 플라톤의 이 위대한 저서를 이데아론과 정의론 그리고 교육 철학에 대한 책으로만 보지 말고, 우리 시대를 위한 군주의 거울로 읽어야 한다. 이 책을 통해 아포리아 시대의 지도자가 어떻게 나라를 운영해야 하는지, 어떻게 하면 이상적인 국가를 재건할 수 있을지, 그리고 나라의 수호자를 어떻게 교육할 것인지에 대한 영감을 얻을 수 있을 것이다.

이탈리아 중부의 산악도시 시에나Siena는 캄포 광장Piazza del Campo 과 매년 안장을 설치하지 않은 채 말을 타고 달리는 팔리오 경기 Palio di Siena가 열리는 곳으로 유명한 도시다. 캄포 광장을 마주하고 있는 시에나 정부 청사 안으로 들어가면 암부로조 로렌체티Ambrogio Lorenzetti(1290 추정~1348)의 프레스코화 〈선한 정부와 나쁜 정부의 알레고리〉라는 연작 그림이 있다. 이상적인 정부는 어떤 모습을 갖추고 또 나쁜 정부 아래에서는 어떤 모습이 나타나는가에 대해 설명하는 14세기의 벽화다. 작가 로렌체티는 이 벽화에서 당당하게 업무에 임하는 통치자와, 각자 맡은 바 일에 열성을 다하는 시민들의 활기찬 모습을 생동감 있게 표현한다. 국가 정치를 담당하는 지도자들, 축제를 즐기는 시민들, 열심히 학생을 가르치는 교사들, 가게에서 물건을 파는 사람들, 빵을 굽는 사람들이 모두 자신에게 맡겨진 일에 최선을 다하고 있다. 이 그림이 표현하고 있는 모습이 바로 플라톤이 『국가』에서 제시하는 이상 국가다.

물론 이상 국가의 가장 큰 특징은 정의가 실현되는 곳이다. 플라톤이 꿈꾸었던 『국가』는 궁극적으로 정의로운 사회를 추구한다. 정의가 실현되는 곳이 바로 이상 국가이기 때문이다. 그렇다면 어떻게 해야 정의를 실현할 수 있는 이상 국가를 만들 수 있을까? 플라톤의 해답은 직설적이다. 그는 암부로조 로렌체티의 그림이 묘사하고 있는 것처럼 정의로운 사회란 소속되어 있는 각 집단이 각각의 위치를 성실하게 지킬 때 이루어진다고 말한다. 통치자는 '지혜'를 추구하고, 수호자는 '용기'를 지녀야 하며, 시민들은 '절제'하는 것이 그들이 지켜야 할 각각의 의무다. 통치자, 수호자 그리고 시민들이 각각 자신

▲
암부로조 로렌체티, 〈선한 정부와 나쁜 정부의 알레고리: 선한 정부가 도시에 끼친 영향〉,
1338~1340년, 이탈리아 시에나의 팔라초 푸블리코 시 회의실 벽화.

이 맡은 본분을 다하는 것이 '정의'이고 그것이 이상 국가의 기초라는 것이다.

『국가』에서 통치자의 덕목으로 제시된 지혜는 "어떤 특정한 개인의 이익이 아니라 나라 전체에 영향을 끼치되, 나라의 대내외적 관계에까지 영향을 주는 지식"을 말한다.[15] 다시 말해 이상 국가의 통치자는 그 사회의 각 구성원들이 담당해야 할 각 분야의 지엽적인 문제가 아니라 나라 전체의 이익이 되는 총괄적인 지혜를 추구해야 하며, 개인의 관점을 넘어 보편적 관점을 추구해야 한다. 그러나 실제는 그렇지 않은 경우가 많다. 많은 지도자들이 총괄적인 지혜보다는 지엽적인 현안에 얽매이는 것을 쉽게 볼 수 있고, 결정 과정에서도 나라의 특정 집단에 국한된 관점을 유지하는 경우가 많다. 물론 국가 전체의 미래를 바라보는 관점을 잃지 않으면서 그 사회의 작은 부분이나 사소한 것들에 대한 따뜻한 관심을 유지하는 것도 중요한 일일 것이다. 그러나 그것은 통치자의 일차적인 존재 이유가 될 수 없고 직접적으로 요구되는 일도 아니다. 모름지기 한 나라의 통치자는 국가 전체의 방향과 같은 큰 그림을 그릴 수 있는 지혜가 필요하다는 것이 플라톤의 생각이었다.

플라톤이 말하는 수호자 계급의 용기는 감정적인 기백이 아니었다. 오히려 그는 수호자가 지녀야 할 용기를 교육을 통해 주입된 "일종의 안전 보장safe-keeping"으로 보았다.[16] 용기란 불굴의 투지를 말하는 것이 아니고, 적과 싸워 이길 수 있는 신체적인 탁월함도 아니다. 오히려 용기란 "즐거울 때나 괴로울 때도, 욕망이나 두려움에 빠져 있을 때도, 어떠한 상황에서도 그것을 안전하게 지킨다는 뜻"이다.[17] 진짜 용기를 발휘하는 이상적인 수호자는 자신의 이익을 추구하기 위해 원칙을 뒤집거나 외부의 압박이 심할 때 초심을 버리는 사람이 아니다. 원래 품었던 고결한 소신을 끝까지 지키는 사람이 용기를 갖춘 참된 수호자라는 말이다.

그렇다면 일반 시민들은 어떻게 해야 할까. 어떻게 살아가야 일반 시민들은 지혜를 추구하는 통치자, 용기를 지닌 수호자와 함께 이상 사회를 이루며 정의로운 국가를 이룰 수 있을까. 플라톤은 절제야 말로 일반 시민들이 지켜야 할 최고의 덕목이라고 말한다. 그런데 이 절제는 방탕하지 않는 삶과 같은 도덕적 준칙을 말하는 것이 아니라 "일종의 질서"이며, "국가와 개인에게서 더 나은 부분과 못한 부분 중 어떤 쪽이 다스릴 것인가에 대한 자연스러운 합의"를 일컫는다.[18] 일반 시민들은 자신보다 고귀한 덕목을 추구하는 통치자와 수호자의 일에 참견하지 않는 것이 자신의 덕목인 절제를 실천하는 것이고, 결국 이런 것이 함께 모여 그 사회와 국가의 정의를 실현시킨다고 보았다. 그러므로 이상적인 나라는 지혜와 용기를 가진 소수의 통치자가 절제를 추구하는 다수의 일반 시민을 통치하는 것에 대해 서로 합의한 뒤 그 통치권을 받아들여야 하고, 바로 그것이 이상 사회로 가는 지름길이라는 것이 플라톤의 결론이다. 플라톤은 소크라테스와 플라톤의 형인 아데이만토스Adeimantos의 대리 대화를 통해 다음과 같은 결론에 도달한다.

"게다가 우리는 종종 정의가 자기 일에나 신경 쓰고 다른 사람 일에 신경 쓰지 않는다는 것이라 말하는 것을 들었고, 우리 스스로에게 말하기도 했네.""예, 그랬지요.""그렇다면 아마도 정의는 어떤 의미에서는 자기 일에 충실한 것일 수 있다네."[19]

서구 사회는 구성원 간의 합의를 통해 이런 절제의 덕목을 철저하게 지켜나간다. 특별히 국가가 절체절명의 위기에 처했을 때 이런 절제의 미덕은 서구 사회에서 강력한 힘을 발휘한다. 개인의 가치를 존중하는 민주주의가 뿌리내린 서구는 보통은 개인의 자유가 보장되는 개방적인 체제를 유지하지만, 위기의 순간에 일단 지도자가 선택되면 철저하게 그 지도자의 통치에 따르는, 즉 절제하는 미덕을 발휘한다.

일례로 미국에서 발생한 9.11 테러 사태 처리 과정을 들 수 있다. 미국 본토가 직접 공격당하는 전대미문의 테러로 인해 뉴욕의 트윈 타워(국제무역센터의 쌍둥이 빌딩)에서만 3000여 명의 국민이 목숨을 잃는 대참사가 발생했다. 민간 여객기가 테러의 직접적인 무기로 이용되었고, 국가 정보기관들이 사전에 테러를 예측하고 있었다는 사실도 밝혀졌다. 공항은 검문검색에 실패했고, 사고 당일 경찰과 소방관 들의 대응도 모두 제각각이었다. 막대한 국가 예산을 쓰면서도 국제적인 테러의 전모를 파악하지 못한 정보관계자들, 치명적인 보안의 허점을 드러낸 항공사와 공항 들, 더 빠르고 정확한 수습 대책을 마련하지 못했던 경찰과 소방관 들의 대응이 심각한 시스템의 문제점을 드러냈다. 그러나 당시 9.11 사태를 수습했던 조지 부시 대통령의 결정에 의해 어떤 개인이나 단체도 처벌받지 않았다.

불미스러운 사건이 일어날 때마다 책임 공무원들의 옷을 벗기는 것으로 문제를 대응하는 우리나라의 방식과는 완전히 달랐다. 어떤 누구에게도 직접적인 책임을 묻지 않겠지만 그동안 일어났던 일에 대해 조금이라도 거짓 보고나 축소 보고를 하면 가차 없는 처벌을 가하겠다는 지침이 내려졌다. 사람을 처벌하는 것이 목적이 아니라 이런 사고를 다시는 일어나지 않도록 만드는 것이 최우선 과제임을 천명한 것이다. 문제점을 도출하고 이런 사고의 재발을 막기 위한 철저한 안전 매뉴얼을 작성하겠다는 것이 당시 미국 정부의 공식적인 방침이었다.

아무에게도 일차적인 책임을 묻지 않겠다고 발표했을 때, 각 정보기관과 국방부, 항공사, 공항, 경찰, 소방서 등은 그동안 발생했던 문제점에 대해 솔직하게 진술했고, 그 결과 추가 테러에 대한 종합적인 대책이 마련될 수 있었다. 이것이 바로 토마스 킨의장이 각종 청문회와 조사 과정을 거쳐 발표한 약 600페이지에 달하는 『The 9/11 Commission Report』이다.

피해자 보상 문제도 깨끗하게 종결됐다. 9.11 테러 사건의 피해자들이 보상 과정에서 어떤 법적인 분쟁을 일으켰거나 보상금 때문에 사회적 갈등을 야기했다는 언론 보도를 들어본 적이 없을 것이다. 9.11 테러 피해자들을 위한 법정 보상을 담당한 사람은 쉴라 번바움이라는 여성 변호사였다. 뉴욕 할렘에서 채소 가게를 운영하던 부모 밑에서 태어난 번바움 변호사는 가족 중에 최초로 대학에 진학했을 만큼 평범한 가정 출신이었고, 뉴욕 브롱스에서 초등학교 교사를 하다가 뉴욕 변호사 시험에 합격한 평범한 법조인이었다. 번바움 변호사는 9.11 피해자 가족을 위해 "정직하고, 투명하고, 편리하게fair, transparent and easy" 보상 협상을 완료하겠다고 약속했고, 추가 피해 보상을 요구한 95가족 중 92가족과의 법적 협상을 성공적으로 마무리했다.[20] 물론 번바움 변호사의 탁월한 협상 능력도 큰 역할을 했겠지만, 번바움 변호사와 같은 전문가의 "더 나은 부분의 통치"를 받아들인 피해자 가족들과 미국 시민들의 절제가 빛을 발한 것이다.

물론 이런 플라톤의 이상 국가론에 대한 비판도 제기됐다. 20세기 후반, 『열린사회와 그 적들』의 저자인 정치 철학자 칼 포퍼Karl Popper(1902~1994)는 플라톤이야말로 한 사회가 역동적으로 발전할 수 있는 기회를 막는 적이라고 평가한 바 있다. 통치자와 수호자가 참다운 지혜를 소유하고 있다면 그 사회는 정의를 실현하는 이상 사회로 발전할 수 있지만 그렇지 못한 경우, 그 나라는 독재의 왕국이 될 것이 분명하다는 것이 칼 포퍼의 주장이었다. 플라톤의 철학이 통치자의 억압적인 지배를 정당화하는 논리로 사용될 수 있다는 그의 경고는 타당한 논리를 갖추었다. 물론 이것은 히틀러의 만행을 목격한 비엔나 출신의 유대인 철학자의 논리이기도 하고, 제2차 세계대전 이후 펼쳐진 냉전 시대의 보수적 정치를 비판하기 위한 철학적 분석 논리이기도 하다. 다만 여기서 지적하고 싶은 것은 칼 포퍼의 플라톤 분석이 지나치게 (홀로코스트를 경험한) 20세기적이며, 이데올로기적으로 과도하게 경도된 해석이라는 점이다.[21]

시칠리아의 참주 디온Dion과 디오니시우스 2세Dionysius II(B.C. 395 추정~343)를 '철학자 왕'으로 길러 직접 이상 국가를 건설하려 했고, 이 대의를 위해 두 번씩이나 시칠리아에서 목숨을 걸었던 플라톤의 생애를 돌이켜보면 플라톤을 보수적인 수구 반동 세력의 철학자로 이해하는 것은 적절치 않다. 오히려 우리는 『국가』의 후반부에 해당하는 제7권 이하를 주목해야 한다. 이상 국가의 수호자를 어떻게 교육시킬 것인가에 대한 플라톤의 제안이 드러나는 부분이다. 『국가』의 앞부분이 정의에 대한 정치학적 접근과 이데아에 대한 철학적 분석을 담고 있다면, 뒷부분은 그의 역동적인 '교육 철학'이 담겨 있다. 그 책의 백미는 바로 이 뒷부분에 있고 이 부분이 바로 『국가』의 군주의 거울에 해당한다.

플라톤은 자기 시대가 처해 있던 길 없음의 아포리아를 은유적으로 표현했는데, 유명한 '동굴의 비유'가 바로 그것이다. 그는 아테네가 아포리아 상태에 빠진 원인은 정치적인 혼란이나 국제 정세의 판도 변화 때문이 아니라고 보았다. 아테네에 아포리아가 초래된 것은 아테네가 펠로폰네소스 전쟁에서 패자가 되었거나 '30인의 참주'라는 독재 정치를 당했기 때문이 아니라는 뜻이다. 그것은 단순한 펑계에 불과하다.

플라톤의 관점에서 볼 때 아테네인들은 동굴의 암흑에 갇혀 있는 죄수들의 집단이다. 그것도 쇠사슬에 묶인 채, 눈앞에서 펼쳐지는 환상의 세계를 진실이라고 착각하는 불쌍한 죄수들이다. 그들은 앞만 바라볼 뿐 절대로 몸의 방향을 돌려 뒤를 돌아보지 못한다. 그들은 정면의 벽에 펼쳐진 환영을 참된 세상, 진짜 본질이라고 믿고 있다.

본질이 아닌 것을 본질이라고 믿는 사람들, 반짝이는 것은 모두 금이라고 믿는 사람들의 무지와 착각이 아테네의 아포리아를 불러온 것이다. 그래서 플라톤은 아테네의 시민들에게 스스로 쇠사슬을 끊고 뒤를 돌아보라고 요구한다. 횃불 앞에서 일렁이고 있는 환영의 진

▲
플랑드르 화파 무명작가가 그린 〈플라톤의 동굴〉, 16세기, 프랑스 두에 샤르트뢰즈 박물관 소장.
쇠사슬에 묶여 있는 동굴 속의 인물들이 묘사되어 있다.

짜 실체를 보라는 것이다. 지금까지 당신들이 믿고 있던 실체는 그림자에 불과하고 사물의 본질이 아님을 깨달으라는 호소다. 그러나 아테네인들은 자신들을 꼼짝 못하도록 옥죄고 있는 쇠사슬을 끊어버릴 용기도, 환영을 불러일으키는 횃불을 바라볼 용기도 없었다. 소크라테스는 그래서 죽었다. 소크라테스는 아테네인들에게 이런 불편한 진실을 깨우쳤다는 이유로 죽임을 당한 것이다. 플라톤은 소크라테스가 죽임을 당한 이유를 동굴의 비유에서 아래와 같이 직설적으로 설명한다.

"또한 그의 시력이 약해져 있는 동안(필자 주: 오랫동안 쇠사슬에 묶여 어두운 동굴에 갇혀 있었으므로), 다른 죄수들 사이에서 그림자를 다시 식별해야 한다면, 그가 어둠에 다시 익숙해지기 전에는—이를 위해서는 시간이 다소 걸릴 것이므로—그 자신이 스스로 웃음거리가 되지 않을까? 그리고 그들은 그가 다른 세계에 갔다가 그의 시력을 잃고 돌아왔다고 비웃을 것이며, 올라가는 노력 자체가 허망한 것이라고 말할 것이네. 그리고 누군가가 그들을 풀어주고 이끌고 갈 경우, 그에게 다가갈 기회가 있다면 그를 죽여버릴 것일세."[22]

소크라테스는 쇠사슬을 끊고 몸을 돌려 동굴 밖으로 나간 최초의 자유로운 영혼이었다. 이데아, 즉 본질을 본 사람이다. 그러나 동굴의 어둠 속에 갇혀 있던 아테네인들은 그런 자유로운 영혼이 위험한 존재라고 보았고, 결국 그에게 죽음을 안겼다. 이런 무지와 착각이 아테네의 아포리아를 초래했다.

아포리아를 극복하는 방법

당시의 현상을 비유적으로 설명한 플라톤은 아테네의 아포리아를 극복하는 방법에 대해 실제적인 주장을 펼쳐나간다. 어떻게 하면 우리는 동굴의 어둠 속에서 쇠사슬을 끊고 동굴 밖으로 나갈 수 있을까. 플라톤은 교육의 전면적인 개혁을 요구한다. 아테네의 아포리아가 초래된 이유는 잘못된 교육 방식 때문이다.

동굴 속 어둠에 갇혀 쇠사슬에 묶여 있는 죄수들에게 교육이란 "죄수들 중에서 지나가는 그림자들의 순서를 가장 잘 기억하고 그들의 미래 모습을 잘 예견하는 예리함을 갖춘 사람에게 영광과 상을 주는 관습"이었다.[23] 이것은 우리에게 너무나 익숙한 교육 방식이다. 우리가 받았던 대부분의 교육이 바로 이런 방식으로 진행되었고, 우리가 직면하고 있는 아포리아는 이런 교육 방식 때문에 초래됐다. 일방적인 암기식 교육, 교사가 말하는 것을 받아 적는 교육, 대학 입학을 목적으로 하는 교육이 바로 플라톤이 말한 동굴 속에서의 교육이다.

이것은 살아 있는 교육이 아니라 죽은 교육이며, 우리에게 길 없음의 아포리아를 떠안기는 치명적인 방식이다. 그러므로 아포리아를 극복하기 위해서는 교육이 달라져야 한다. 플라톤은 "교육이란 전문적인 기술로서 마음을 변화시키는 것이며, 그 변화를 가능한 한 쉽고 효과적으로 해주는 것이지, 시력을 넣어주는 기술이 아니라네"라고 말했다.[24]

아포리아 시대를 극복하기 위해 교육은 달라져야 한다. 단순하게 눈앞에 펼쳐지는 환영의 순서를 그대로 암기시키는 기술이 교육이 아니라 스스로 쇠사슬을 끊고 몸을 돌려 사물의 본질을 보게 하는 것이 참된 교육이다. 아포리아를 극복하고 미래 사회를 이끌어갈 군주의 거울을 위한 참된 교육은 '방향의 전환'을 의미한다. 기계적으로 학습한 내용을 암기하고, 시험을 잘 쳐서 100점을 받고, 그 성적으로 명문 대학에 합격하는 것이 교육의 목적이 되어서는 안 된다. 진정한 교육이란 눈앞에 펼쳐지는 환영의 세계를 거부하고, 스스로 자신을 묶고 있는 쇠사슬을 끊은 뒤 진정한 빛을 향해 몸의 방향을 돌리는 것이다. 그렇게 동굴 밖으로 나가 태양을 바라보는 것, 그래서 참된 진리의 세계를 발견하는 것이 아포리아 시대를 극복하기 위한 교육의 목적이어야 한다.

플라톤의 주장은 여기서 멈추지 않는다. 오히려 이 대목에서부터 플라톤이 주창했던 군주의 거울 교육이 극적인 반전을 시도한다. 아포리아 시대의 지도자를 위한 교육, 다시 말해 절체절명의 위기를 극복해나갈 지도자를 위한 군주의 거울은 최종 방향이 달라야 한다. 아포리아를 극복할 참된 군주는 먼저 몸의 방향을 돌리는 사람이다. 자신의 몸을 묶고 있던 쇠사슬을 끊고 동굴 밖으로 나가 태양을 마주하는 용기 있는 사람이다. 그러나 플라톤은 아포리아 시대를 헤쳐나갈 지도자에게 한 가지를 더 요구한다. 다음 제시되는 플라톤의 생생한 증언 속에 아포리아 시대를 헤쳐나갈 군주의 거울이 잘 드러나 있다.

"입법자로서 우리의 의무는 최고의 품성들이 가장 높은 수준의 지식을 연마하고 우리가 설명한 선의 목표를 향해 갈 것을 독려하는 것이네.

그들이 목표에 도달해서 충분히 습득했다면, 그들이 현재 허용되는 것과 같은 상태로 되돌아가는 것을 막아야 한다네" "그것이 무엇인가요?" "바로 더 나은 세계에 그대로 머물러 있는 것이라네. 그들이 아래 동굴에 있는 죄수들에게 돌아가서 그 일이 중대하든지 혹은 사소하든지 간에, 그들의 노동과 보상에 참여하는 것을 거부할 수 있는데, 우리는 그것을 막아야 한다네."[25]

이것이 바로 플라톤이 주창한 군주의 거울이다. 아테네에 밀어닥친 세 번째 아포리아를 극복하기 위해, 아테네를 이상 국가로 만들기 위해 반드시 실행에 옮겨야 할 군주의 거울이다. 가장 탁월한 품성을 가진 미래의 지도자 후보들에게 용기를 내도록 독촉해야 한다. 동굴의 어둠 속에서 쇠사슬을 끊고 동굴 밖의 태양을 보며 본질의 실체를 보도록 강제해야 한다는 것이다. 여기서 태양이라는 비유를 통해 설명하고 있는 '선善'은 윤리적 삶을 의미하지 않는다. 여기서 선이란 본질, 즉 이데아를 말한다. 아포리아 시대를 헤쳐나갈 군주는 현실에 보이는 감각의 세계를 실재하는 것이라 믿지 말고 몸을 돌려 동굴 밖으로 나가 태양으로 상징된 본질을 보아야 한다는 것이다. 그러나 일단 태양, 본질, 이데아를 충분히 본 뒤에는 반드시 다음 단계로 또 한 번의 방향 전환을 시도해야 한다. 동굴 밖으로 나와 이데아를 보았다고 해도 그것으로는 충분하지 않다. 오히려 그들에게 절대로 허용되어서는 안 될 것이 있으니, 그것은 바로 이데아의 세계에서 자신만의 깨달음을 얻고 만족하는 것이다. 그대로 머물러 있는 것이다. 플라톤은 "그것을 막아야 한다"고 못박아 말한다.

▲
아테네의 아카데미 정문에 전시되어 있는 플라톤의 좌상.
소크라테스와 함께 그리스 철학을 대표하는 인물로 표현되어 있다.

결코 허용되어서는 안 되는 일이란 "더 나은 세계에 그대로 머물러 있는 것"이다. 동굴 밖으로 나와 태양을 본 뒤 그대로 머물러 있는 것, 즉 본질과 이데아를 본 후 그 상태로 머물러 있는 것은 절대로 허용되어서는 안 된다. 본질과 이데아의 세계를 발견한 그들이 취해야 할 두 번째 행동은 다시 한번 인생의 방향을 돌리는 것이다. 그들은 수감자들이 갇혀 있는 동굴 쪽으로 또 한번 인생의 방향을 돌려야 한다. 다시 어두운 동굴 속으로 들어가 쇠사슬에 묶여 있는 동료들의 고통을 직시하는 것이다. 그리고 그들을 묶고 있는 쇠사슬을 스스로 풀 수 있도록 도와야 한다. 이것이 바로 플라톤이 말한 아포리아 시대를 위한 군주의 거울이었다.

5 | 그리스의 마지막 군주의 거울
– 크세노폰의 『키루스의 교육』

그리스 최고의 군주의 거울을 쓴 사람

지금까지 우리는 그리스를 절체절명의 아포리아 상태로 몰아갔던 세 개의 사건을 집중적으로 다루었다. 페르시아 전쟁, 펠로폰네소스 전쟁 그리고 소크라테스의 죽음은 연속적인 위기를 몰고 왔다. 시대는 혼란스러웠으나 깨어 있는 현자들이 있었으니 위기는 기회가 되었고, 우리는 이 시대를 통해 역사의 질곡을 헤쳐나갈 군주의 거울을 발견하게 됐다. 헤로도토스, 투키디데스 그리고 플라톤은 거듭되는 혼란의 시대를 살아가는 우리들에게 군주의 거울을 보여주었다. 후대 사람들이 본받고 닮아가야 할 등불과도 같은 가르침이다. 이제 그리스의 마지막 군주의 거울을 소개할 차례다. 워낙 중요하고 그 내용이 통렬할 정도로 심오해서 이 마지막 군주의 거울은 2부에서 좀 더 자세히 설명하고자 한다. 군주의 거울 장르에 속한 책 중 최고의 책이며, 리더십에 대한 고대 그리스 시대의 깊은 성찰이 보존되어 있는 지혜의 책이기 때문이다. 여기에는 참담한 아포리아에서 벗어나기 위해 우리 시대의 리더가 성찰해야 할 인문학적 가치들이 제시되어 있다.

이 책의 저자는 크세노폰이고, 군주의 거울의 최고 모델인 이 문제작의 이름은 『키루스의 교육』이다. 크세노폰은 기원전 430~425년 사이에 태어나 355~350년 사이에 사망한 것으로 추정되는 그리스의 철학자이자 역사가다. 소크라테스에게서 직접 가르침을 받은 제자였고, 소크라테스에 대한 행적과 언행록을 남겼으니 시기적으로는 그리스의 세 번째 아포리아 시대를 살았던 인물이다. 기원전 4세기 초반, 아테네는 어두운 역사의 질곡을 헤쳐나가고 있었다. 같은 민족끼리 창검을 겨누었던 펠로폰네소스 전쟁이 겨우 진정의 기미를 보였지만 주기적으로 도시를 공격했던 전염병이 온 도시에 죽음의 그림자를 길게 드리우고 있었다. 그 와중에 철학자 소크라테스가 억울한 독배를 들이키면서 철학이 아테네로부터 타살당하는 암울한 시대가 펼쳐졌다. 크세노폰의 이야기는 소크라테스와의 운명적인 만남에서부터 시작된다.

아테네에서 귀족의 아들로 태어난 크세노폰은 우연히 아테네 도심의 아고라Agora에서 소크라테스를 만난다. 크세노폰은 "매우 신중한 사람이었고, 또 매우 잘생긴 용모의 소유자"였다고 한다.[1] 당시 소크라테스는 아테네의 젊은이들에게 특유의 산파술로 철학적 대화를 이끌며 숙고하는 삶의 중요성을 가르치고 있었다. 아테네의 좁은 골목길을 지나가던 크세노폰에게 소크라테스는 지팡이로 길을 막고

▲
『소크라테스 회상』의 속표지 삽화. 옥스퍼드 자코비 플레처 출간. 1749년.
소크라테스와 크세노폰이 처음 만나는 장면이 묘사되어 있다.

대뜸 식료품 가게가 어디에 있는지 물었다. 크세노폰이 길을 안내해 주자 곁에 있던 다른 사람들이 소크라테스와 크세노폰에게 "탁월함을 추구하는 사람은 어디서 찾을 수 있는지" 물었다. 크세노폰이 이에 대해 즉답하지 못하고 머뭇거리자 소크라테스는 "나를 따라오게. 내게서 그 답을 찾게나"라고 말했고, 이때부터 크세노폰은 소크라테스의 제자가 됐다. 그 이후로 크세노폰은 소크라테스의 말을 직접 받아 적었고, 직접 목격한 소크라테스의 행적을 기록한 현장의 역사가로 이름을 남기게 된다.[2]

크세노폰은 소크라테스의 제자로 생활하다가 지인으로부터 예상치 못한 초청장을 받게 된다. 그 편지는 리디아의 수도 사르디스에서 온 것으로, 발신자는 보이오티아Boeotia 출신의 프로크세노스Proxenos라는 사람이었다. 당시 페르시아에 내전이 발발해 갈등의 당사자였던 소少 키루스Cyrus the Younger가 그리스 용병을 모집하고 있었고, 프로크세노스는 크세노폰을 추천하기 위해 직접 초청장을 보낸 것이다. 페르시아는 이미 한 세기 전에 페르시아 전쟁을 겪으면서 그리스의 군대가 얼마나 용감하고 작전 능력이 뛰어난지 잘 알고 있었다. 그래서 크세노폰도 페르시아 내전에서 대신 싸워줄 그리스 용병대의 일원으로 초청받은 것이다. 일생의 중대한 결정을 앞두고 크세노폰은 스승인 소크라테스에게 자문을 구했다. 그는 스승에게 그리스와 적대적인 관계인 페르시아에 용병으로 참전하는 것이 현명한 일인지 물었다. 소크라테스는 즉답을 피하며 대신 자신이 젊었을 때 방문한 적이 있는 델포이의 아폴로 신전으로 가서 신탁을 구해보라고 조언했다. 델포이 신탁을 긍정적으로 해석한 크세노폰은 페르시아의 용병으로

▲
오스트리아 비엔나 의회 건물 앞에 전시되어 있는 크세노폰의 동상.
위기와 격동의 시대를 온몸으로 살았던 그는 이상적인 리더의 모습을 모색하는
『키루스의 교육』이라는 불멸의 '군주의 거울'을 남겼다.

참전키로 하고 동료 군사들과 함께 장도에 올랐다.[3] 당시 크세노폰과 함께 페르시아의 용병으로 참전한 그리스 군대는 1만 1000여 명에 달했기에 그리스 사람들은 그 용병부대를 '만인대萬人隊'라 불렀다.

내란의 원인은 페르시아 내부의 권력 투쟁 때문이었다. 페르시아의 왕 다리우스 2세Darius II가 임종하기 직전 왕권을 형 아르타크세르크세스 2세Artaxerxes II에게 물려주자 기원전 404년, 동생 소 키루스가 그리스 용병을 고용하고 반란을 일으킨 것이다. 그러나 반란은 예상보다 빨리 진압됐다. 소 키루스의 부대는 우수한 기마부대를 거느린 아르타크세르크세스 2세의 정예군대와 맞서 싸우다 패배했고, 그리스의 만인대를 고용했던 고용주도 기원전 401년 9월에 함께

전사하고 말았다.

　이 쿠낙사Cunaxa 전투의 패배로 크세노폰이 소속되어 있던 만인대
는 고립무원의 위기에 빠진다. 이때 임시 지휘관으로 선출된 크세노
폰은 이 만인대를 이끌고 생존을 위한 필사의 탈출을 시도했다. 왔던
길을 그대로 돌아 고향 아테네로 귀환하는 것은 너무 위험했고, 이미
적절한 시기도 놓쳐버렸다는 것이 그의 판단이었다. 차라리 페르시
아 내륙의 아르메니아 쪽으로 퇴각로를 잡고 흑해 인근에 주둔하고
있는 스파르타 군대와 합류하는 쪽이 낫다고 판단했다. 아테네와 스
파르타가 맞붙은 펠로폰네소스 전쟁이 거의 막바지에 접어들고 있
었고, 같은 그리스 민족끼리 페르시아의 적진 한복판에서 서로 도움

을 줄 것이라 믿었던 것이다. 크세노폰이 이끌던 만인대는 천신만고 끝에 흑해 부근에 위치한 스파르타인들의 식민 도시에 도착했다. 그러나 그들은 아테네 출신 그리스인들을 냉담하게 대했고, 결국 크세노폰의 군대는 다시 위기에 처하게 된다. 크세노폰의 만인대는 생존의 길을 찾아 때로는 페르시아의 용병이 되기도 하고, 때로는 스파르타의 편이 되어 여러 적국들과 싸우면서 사지를 헤쳐나가야 했다. 기원전 394년, 결국 크세노폰은 스파르타의 왕 아게실라오스와 화친을 맺고 함께 그리스로 귀환한다. 스파르타의 아게실라오스 왕이 귀환을 결정한 이유는 펠로폰네소스 반도 안에서 발생한 반란 때문이었다. 스파르타 군대와 함께 그리스로 귀환한 크세노폰은 꿈에 그리던 고향 아테네로 돌아왔지만, 추상같은 추방령이 그를 기다리고 있었다. 조국 아테네의 반역자로 몰려 고향을 떠날 수밖에 없는 처지가 된 것이다.

아테네를 절체절명의 위기로 몰고 간 펠로폰네소스 전쟁 시 적국 스파르타를 지원한 페르시아의 소 키루스 아래에서 용병대장을 역임했다는 것이 그의 죄명이었다. 아테네 사람이 적국 스파르타의 동맹국인 페르시아의 용병대장이 되었으니, 아테네의 추방령은 어쩌면 당연한 것이었다. 페르시아 원정을 마치고 돌아온 후에 보여준 크세노폰의 행적도 아테네 시민의 분노를 사기에 충분했다. 아테네와 테바이의 연합군과 스파르타 간의 전쟁이 발발하자 크세노폰은 적국 스파르타 진영에 가담해 싸웠다. 결국 그는 조국 아테네를 두 번이나 배신한 인물로 낙인 찍혔고, 다시 스파르타 진영으로 몸을 피할 수밖에 없었다. 결국 조국을 등지게 된 크세노폰은 스파르타의 왕 아게실라오스의 배려로 올림피아 부근에서 여생을 보내며 집필 활동에 몰두하게 된다. 이때 쓴 책이 바로 그리스 최고의 군주의 거울로 평가받는 『키루스의 교육』이다.

플라톤과 크세노폰

크세노폰은 늘 플라톤과 비교되곤 한다. 우리는 플라톤을 통해 그리스 철학의 진수를 배웠고, 대표적인 소크라테스의 제자가 플라톤이라는 사실을 상식처럼 알고 있다. 그러나 소크라테스에게는 많은 제자가 있었으며, 앞에서 소개한 알키비아데스와 같은 악동도 소크라테스의 제자 중 한 명이었다. 『키루스의 교육』을 쓴 크세노폰도 소크라테스의 중요한 제자였다. 그러나 같은 스승을 모신 플라톤과 크세노폰의 철학과 사상은 서로 완전히 달랐다. 두 사람 모두 격동의 시대를 살았지만 혼란의 시대 속에서 각각 다른 길을 걷게 된다.

소크라테스와 함께 서양 철학의 시조로 불리는 플라톤은 아테네 근교에 플라톤 아카데미를 개교하고, 제자들과 함께 심오한 토론과 깊은 사색에 빠져든다. 그러나 크세노폰은 시대의 격동과 혼란에 직접 자신의 몸을 던진 인물이다. 아테네와 스파르타 사이에서, 그리고 그리스와 페르시아라는 두 제국 사이에서 그는 스스로 경계인經界人임을 자처했다. 아테네의 귀족 출신이었지만 페르시아 왕자가 고용한 용병대장으로 활약했고, 죽을 고비를 수차례 넘기면서 인생의 쓴 맛을 보았으며, 결국 조국 아테네로부터 추방 명령을 받아 타지에서 비운의 인생을 살아간다. 무릇 경계선에 서 있거나 경계선 너머에 서 있는 주변인으로부터 새로운 통찰력이 나오는 법이다. 크세노폰은 페르시아 원정 당시 본인이 직접 경험한 눈물과 피를 찍어 글을 썼고, 올림피아에서 홀로 추방의 쓴 잔을 마시며 험난한 시대의 원인과 참된 지도자의 자질에 대해 통찰했다.

소크라테스의 직계 제자인 플라톤이『국가』에서 이상적인 국가의 모습을 그려냈다면, 또 다른 제자 크세노폰은『키루스의 교육』에서 그리스 최고의 군주의 거울을 제시했다. 플라톤이 철학과 관념의 세계에 머물렀다면, 크세노폰은 만인대와 함께 페르시아 고지를 오르며 생존을 위해 몸부림친 인물이다. 플라톤이 동굴의 비유를 통해 눈에 보이지 않는 이데아의 세계를 강조했다면, 크세노폰은 동굴 속 깊은 곳으로 들어가 왜 사람들이 쇠사슬에 묶여 있는지, 그들에게 자유를 주기 위해 지도자가 어떻게 행동해야 하는지에 대한 실제적인 가르침을 남겼다.

결국 플라톤과 크세노폰 두 사람은 아포리아의 시대에 대응하는 완전히 다른 두 가지 방식을 제시한 셈이다. 기원후 3세기에 기록된 디오게네스 라에르티오스의『그리스 철학자 열전』은 두 사람의 이상이한 대응 방식을 이렇게 비교한다.

또 크세노폰도 플라톤에 대해 호의적이지 않았던 모양이다. 사실 두 사람은 서로 경쟁 상대처럼 같은 책, 즉『향연』과『소크라테스의 변명』, 윤리적인 회상록을 쓰고 있기 때문이다. 나아가 한쪽(플라톤)은『국가』를 썼는데, 다른 한쪽(크세노폰)은『키루스의 교육』을 썼다. (중략) 또 두 사람 모두 소크라테스를 회상하고 있는데, 서로의 얘기는 어디에도 말하고 있지 않다. 다만 크세노폰이 『소크라테스 회상』에서(3권 6장 1절) 플라톤을 말하는 것만은 예외이다.[4]

디오게네스 라에르티오스는 플라톤과 크세노폰이 완전히 다른 방식으로 그리스의 아포리아에 대응했다고 말한다. 플라톤이 사색하는 삶Vita contemplativa을 살았다면, 크세노폰은 실천적인 삶Vita activa을 살았다. 따라서 철학적인 플라톤의 『국가』와 달리 크세노폰의 『키루스의 교육』은 엄정하고 냉혹한 실상을 거칠게 다루는 현실적인 책이다. 그는 플라톤처럼 이상적인 군주의 모습을 철학적으로 묘사하지 않는다. 그는 때로는 손에 피를 묻혀야 하고 필요에 따라서는 사랑하는 부하를 읍참마속泣斬馬謖해야 하는, 군주가 피할 수 없는 현실의 냉혹한 문제를 치밀하게 다룬다.

왕 중의 왕, 키루스 대왕은 왜 군주의 거울이 되었을까?

그렇다면 크세노폰이 후대 사람들에게 군주의 거울이 될 최고의 모델로 제시한 키루스 대왕은 어떤 사람일까? 크세노폰을 용병으로 고용했던 페르시아 군주의 이름은 소 키루스며, 이 사람의 5대 조상에 해당하는 인물이 바로 페르시아를 건국한 키루스 대왕이다. 때에 따라서 '대大 키루스'로 부르기도 하고 '키루스 2세'로 부르기도 하지만, 이 책에서는 '키루스 대왕'으로 통칭하기로 한다.

키루스는 고대 근동Ancient Near East의 문헌에 "왕 중의 왕"으로 표기된 인물이다. 심지어 다른 민족에게 배타적인 유대인들조차 키루스 대왕을 '기름부음 받은 자', 즉 '메시아Messiah'로 불렀다. 키루스 대왕은 페르시아의 창건자로, 지금으로 말하자면 이란의 국부國父에 해당하는 인물이다. 그런데도 왜 유대인들은 그를 메시아로 칭송했을까.

유대인들은 특유의 선민사상으로 고대 근동에 할거하던 여러 나라의 왕을 악마시하고 폄훼하는 경향이 있었다. 이집트의 파라오도 아시리아의 왕도 모두 이방의 신을 섬기는 이방인들의 왕일 뿐이었다. 그들은 전능하고 유일한 여호와 신을 경배하지 않고, 금으로 된 신상이나 여신을 숭배하던 이교도 국가의 왕이었기 때문이다.

그러나 단 한 명의 예외가 있었다. 페르시아의 왕 키루스(한글 구약 성서에는 '고레스 왕'으로 번역됨)는 비록 이교도들의 왕이었으나 "여호와께서 머리에 기름을 부으신" 하나님의 사자였다.[5] 유대인들이 바빌로니아의 집단 포로 신세로 전락했을 때, 그들을 해방시켜주고 고향 예루살렘으로 돌아가게 만든 왕이 바로 키루스 대왕이기 때문이다. 키루스 대왕은 유대인들에게 예루살렘 성전을 재건축하도록 만든 나라의 은인으로 언급된다.[6] 타민족에게는 유난스러울 정도로 배타적이었던 유대인들이 그토록 입에 침이 마르도록 칭찬하던 이교도의 왕 키루스는 도대체 어떤 사람이었을까. 그는 왜 서구의 오랜 문명사에서 이상적인 군주의 전형으로 소개되어왔을까?

『키루스의 교육』이외에 이상적인 군주의 모습을 가장 탁월하게 제시한 고전을 들라면 단연코 마키아벨리의 『군주론』을 꼽을 수 있다. 약 2000년의 차이를 두고 있지만 크세노폰의 『키루스의 교육』과

▲
파사르가대에 있는 키루스 대왕의 무덤. 키루스 대왕의 삶과 행적은 대대로 군주의 모범이 됐다.
인근에 이슬람 모스크를 건축하기 위해 석재가 유실되었다가 다시 현재의 모습으로 복원됐다.

마키아벨리의 『군주론』은 탁월한 군주의 이상적인 모습을 제시하는 최고의 군주의 거울이다. 그런데 놀라운 것은 마키아벨리의 『군주론』이 크세노폰의 『키루스의 교육』으로부터 직접적인 영향을 받았다는 점이다. 마키아벨리는 자신의 책에서 키루스를 여러 차례 언급한다.

> 행운 또는 타인의 호의가 아니라 자신의 역량에 의해서 군주가 된 인물들을 살펴볼 때, 저는 모세, 키루스, 로물루스, 테세우스 등과 같은 인물들이 가장 뛰어났다고 생각합니다.[7]

위의 글은 마키아벨리가 군주의 거울에 해당하는 고대 세계의 이상적인 인물들을 소개하는 대목이다. 여기서 그는 키루스를 포함한 네 명의 군주를 소개한다. 모세Moses는 구약성서에 등장하는 종교적 인물이고, 로물루스Romulus와 테세우스는 각각 신화에 등장하는 로마와 아테네의 건국자다. 그러니까 마키아벨리가 가장 뛰어난 군주로 열거한 네 명의 인물들 중 역사성을 확신할 수 있는 존재는 페르시아제국의 건국자 키루스 대왕뿐이다. 마키아벨리는 키루스를 가장 이상적인 군주의 거울로 인정한다는 뜻을 공공연하게 밝힌 셈이다. 마키아벨리의 생각은 이렇게 이어진다.

> 지적인 훈련을 위해서 군주는 역사서를 읽어야 하는데, 특히 위인들의 행적을 조명하기 위해서 읽어야 합니다. 그들이 전쟁을 수행한 방법을 터득하며, 실패를 피하고 정복을 성취하기 위해서 그들의 승리와 패배

의 원인을 고찰하고, 무엇보다도 우선 위대한 인물들을 모방해야 합니다. 과거의 위대한 인물들 역시 찬양과 영광의 대상이 될 가치가 있다고 생각되는 그들의 선배들을 모방하려고 했습니다. 알렉산드로스 대왕은 아킬레스(필자 주: 아킬레우스)를 모방했고, 카이사르는 알렉산드로스를 모방했으며, 스키피오는 키로스(필자 주: 키루스)를 모방했다고 이야기되는 것처럼, 항상 선배들을 자신들의 행적의 모범으로 삼았던 것입니다. 그리고 크세노폰이 저술한 키로스의 생애를 읽은 사람이라면 누구나 스키피오의 생애와 행적을 고려할 때, 크세노폰의 저작에 기록된 대로 키로스를 모방함으로써 스키피오가 영광을 성취하는 데에 얼마나 커다란 도움을 받았는지, 그리고 스키피오의 성적인 절제, 친절함, 예의 바름, 관후함이 얼마나 많이 키로스의 성품을 모방함으로써 얻은 것인지를 깨닫게 될 것입니다. 현명한 군주라면 항상 이와 같이 행동하며, 평화 시에도 결코 나태하지 않고, 그러한 활동을 통해서 부지런히 자신의 입지를 강화함으로써 역경에 처할 때를 대비합니다. 그 결과 운명이 변하더라도 그는 운명에 맞설 만반의 태세가 되어 있습니다.[8]

르네상스 시대의 정치사상가 마키아벨리는 고대 그리스의 대표적인 군주의 거울을 직접 소개하면서 크세노폰이 쓴 『키루스의 교육』을 여러 차례 언급하고 있다. 마키아벨리는 여기서 "알렉산드로스 대왕은 아킬레우스를 모방했고, 카이사르는 알렉산드로스를 모방했으며, 스키피오는 키루스를 모방했다"고 언급하면서 고대로부터 전해져오던 군주의 거울을 열거하고 있다. 그리고 키루스 대왕을 군주의 거울로 삼았던 스키피오 아프리카누스 Scipio Africanus (B.C. 236~183)

▲
조반니 바티스타 티에폴로, 〈마시바의 석방을 명령하는 스키피오 아프리카누스〉,
1719~1721년, 미국 볼티모어 월터스 예술박물관 소장.
스키피오가 자신이 패전시킨 카르타고 군대 사령관의 조카 마시바가 노예로 팔려나가자
그를 석방시키고 삼촌에게 선물과 함께 그를 돌려보내는 장면이다. 키루스 대왕의 관후한
성격을 모방하고자 했던 스키피오 아프리카누스의 자세를 엿볼 수 있다.

장군의 예를 들면서 그가 키루스 대왕으로부터 "성적인 절제, 친절함, 예의 바름, 관후함"에 대해 배웠다고 역설한다.[9]

왜 키루스 대왕은 고대 그리스 시절부터 이상적인 군주의 모습으로 칭송받아 왔을까. 왜 그는 유대인들로부터 메시아로 높임을 받았으며, 한니발의 무적 코끼리 부대를 물리쳤던 로마의 스키피오 아프리카누스 장군의 군주의 거울이 될 수 있었을까. 왜 천하의 마키아벨리조차 키루스 대왕이 보여주었던 "성적인 절제, 친절함, 예의 바름, 관후함"의 모범을 따르라고 주장했을까. 그는 과연 어떤 사람이었으며, 우리들에게 어떤 군주의 거울을 남겼을까.

2부

아포리아 시대, 리더의 공부

『키루스의 교육』

1 정의의 수호자가 돼라

임금님 귀는 당나귀 귀!

그림의 내용이 심상치 않다. 무언가 심각한 일이 벌어지고 있는 느낌이다. 르네상스 풍의 대리석 조각상으로 화려하게 장식되어 있는 궁정 안에서 무언가 중대한 결정이 내려지고 있다. 작품의 오른쪽, 권력의 보좌에 앉아 있는 군주는 당나귀 귀를 달고 있다. 손을 대기만하면 모든 것이 황금으로 변했다는 그리스 신화에 등장하는 그 욕심많은 미다스 왕일까. 아니면 동화에 등장하는 '임금님 귀는 당나귀 귀' 이야기의 주인공일까.

　당나귀 귀를 가진 군주는 지금 사람들에게 둘러싸여 있다. 권력을 가지고 있고, 손을 대기만 하면 무엇이든 금으로 만들어낼 수 있는 부자 주위에는 늘 사람들이 꾀기 마련이다. 그의 잔칫상에서 떨어지는 떡고물이라도 주워먹으려는 사람들 혹은 군주나 부자를 현혹해 자신의 이익을 챙기려는 영악한 사람들은 그 옆에 모여들기 마련이다.

　이 작품 속에 등장하는 당나귀 귀를 가진 군주도 '무지Ignorance'와 '의심Suspicion'을 상징하는 두 여인에 의해 기만당하고 있다. 두 여인은 군주의 '당나귀 귀'에 대고 온갖 감언이설을 늘어놓는다. 지금 군주는 법정에서 '솔로몬의 지혜'를 발휘하며 공정한 판결을 내려야 하는데, 무지와 의심에 휘둘리고 있는 것이다. 작품 속의 군주는 공정한 판결을 내릴 자신이 없는지 피곤에 지친 눈을 내리깔고 있다. 아예 공정한 재판을 포기한 모습이다. 나약한 군주 앞에서 왼손을 뻗치고 있는 남자는 '질투심Envy'을 상징한다. 군주는 무지와 의심에 휘둘릴 때나 질투심을 가지고 있을 때 현명한 판단을 내릴 수 없다.

　이 작품은 르네상스 시대의 화가 산드로 보티첼리Sandro Botticelli (1445~1510)가 그린 〈아펠레스의 중상모략〉이라는 명작이다. 작품 제목에 등장하는 아펠레스Apelles(B.C. 4세기)는 그리스 알렉산드로스 대왕의 전속 미술가로 활동했던 인물이다. 르네상스 시대의 화가였던 보티첼리는 그리스 알렉산드로스 대왕 시대의 화가 아펠레스가 당했던 억울한 재판을 그림으로 표현함으로써, 자기 자신이 느끼고 있던 억울한 심정을 토로하고 있는 것으로 추정된다. 보티첼리가 어떤 오해를 받았기에 이런 그림까지 그리게 되었는지에 대해서는 아직 확실하게 밝혀진 바가 없다. 우리는 아펠레스가 이집트 왕 프톨레마이오스 1세Ptolemaios I(B.C. 367~283) 때문에 법정에서 곤란한 일을 겪었다는 사실만 알고 있다.

▲

산드로 보티첼리, 〈아펠레스의 중상모략〉, 1494~1495년, 피렌체 우피치 미술관 소장.

아펠레스는 알렉산드로스 대왕의 전속 화가로 황제의 총애를 한 몸에 받았다. 그는 황제를 따라다니며 초상화를 그려주었는데, 알렉산드로스는 아펠레스의 초상화를 이용해 자신의 이미지를 영웅화하는 데 적극 활용했다고 한다. 현재 알렉산드로스 대왕의 실제 모습과 가장 닮았다는 나폴리 국립 고고학박물관의 〈이수스 전투〉 모자이크화도 아펠리스가 그린 알렉산드로 대왕의 초상화를 참조한 것으로 알려져 있다.

알렉산드로스 대왕이 기원전 323년에 임종하자 거대한 그리스제국은 네 조각으로 분할되었고, 프톨레마이오스가 이집트를 차지했다. 알렉산드로스 대왕이 살아 있을 당시 최측근 심복이었던 프톨레마이오스와 아펠레스는 서로 사이가 좋지 않았는데, 세월이 흘러 둘 사이의 관계는 완전히 틀어져버렸다. 그러던 중에 아펠레스와 궁정에서 우열을 다투던 어떤 화가의 '중상모략' 때문에 아펠레스는 졸지에 프톨레마이오스 왕의 법정에 끌려가게 된다. 프톨레마이오스를 살해하려는 음모를 꾸몄다는 혐의로 억울한 재판을 받게 된 것이다. 결국 무죄로 석방되기는 했으나 아펠레스는 이후에 자신이 법정에서 느낀 억울한 심정을 작품으로 표현했다.

보티첼리가 그린 그림은 아펠레스의 그림을 모방해서 그린 것으로 추정되는데, 보티첼리 자신도 이와 비슷한 중상모략을 당했거나 이런 종류의 억울한 재판을 받았을 것으로 추정된다. 다시 원래 그림으로 돌아가보자.

왼손에 횃불을 든 채 죄 없는 남자 피고의 머리채를 잡고 질질 끌고 가고 있는 젊은 여성은 '중상모략Calumny'을 상징한다. 이 작품의

▲
〈이수스 전투〉모자이크화 중 알렉산드로스 대왕의 부분. 나폴리 국립 고고학박물관 소장.
아펠레스가 그린 알렉산드로스 대왕의 초상화를 참고해 기원후 1세기경에 제작한 것으로
알려져 있다.

제목에 등장하는 이름이다. 낮인데도 불구하고 왼손에 횃불을 들고 서 있는 것은 중상모략이 시도 때도 없이 일어난다는 것을 보여주기 위함이다. 거짓의 세계에서는 낮이 밤이 되고, 또 어둠은 빛이 된다. 중상모략은 항상 그럴 듯하고 멋져 보여야 하므로 두 명의 여성이 중상모략의 머리를 손질하고 있다. 이 두 여인은 각각 '사기Fraud'와 '음모Conspiracy'를 상징한다. 중상모략을 하는 이유는 무언가 사기를 치기 위해서거나 아니면 어떤 음모를 꾸미기 위해서다.

한편 '정직Honesty'을 상징하는 젊은 남자는 중상모략에 의해 머리카락을 휘어잡힌 채 꼼짝도 못하고 있다. 정직한 인간은 숨길 것이 없다. 그래서 알몸으로 묘사되어 있다. 정직한 사람은 늘 이렇게 무방비 상태에 놓이게 된다. 선한 자는 독한 마음을 품고 악당에게 대항할 용기가 없기에 늘 무기력하게 당하기 일쑤다. 작품 속에 등장하는 정직처럼 그가 할 수 있는 일이라고는 하늘을 향해 두 손을 모으고 기도하는 것뿐이다.

작품 속의 이야기는 여기서 끝나지 않는다. 화면 왼쪽에 두 명의 여인이 더 보인다. 한 명은 완전한 나체고, 다른 여성은 검은 옷으로 자신의 몸을 완전히 가렸다. 손가락으로 하늘을 가리키고 있는 누드의 여성은 '진실Truth'을 상징한다. 진실 또한 벌거벗은 '정직'처럼 숨길 것이 없으므로 나신을 드러내고 있다. 그 옆에 검은 옷을 입고 있는 노파는 '후회Repentance'를 상징한다. 법정에서 벌어지는 정의롭지 않은 광경을 지켜보던 후회는 고개를 살짝 뒤로 돌려 진실의 여신을 바라본다. 무언가 진실을 증언해야 하는데 그렇지 못하는 그녀는 일말의 양심으로 약간의 후회를 하고 있는 중이다.

정의로운 군주는 정직한 인간을 보호해야 할 의무가 있다. 중상모략을 당해 억울한 재판을 받고 있는 정직한 인간을 보호해주는 것이 군주의 첫 번째 임무다. 정의의 수호자, 그것이 바로 군주가 지켜야 할 첫 번째 덕목이다. 그런데 지금 보티첼리의 작품 속에 등장하는 군주는 무지와 의심에 사로잡혀 공정한 심판을 내리지 못하고 있다. 보티첼리의 작품은 우리에게 정의란 무엇이며, 군주는 어떻게 정의를 지켜야 하는가에 대한 질문을 던진다.

키루스 대왕의 어린 시절

페르시아의 아르키메데스 왕조를 건국한 키루스 대왕이 어린 시절 외할아버지였던 메디아의 왕 아스티아게스Astyages를 방문했을 때의 일이다. 키루스의 어머니는 페르시아의 인근 대국 메디아의 공주 출신이었지만, 아버지는 당시 보잘 것 없는 소국 페르시아의 왕이었다. 메디아를 통치하던 아스티아게스 왕은 어느덧 열두 살 소년으로 성장한 페르시아의 외손자가 보고 싶어서 딸과 손자를 메디아로 초청했다. 메디아 왕실에서 아들에게 왕자 교육을 받게 하는 것도 나쁘지 않을 것 같다는 생각에 어머니는 소년 키루스를 데리고 오랜만에 친정 나들이를 했다.

처음으로 페르시아를 떠나 메디아의 궁궐로 들어선 소년 키루스는 외할아버지 아스티아게스 왕이 누리고 있는 부와 권력에 놀란다. 엄청난 왕궁의 규모와 생소한 궁정 풍습에 어리둥절해 있는 아들에게 어머니가 먼저 물었다. "너는 네 아버지와 할아버지 중에서 누가 더 멋지다고 생각하니?" 한국이나 페르시아나 부모가 자식에게 묻는 것은 다 똑같은 모양이다. 소년 키루스는 이렇게 대답했다. "엄마, 페르시아에서는 아버지가 가장 멋지고요, 메디아에서는 여기 계신 외할아버지가 가장 멋져요. 할아버지보다 멋진 사람을 길이나 궁전에서 본 적이 없어요."[1] 더 이상 나무랄 데 없는 적절한 대답이었다.

대견한 외손자를 위해 아스티아게스 왕은 진수성찬을 준비케 하고 큰 연회를 베풀었다. 무럭무럭 건강하게 성장하는 외손자를 위해 상다리가 부러질 정도의 많은 음식을 차리도록 한 것이다. 소년 키루스는 외할아버지에게 정말 이렇게 많은 음식을 혼자 다 먹어도 되느냐고 물었다. 당연히 그렇다고 대답하자, 키루스는 잔치 음식을 궁중의 시종들과 하인들에게 모두 나누어주기 시작했다. "이건 너한테 주는 거야. 내게 말 타는 법을 가르쳐주느라 정말 수고했다" 또는 "할아버지를 보좌한 너도 받을 자격이 있어"라는 식으로 시종과 하인들을 칭찬하며 자신에게 하사된 음식을 모두에게 아낌없이 나누어 주었다.[2]

소년 키루스의 이런 관대한 행동은 모든 사람들의 감탄을 불러일으켰다. 그 연회에 참여한 사람 모두는 말로 표현하지는 않았지만 이 범상치 않은 소년이 장차 큰일을 도모할 인물이 되리라고 짐작했을 것이다.

친정 나들이를 마치고 페르시아로 돌아가기로 한 키루스의 어머니는 키루스에게 페르시아로 함께 돌아갈 것인지, 아니면 외할아버지가 있는 메디아에 좀 더 머물 것인지 물었다. 그러자 키루스는 외할아버지의 궁궐에 남아 말 타기를 좀 더 배운 뒤 페르시아로 돌아 가겠다고 대답했다. 페르시아에는 좋은 말馬도 없고, 말이 힘껏 달릴 수 있는 넓은 평원도 없으니 메디아에서 좀 더 훈련을 받겠다는 것이었다. 어머니는 그런 아들에게 "그럼, 메디아에서 정의는 어떻게 배울 것이냐?"라고 물었다. 키루스의 어머니는 왜 뜬금없이 이런 질문을 했을까.

크세노폰이 이 질문을 『키루스의 교육』의 첫 부분에 배치한 이유는 바로 플라톤의 『국가』를 정면으로 비판하기 위해서다. 앞에서 언급한 대로 플라톤과 크세노폰은 모두 소크라테스를 스승으로 모셨지만, 철학적 관점은 완전히 달랐다. 크세노폰은 지금 플라톤의 『국가』에서 핵심적으로 다루고 있는 정의에 대해 비판을 가하고 있는 것이다.

플라톤에 의하면 이상 국가에서의 정의란 "각자가 자기 할 일을 하는 것"을 통해 구현된다.[3] 통치자와 수호자 그리고 일반 시민들은 각 개인에게 주어진 덕목인 지혜와 용기 그리고 절제를 실현함으로써 정의를 이룰 수 있다는 것이 플라톤의 주장이었다. 지금 크세노폰은 『키루스의 교육』 첫 부분에서 플라톤의 사상을 반박하며 새로운 정의관을 제시한다.

사실 고대 페르시아에서는 장차 지도자로 성장할 왕자들에게 활 쏘는 법과 절제하는 법 그리고 정의를 지키는 법, 이 세 가지를 핵심적으로 가르쳤다. 이것이 바로 고대 페르시아의 군주의 거울인 셈이다. 그러니 키루스의 어머니가 메디아에 체류할 동안 "정의는 어떻게 배울 것이냐?"고 질문하는 것은 어쩌면 당연한 일이었다. 지혜로운 어머니는 만약 키루스가 메디아에 오래 머무르게 된다면 활 쏘는 법과 절제하는 법은 배울 수 있겠지만 '페르시아의 정의'는 배우지 못하게 될 것을 염려해 그런 질문을 던진 것이다. 왕자로서의 아들 교육을 걱정하는 어머니에게 열두 살 소년 키루스는 이렇게 대답한다.

"제 선생님은 제가 정의를 완전히 알고 있다고 판단해 다른 사람을 재판하도록 저를 임명했습니다. 그런데 어떤 사건에서 저는 올바르게 판결을 내리지 못해 선생님께 매를 맞았습니다. 그 사건은 이랬어요. 어떤 몸집이 큰 소년이 작은 튜닉을 입고 있었는데, 몸집이 작은 소년이 큰 튜닉을 입고 있는 것을 발견했죠. 그래서 그의 튜닉을 빼앗아 자기가 입고 자기의 튜닉을 그에게 입혔습니다. 그래서 저는 그 사건을 재판할 때 두 사람 모두 자기에게 맞는 튜닉을 입게 되었으므로 모두에게 좋다고 판결했습니다. 그런데 선생님은 판결을 보고 저를 매질하셨어요. 그러면서 말씀하셨죠. 네가 만약 그 옷이 누구에게 어울리는지를 판단한다면 그렇게 하는 것이 맞다. 하지만 네 의무는 그것이 누구의 튜닉이어야 하는지를 판단하는 것이라고 하셨죠. 선생님께서는 제가 그 튜닉이 누구의 것이 되어야 옳은지를 숙고해야 했다고 하셨습니다."[4]

열두 살 소년의 통찰이라고 믿기 어려운 대답이다. 키루스는 지금 '정의正義'에 대한 새로운 '정의定義'를 내리고 있다. 정의를 수호하는 것을 가장 소중한 군주의 덕목으로 여기던 페르시아의 왕자답게, 키루스는 정의 실현이 철저한 법 집행을 통해서만 가능하다는 것을 보여주고 있다.

어린 아들의 기특한 답변을 들은 어머니가 "그래, 키루스야, 너는 그 선생님의 매질로부터 무엇을 배웠느냐?"라고 묻자 키루스는 "법에 근거하는 것이 옳고, 법에 근거하지 않은 것은 옳지 않기 때문에, 판결을 내리는 사람은 언제나 법에 근거해야 한다"는 것을 배웠노라고 대답했다.[5]

키루스는 어린 나이에도 불구하고 후대의 군주들에게 군주의 거울이 될 만한 중요한 교훈을 남겼다. 모든 정의는 법에 근거해야 하며, 법에 근거하지 않은 판단은 정의롭지 않다는 것이다. 그런데 지혜로운 키루스의 어머니는 여기서 아들에게 또 다른 의미심장한 말을 추가함으로써 군주의 거울의 첫 번째 교훈을 보여준다. 후대의 군주들이 반드시 기억해야 할 동서고금의 진리이며 『키루스의 교육』이 제시하는 첫 번째 군주의 거울이다.

그러자 어머니가 말했다. "얘야, 할아버지 나라(필자 주: 메디아)의 법정은 페르시아와 같은 정의의 원칙을 인정하지 않는단다. 왜냐하면 할아버지께서는 자신을 메디아에 있는 모든 것의 주인으로 만드셨지. 하지만 페르시아에서는 권리의 평등을 정의라고 생각한단다. 네 아버지는 국가에서 명령하는 것을 가장 먼저 실천하고 법으로 공표된 것을 수용하시지. 그러므로 네가 이곳에서 왕정이 아니라 폭정의 원칙을 배워가지고 온다면 너는 반드시 죽을 만큼 매를 맞게 된다는 것을 명심해라. 그 폭정의 원칙 중의 하나는 어떤 한 사람이 나머지 모든 사람보다 더 많이 가지는 것이 옳다는 생각이란다."[6]

군주가 지켜야 할 정의의 원칙

과연 그 아들에 그 어머니다. 이런 어머니의 지혜로운 가르침이 있었기에 키루스라는 위대한 인물이 탄생할 수 있었으리라. 크세노폰이 자신의 책 이름을 『키루스의 교육』이라 붙인 것도 바로 이런 이유에서다. "권리의 평등"이 참된 정의라고 가르친 어머니의 교육은 사실 플라톤이 말했던 정의와는 완전히 상반되는 개념이다. 플라톤에 의하면, 정의는 그 국가의 구성원들이 이미 정해져 있는 신분 계급의 덕목에 따라 행동하는 것이다. 권력은 통치자와 수호자에 종속되고, 일반 시민들은 절제해야만 정의가 구현된다고 보았다. 그러나 지금 크세노폰은 키루스의 어머니를 통해 권리의 평등이야말로 참된 정의를 실현하는 길이며, 참된 군주의 덕목은 "국가에서 명령하는 것을 가장 먼저 실천하고 법으로 공표된 것을 수용"하는 태도라는 것을 보여주고 있다. 법을 지키고, 법에 따라 공정하게 판단하는 것이 만고불변의 군주의 거울임을 밝힌 것이다.

　보티첼리의 작품이 묘사하고 있는 것처럼 정직은 중상모략에게 늘 일방적으로 당할 수밖에 없다. 정직은 나약하고 외로운 반면, 중상모략은 사기와 음모의 도움을 받아 사실을 왜곡할 수 있는 강력한 힘을 가지고 있기 때문이다. 사건을 꾸미고 은밀한 함정을 파서 손쉽게 정직한 사람을 궁지에 몰아넣는다. 악화惡貨가 양화良貨를 구축하는 것은 경제학의 논리만이 아니다. 슬픈 현실이지만 세상살이가 다 그렇다. 인류의 역사는 악한 인간이 선한 사람보다 늘 강한 힘을 가지고 있음을 보여주었다. 선한 사람은 사악한 인간에게 대적할 만큼의 용기를 가지지 못해 유약한 경우가 많고, 반면에 악한 인간은 다른 사람의 평판 따위는 아랑곳하지 않고 나쁜 짓을 계속 반복할 수 있는 철면피인 경우가 많다.

조직을 이끄는 사람, 한 나라의 운영을 책임진 군주의 첫 번째 임무는 선한 사람을 악한 인간의 횡포로부터 보호하는 것이다. 공동체 안에서 중상모략이 판을 치지 못하도록 선한 자를 보호해야 한다. 그래야만 살맛 나는 세상, 살아갈 만한 이유가 있는 세상을 만들 수 있다. 정의로운 군주는 권리의 평등이 참된 정의라고 확신하며 무지와 의심에 휘둘리지 않아야 한다. 그리고 법이 엄중히 정한 바에 따라 판단하는 사람이어야 한다. 이런 지혜로운 어머니의 교육을 받으며 성장한 키루스의 어린 시절을 크세노폰은 이렇게 정리한다.

이렇게 키루스는 다른 사람과 행복을 나누면서, 다른 사람이 행복해지도록 도우면서, 어떤 이에게도 슬픔을 주지 않으면서 어린 시절을 보냈다.[7]

2 | 세월의 변화를 직시하라

루돌프라는 이름의 슬픈 황제

'루돌프'라는 이름은 우리에게 즉각 '사슴 코'를 연상시킨다. 그러나 유럽 역사에 정통한 사람은 루돌프라는 이름에서 왠지 모를 슬픔을 느끼게 된다. 루돌프는 유럽의 역사를 좌지우지했던 신성로마제국 황제들의 반복되던 이름이고, 그중에서도 루돌프 2세Rudolf Ⅱ (1552~1612)라는 이름은 '무능했던 군주'를 즉각 떠올리게 한다. 우리가 세종대왕이나 사도세자라는 단어를 접할 때마다 떠올리는 이미지가 있듯이, 유럽인들에게 루돌프라는 이름은 사슴 코보다 무능했던 군주의 대명사로 더 친숙하다. 그는 황제가 절대로 갖추지 말아야 할 특유의 나약함 때문에 신성로마제국, 아니 유럽 전체를 파국의 위기로 몰아간 인물이다.

무능한 군주의 대명사인 루돌프 2세는 시대의 변화를 읽지 못했고 세월의 흐름에 무관심했다. 군주의 기본적인 덕목은 시대의 흐름을 읽고 앞으로 나서야 할 때와 뒤로 물러설 때를 분별하는 것이건만, 루돌프 2세는 그렇지 못했다. 그래서 그는 비극의 주인공이자 본받지 말아야 할 군주의 거울이 됐다.

루돌프 2세의 어머니는 신성로마제국의 황제이자 스페인의 왕인 카를 5세Karl V(1500~1558)의 딸이었다. 다시 말하자면 루돌프의 외삼촌은 무적함대無敵艦隊(스페인어로 Armada Invencible)를 거느렸던 스페인의 왕 펠리페 2세Felipe Ⅱ(1527~1598)였다. 신성로마제국의 법통을 이어가던 합스부르크 왕가의 주역이었던 이들은 당시 프랑스와 영국을 제외한 거의 모든 유럽 국가를 통치하고 있었고, 콜럼버스에 의해 발견된 신대륙의 실질적인 주인이기도 했다. 루돌프는 합스부르크Habsburg 왕가의 본산이었던 오스트리아의 비엔나에서 태어났지만, 1563년부터 1571년까지 10대 시절을 낯선 스페인 궁정에서 보냈다. 외삼촌 펠리페 2세의 보호를 받으며 비엔나 합스부르크가의 친척인 스페인 합스부르크가에서 외롭게 황제 훈련을 받은 것이다.

그러나 루돌프에게는 처음부터 황제의 자질이 보이지 않았고, 그로 인해 황실 사람들의 근심은 깊어만 갔다. 그는 지나치게 내성적이었고 사람들 앞에 서는 것을 몹시 두려워했다. 사람들에 둘러싸여 있을 때도 늘 말이 없었고, 상대방의 말을 잘 듣지도 않았다. 당시 기록을 검토해보면, 그가 심각한 우울증에 빠져 있었으리라 짐작된다. 루돌프는 늘 혼자 골방에 틀어박혀 연금술 연구로만 시간을 보냈고, 가끔씩 골방에서 나왔을 때는 동성애에 관심을 보였다. 봄, 여름, 가을,

▲
조셉 하인츠, 〈루돌프 2세의 초상화〉, 1594년, 비엔나 미술사박물관 소장.

겨울이 수없이 오고 갔지만 그는 계절의 변화와 세월의 흐름에 무심하기만 했다. 그의 관심은 오직 '영원히 변하지 않는 물질'을 찾는 연금술뿐이었다. 그의 유일한 업적은 1583년, 신성로마제국의 수도를 비엔나에서 프라하로 옮긴 것이다.

장차 모차르트와 베토벤 그리고 프로이트와 클림트를 배출하게 될 비엔나라는 도시의 위대한 열기가 싫어서였을까. 루돌프는 동유럽 깊숙한 곳에 자리한 프라하에 새로운 수도를 세우고, 더욱더 깊은 연금술의 골방에 홀로 틀어박히기 시작했다. 황제였던 그가 남긴 업적은 신성로마제국을 위한 선정善政이 아니라 개인의 관심사였던 연금술 연구뿐이다. 물론 그 덕에 일부 과학이 발전한 것은 사실이지만 그는 유럽 사회를 종교로 분열시킨 '30년 전쟁(1618~1648)'을 미리 막지 못했고, 결국 반란을 일으킨 동생에게 나라를 빼앗기고 감방에서 비참한 최후를 맞이하고 만 무능했던 군주였다. 골방에서 감방으로! 이것이 계절의 변화와 세월의 흐름에 무관심했던 루돌프 2세의 슬픈 삶이다.

주세페 아르침볼도Giuseppe Arcimboldo(1526~1593)라는 화가가 있다. 신성로마제국 황실의 전속 화가였던 그는 이탈리아 밀라노 출신이지만 페르디난도 1세 때부터 합스부르크 왕가를 위해 궁정화가로 활동했다. 아르침볼도는 루돌프 2세가 수도를 비엔나에서 프라하로 옮기자 그곳으로 따라가 은둔의 황제를 위해 그림을 그렸다. 〈베르툼누스 모습을 한 루돌프 2세〉도 그 시기에 그린 것이다. 황제 루돌프 2세의 초상화인데, 흥미로운 것은 황제의 얼굴을 사계절 과일과 채소로 묘사했다는 점이다.

▲
주세페 아르침볼도, 〈베르툼누스 모습을 한 루돌프 2세〉, 1590년,
스웨덴 웁살라 스코클로스터 성 소장.

베르툼누스Vertumnus는 로마 신화에 등장하는 '계절의 신' 또는 '변화의 신'이다. 라틴어의 베르테레vertère에서 파생한 용어인데, '변하다 혹은 계절이 바뀌다'라는 뜻에서 유래했다. 사실 황제 루돌프 2세는 변화와는 거리가 먼 군주였다. 계절의 변화를 관찰하고 시대의 흐름을 읽어야 하는 것이 군주의 덕목이건만 아르침볼도의 눈에 비친 황제는 은둔과 골방의 제왕이었다. 그래서 그는 루돌프 2세를 베르툼누스의 모습으로 표현함으로써 참된 군주의 덕목을 촉구했다.

봄이 오면 백성들과 함께 들판으로 나가 씨를 뿌리고, 여름이 오면 농부들이 열심히 길쌈을 메도록 격려해주는 것이 군주의 임무다. 그래야 풍요로운 가을의 수확으로 백성들을 배불리 먹일 수 있으련만, 황제는 늘 은둔의 겨울 골방에 틀어박혀 있었다. 그 때문인지 아르침볼도의 황제 초상화는 이상하거나 기괴하기보다 슬픈 초상화처럼 느껴진다. 세월의 변화, 시간의 흐름을 읽지 못하는 군주의 얼굴이 애처롭기만 하다.

아르침볼도는 세월의 변화를 직시하지 못하고 시간의 흐름을 읽지 못하는 신성로마제국의 황제를 위해 여덟 개의 그림을 추가로 그렸다. 사계절을 그린 〈봄〉, 〈여름〉, 〈가을〉, 〈겨울〉 연작 시리즈와 4대 원소를 그린 〈공기〉, 〈불〉, 〈대지〉, 〈물〉의 연작 시리즈가 그것이다. 신성로마제국 황실의 소장품을 기반으로 출발한 비엔나의 미술사박물관에는 사계절 연작 시리즈 중 〈여름〉과 〈겨울〉이, 그리고 4대 원소 시리즈 중 〈불〉과 〈물〉이 소장되어 있다. 그러나 정작 은둔과 골방의 황제는 아르침볼도가 작품 속에 표현한 시간의 흐름과 변화하는 본질의 속성을 직시하지 못했다.

▲
아르침볼도의 4계절과 4원소 연작 중 왼쪽부터 〈여름〉, 〈겨울〉, 〈불〉, 〈물〉.
비엔나의 미술사박물관 소장.

시간의 흐름과 세월의 변화를 읽은 소년 키루스

키루스는 자신이 태어난 나라이자 아버지의 나라인 페르시아를 떠나 외할아버지 아스티아게스 왕이 다스리는 메디아에서 청소년기를 보냈다. 비엔나에서 태어난 루돌프 2세가 어린 시절을 스페인에서 보낸 것과 같다. 키루스는 외할아버지와 외삼촌의 나라 메디아에서 말 타는 법을 배웠다. 활을 쏘고 칼을 다루는 법도 함께 배웠는데, 통치의 기술과 전쟁의 기술Art of War을 함께 익힌 것이다. 페르시아에서 배울 수 없는 것을 메디아에서 배우기 위해 키루스는 의도적으로 가족과 조국을 떠나 전쟁의 기술을 습득했다. 루돌프 2세는 외할아버지의 나라 스페인에서 은둔의 습관을 배우고 우울증을 키운 반면, 키루스는 외할아버지의 나라 메디아에서 통치의 기술과 전쟁의 기술을 배웠다.

메디아의 궁정에서는 왕자들에게 사냥을 통해 간접적으로 전쟁의 기술을 익히도록 했다. 그래서 메디아의 궁정 사냥은 대규모로 열리는 전쟁 연습War Game과 같았다. 사냥감인 사슴이나 곰은 적을 상징했고, 왕자들이 동원하던 사냥개는 메디아의 보병步兵으로 간주됐다. 사냥터는 곧 전쟁터였다. 왕자들은 사냥개와 동료 사냥꾼들을 지휘하며 사슴과 곰을 추격했다. 그것은 곧 미래의 군주들이 받아야 할 가상의 전쟁 교육이었다. 키루스도 외할아버지 아스티아게스 왕의 도움으로 이 가상의 통치 훈련을 받았다. 어린 시절부터 탁월한 지휘 능력을 보여준 그는 뛰어난 사냥꾼이었을 뿐만 아니라 동료들을 효과적인 사냥꾼으로 만드는 능력 또한 훌륭했으며, 잡은 짐승의 고기를 동료들에게 모두 나누어 주는 관대함까지 보였다. 함께 사냥에 나섰던 메디아의 군사들이 자신들의 군주보다 키루스를 더 좋아할 정도였다.

키루스가 메디아에서 군주의 훈련을 받고 있는 동안, 아시리아의 군대가 메디아 국경을 침범하는 사건이 발생했다. 이 군사 외교적 분쟁을 일으킨 아시리아의 왕자는 처음부터 메디아와 전쟁을 하겠다는 도발의 목적을 가지고 있지 않았다. 그도 사냥을 좋아했는데, 메디아에 사냥감이 많다는 소문을 듣고 지나치게 과다한 병력을 이끌고 국경을 넘은 것이 화근이었다. 메디아 왕실은 즉각 대응할 군대를 국경으로 파견했고 키악사레스Cyaxares 왕자가 총사령관을 맡았다. 키악사레스는 키루스의 외삼촌이었고, 실질적으로 키루스의 보호자 역할을 하고 있었다. 루돌프 2세에게 펠리페 2세라는 외삼촌이 있었다면, 키루스에게는 키악사레스가 있었다.

키루스도 외삼촌 키악사레스를 따라 이 소규모 국지전에 참가했다. 그로서는 처음으로 실제 전쟁을 경험할 수 있는 절호의 기회를 갖게 된 것이다. 『키루스의 교육』에 기록되어 있는 것처럼 이 전쟁은 키루스에게 "두 번 다시 오지 않을 기회로 보였다."[1] 실전에서 전투를 지휘할 수 있는 절호의 기회라고 판단한 키루스는 외삼촌이 이끄는 메디아 주력부대보다 더 빨리 말을 몰아 공격부대의 최전방에서 공격을 감행했다. 노련한 외할아버지 아스티아게스는 키루스의 선제공격을 말렸지만, 보충 지원부대를 기다리기 위해 대기하고 있으면 적들이 기고만장해질 것이라면서 키루스는 과감하게 선제공격을 밀어붙였다. 본인이 직접 말을 몰고 선두에 서서 아시리아의 침략자들과 일대일 전투를 벌였다. 메디아의 주력부대를 지휘하던 외삼촌 키악사레스는 키루스의 부하들을 뒤따라갈 수밖에 없었다. 키루스의 부대가 선수를 쳤기 때문이다. 결국 전투는 키루스의 일방적인 승리로 끝이 났고, 그 뒤를 따르던 메디아의 군인들은 키루스의 이름을 연호하며 큰소리로 승리의 노래를 불렀다.

메디아 사람들은 키루스를 더욱 좋아하게 됐다. 그들의 왕인 아스티아게스나 왕자인 키악사레스보다 페르시아 왕자인 어린 소년 키루스를 더 좋아하게 된 것이다. 그런데 메디아 군인들의 환호성 속에서 키루스는 갑자기 자신의 나라인 페르시아로 돌아가겠다고 선언한다. 이것은 현명한 판단이었다. 메디아 군사들이 목청을 높여 자기 이름을 연호하면 할수록 외할아버지와 외삼촌에게 큰 부담이 될 것이라고 판단한 것이다. 그들의 시기와 질투를 살 염려가 있었다. 사실 아스티아게스는 외손자가 자랑스럽기도 했지만 갑작스러운 외손자의 인기가 부담스럽기도 했다. 자신의 통치권에 도전이 될 만큼 키루스가 메디아 백성들로부터 큰 인기를 얻고 있었기 때문이다. 그는 외손자의 귀환을 허락했다.[2]

그것은 눈물의 이별이었다. "어른이나 아이 가릴 것 없이 모두 키루스를 배웅"했고, "울지 않고서 뒤돌아서는 사람은 없었다."[3] 외할아버지 아스티아게스는 떠나는 키루스에게 많은 선물을 내렸지만, 키루스는 그 모든 선물을 메디아의 친구들에게 다시 나누어 주었다. 메디아의 한 신하는 키루스와의 이별을 슬퍼하며 국경선까지 따라와 이렇게 말했다. "키루스여, 나는 눈을 깜빡이는 시간도 영원같이 느껴집니다. 왜냐하면 그 시간 동안이라도 나는 너무나 잘생긴 당신을 보지 못하기 때문입니다." 그러자 키루스는 눈물이 고일 정도로 껄껄 웃으며 이렇게 대답했다. "머지않아 다시 올 것이며 나를 보게 될 것이오. 눈을 깜박일 필요도 없이 마음껏 보게 될 것이오."[4]

키루스는 그렇게 친구들과 작별을 고하고 메디아를 떠났다. 그는 자신이 떠나야 할 시간을 알고 있었다. 배워야 할 전쟁의 기술을 이미 다 터득했고 실전 경험까지 쌓았다. 더 이상 지체하면 메디아를 통치하던 할아버지와 외삼촌의 경계와 질투를 받게 될 터였다. 그래서 그는 떠나기로 결심했고, 물론 다시 메디아로 돌아와 취할 행동도 미리 염두에 두었다. 키루스는 메디아를 떠나면서 동시에 다시 돌아와서 메디아를 차지할 계획을 세워두었고, 그래서 할아버지로부터 받은 선물을 모두 메디아의 친구들에게 나누어 주었던 것이다. 그가 웃으면서 했던 "눈을 깜박일 필요도 없이 마음껏 보게 될 것"이라는 말은 단순한 농담이 아니었다. 장차 메디아는 키루스에게 정복당해 페르시아제국으로 합병되는 운명을 겪게 된다.

군주는 세월의 변화를 직시해야 하며, 시간의 흐름을 읽어야 하고, 계절의 변화를 예측해야 한다. 지금이 머물 때인지, 아니면 떠나야 할 순간인지를 판단할 수 있어야 한다. 프라하의 궁정화가 아르침볼도는 신성로마제국의 황제 루돌프 2세에게 부디 세월의 신 베르툼누스가 되라는 뜻에서 어찌 보면 기괴한 그림을 그려주었다. 세월의 변화를 직시하고 시간의 흐름을 읽으라고! 변화를 지배하는 사람이 되라고! 그러나 루돌프 2세는 골방에 틀어박혀 세상의 흐름을 읽지 못했고, 그의 제국은 분열됐다. 결국 동생에게 황제 자리를 빼앗긴 후 그는 감방에서 비운의 삶을 마감한다. 세월의 변화와 시간의 흐름을 읽지 못한 자는 비극의 주인공이 될 수밖에 없는 것이 세상 이치다. 얼마나 많은 조직들이, 회사들이, 나라들이, 지금 이 순간에도 세월의 변화와 시간의 흐름을 읽지 못해 비극적인 종말을 맞이하고 있는가.

3 | 불확실성에 의존하지 마라

키루스, 처음으로 전쟁을 지휘하다

키루스는 외할아버지 아스티아게스가 다스리던 메디아를 떠나 자신의 조국 페르시아로 돌아왔다. 고향 친구들은 키루스가 부국富國 메디아에서 호강만 하다 돌아왔다고 비아냥거렸다. 그러나 키루스는 화를 내지 않았다. 오히려 "그들이 먹는 것보다 적은 양념으로 먹고, 축하 연회에서도 남보다 더 달라고 하지 않고 오히려 자기 몫을 친구들에게 아낌없이 나누어 주는" 아량을 베풀었다.[1] 키루스는 오랜만에 다시 만난 고향 친구들의 마음을 단숨에 사로잡았다.

세월이 흘러 페르시아 정국에 위기가 닥쳐왔다. 아시리아라는 고대 근동의 강대국이 외할아버지의 나라 메디아에 대한 전면전을 감행했고, 페르시아도 이 국제 분쟁의 수렁에 말려들고 말았다. 외할아

214

버지와 외삼촌이 통치하는 메디아가 아시리아 군대의 공격을 받고 있으니, 사돈 국가인 페르시아가 원군을 제공키로 한 것은 당연한 일이었다. 어느덧 성인이 된 키루스는 이 페르시아 원정군의 사령관으로 임명되었고, 그는 처음으로 실제 전쟁을 지휘하게 된다.

『키루스의 교육』 제1권 후반부는 처음으로 전쟁에 출전하는 키루스와 그의 아버지 캄비세스Cambyses가 나눈 자상한 대화로 채워져 있다. 아버지와 아들이 나눈 대화의 주제는 전쟁을 앞둔 지휘관이 반드시 지켜야 할 덕목에 대한 것이다.

아버지는 군사를 이끌고 전쟁터로 출정하는 아들 키루스에게 충분한 군수품을 준비했는지 묻는다. 그러자 키루스는 부족한 군수품은 필요할 경우 외삼촌인 키악사레스가 지원하기로 했다고 대답했다. 군수품이 떨어질 경우 현장에서 메디아의 지원을 받겠다는 것이었다. 그러자 키루스의 아버지는 "아들아, 너는 키악사레스가 주는 보급품을 믿고 네 군대를 이끌고 원정을 떠난다는 말이냐?"라고 다시 물으며 "불확실성에 의존"하려는 키루스의 태도를 크게 나무랐다.[2]

전투가 벌어지는 상황에서는 한 치 앞도 예측할 수 없기 때문에 다른 사람의 호의에 의존해서는 안 된다는 것을 강조한 것이다. 아무리 키악사레스가 외삼촌이며 메디아의 왕이라고 해도 다급해지면 자신의 군대를 먼저 챙길 것이고, 자칫하면 페르시아의 군대는 군수품 부족으로 전쟁에 패할 수도 있다며 아들을 질책한 것이다. 아직 대규모 전쟁을 치러본 경험이 없는 아들에게 키루스의 아버지는 지휘관이 반드시 기억해야 할 기본적인 덕목을 가르쳤다. 아버지 캄비세스는 이렇게 말한다.

▲
키루스와 함께 행군한 페르시아 군대의 모습이 묘사되어 있는 페르시아 유적.
영국 대영박물관 소장.

"너는 그럼에도 불구하고 그런 불확실성에 의존하려 하느냐? 너는 네 군대에 필요한 것이 많다는 것과 키악사레스 또한 다른 쓸 곳이 많다는 것을 알지 못하느냐? (중략) 그러므로 키악사레스와 같이 너도 네가 필요한 것이 절대로 떨어지지 않도록 항상 주의를 기울여야 하며, 마찬가지로 필요한 것을 얻으려는 노력을 습관처럼 해야 한다. 그리고 무엇보다 이것을 기억해라. 모자랄 때가 되어서야 비로소 보급품을 구하려는 노력을 절대로 하지 마라. 가장 풍족할 때에 부족할 때를 대비해 수단을 마련해놓아야 한다. 그렇게 하는 것이 가장 수월하다. 왜냐하면 네가 부족해보이지 않을 때 구하는 사람에게서 더 많이 얻을 수 있다. 게다가 너는 이렇게 함으로써 군사들로부터 비난을 받지 않게 되고, 나아가 그들은 원하는 것을 갖게 됨으로써 너를 더 잘 따르게 될 것이다. 그리고 이것을 명심해라. 네가 남들에게 호의도 피해도 줄 수 있는 위치에 있다는 것을 충분히 보여줄 때 네가 하는 말이 더 힘을 갖게 된다는 것을 말이다."[3]

불확실성과 포르투나

불확실성에 의존한다는 것은 행운의 여신 포르투나Fortuna에게 자신의 운명을 맡기겠다는 것과 같다. 탁월한 장수는 자신의 운명을 불확실한 행운에 의지하지 않는다. 특히 나라와 같은 큰 집단을 책임지고 백성들을 이끌고 가야 하는 키루스와 같은 군주에게 불확실성에 의존하는 태도는 치명적인 결과를 초래한다. 불확실성과 행운에 의존한다는 것은 군주의 책임을 포기하겠다는 것과 다름없다.

이탈리아 중부 지역에 가면 특이한 산악도시를 쉽게 발견할 수 있다. 산꼭대기에 성을 쌓고 지금도 좁고 불편한 삶의 방식을 그대로 이어가는 도시들이다. 오르비에토, 산 지미냐노, 몬테풀치아노, 페루자, 우르비노, 시에나, 피에졸레 등이 대표적인 이탈리아의 산악도시들이다. 거대 문명의 대부분이 강가에 둥지를 틀고 편리한 평지에 큰 도시가 세워진 것과 달리 왜 이탈리아인들은 산꼭대기에 도시를 세웠을까.

이 산악도시들은 기원전 9세기부터 기원전 7세기 중엽까지 이탈리아 반도를 좌지우지한 에트루리아Etruria 문명의 주요 도시에서 출발했다. 그리스 문명이 이탈리아 반도에 본격적인 영향을 미치기 전까지 에트루리아 문명은 이탈리아의 고대 문명을 지배하고 있었다. 에트루리아 시대에 산악도시가 집중적으로 건설된 이유는 그 시대와 사람들이 매우 호전적이었기 때문이다. 영토 분쟁이 심했고, 각 지역과 도시별로 무력 전쟁이 끊이지 않았다. 그래서 에트루리아인들은 자기 도시를 방어하기 위해 산꼭대기에 성을 쌓았고 이런 독특한 산악도시의 문명을 만들어낸 것이다.

에트루리아의 산악 문명을 대표하는 도시가 바로 시에나Siena다. 이 도시도 토스카나 지방의 높은 언덕 위에 자리 잡고 있는데, 한때는 피렌체와 쌍벽을 이루는 상업과 예술의 중심 도시였으며, 피렌체와 함께 토스카나 지방의 패권을 다투던 유서 깊은 도시다. 모든 이탈리아의 큰 도시들이 중앙 대성당, 즉 두오모Duomo를 자랑하듯이 시에나도 아름답고 화려한 두오모를 가지고 있다. 시에나 성당의 외관 또한 아름답지만 아기자기한 성당 내부는 더욱 정교한 아름다움으로 유명하다.

그중에서도 시에나 대성당은 이탈리아에서 가장 아름다운 성당 바닥 장식을 소유하고 있는 것으로도 널리 알려져 있다. 기원후 14세기부터 16세기까지, 다시 말해 르네상스 시대가 전개되던 동안 시에나 사람들은 두오모의 바닥을 정교한 대리석 모자이크화로 장식했다. 지금도 총 56개의 크고 작은 모자이크화가 여러 가지 주제별로 성당 바닥을 아름답게 장식하고 있어서 보는 사람들의 감탄을 자아낸다. 이탈리아뿐만 아니라 유럽에서 가장 아름답고 정교한 성당 바닥이라고 해도 과언이 아닐 것이다. 그중에서도 단연코 시선을 사로잡는 장식은 '포르투나 여신'과 '지혜의 언덕'을 그린 성당 중앙 바닥의 모자이크화다.

이 작품은 1504년, 페루자 출신의 핀투리키오 Pinturicchio(1454~1513)라는 화가가 그린 밑그림을 바탕으로 파올로 마누치 Paolo Mannucci가 대리석 모자이크로 제작한 것이다. 그런데 포르투나 여신의 한쪽 다리는 육지에 올라가 있고, 다른 한쪽은 돛대가 부러진 배 위에 놓여 있이 위태롭기만 하다. 육지에 놓여 있는 한쪽 다리도 둥근 공球 위에 놓여 있어서 위태롭게 보이기는 마찬가지다. 왼손으로 펼쳐진 돛을 들고 있는데, 바람이 어디로 불지 알 수 없다. 이 그림은 행운의 여신인 포르투나의 예측 불가능함을 보여준다. 육지에서 넘어질지, 바다에서 파도에 휩쓸릴지 전혀 예측할 수 없기에 포르투나는 불확실성이라는 특징을 안고 있다. 다시 말해 불확실성에 의존하는 것은 포르투나, 즉 행운에 의존하는 것과 같다는 것이다.

▲
시에나 대성당의 중앙 바닥을 장식하고 있는 포르투나 여신의 모습.
핀투리키오의 밑그림을 바탕으로 제작한 것이다.

포르투나에 의지하지 않고 육지로 여정을 옮긴 열 명의 현자들은 지혜의 언덕을 향해 힘든 발걸음을 옮긴다. 그 길은 평탄한 길이 아니다. 거친 돌과 잡초가 흩어져 있고, 올라가야 할 언덕은 가파르기만 하다.

현자들은 포르투나의 불확실성을 뒤로 하고 지혜의 언덕으로 올라가기 위해 세 가지 유혹을 반드시 물리쳐야 한다. 현자들의 발아래 그려져 있는, 그래서 현자들이 피해 가야 하는 세 가지 동물들이 그 유혹을 상징한다.

첫 번째 동물은 뱀이다. 현자들의 발아래에 세 마리나 꿈틀대고 있다. 여기서 뱀은 질투심과 욕심을 상징한다. 욕심 때문에 질투심이 일어나는 것이니 사실은 같은 뜻이라 할 수 있다. 포르투나의 불확실성을 극복하기 위해서는 먼저 질투와 욕심에서 벗어나야 한다. 두 번째 동물은 족제비다. 족제비는 간사한 속임수 혹은 정도를 걷지 않는 요령주의를 뜻한다. 대충 눈속임으로 요령을 부려서는 불확실성을 통제할 수 없다. 바른 길 만이 살 길이다. 마지막 동물은 거북이다. 여기시 거북이는 게으름과 나태를 상징한다. 이솝우화에서의 거북이는 느리지만 꾸준한 노력을 경주하는 동물로 묘사되지만, 여기서는 게으름과 나태를 뜻한다.

게으르고 나태한 사람은 포르투나의 불확실성을 통제할 수 없다. 결국 욕심내지 말고, 요령 피우지 말고, 게으름 부리지 말아야 한다는 것이다. 시에나 두오모 성당의 바닥 그림은 각고의 노력을 통해 지혜의 언덕으로 올라가는 것이 포르투나의 불확실성을 제거하는 방법임을 여실히 보여준다.

▲
핀투리키오, 〈지혜의 언덕을 그린 우의화〉.
바닥에 뱀, 족제비, 거북이가 보인다.

불확실성을 극복하고 지혜의 언덕에 오르기 위해

키루스의 아버지 캄비세스는 처음으로 전쟁을 지휘하기 위해 행군을 시작하는 아들에게 모든 불확실성을 제거하고 그 어떤 상황도 스스로 통제할 수 있는 사람이 되라고 가르쳤다. 위급할 경우 페르시아의 군사들을 위해서 군수품을 지원하겠다는 메디아의 왕 키악사레스의 말도 믿지 말라고 경고했다. 아무리 그가 키루스의 외삼촌이라고 해도 막상 전쟁이 시작되면 아무도 상황을 예측할 수 없는 통제 불능 상태가 초래될 수 있으므로 자립으로 군수품을 준비해야 한다는 말이었다. 미래를 예측할 수 없으니 참된 군주는 남의 호의에 의존할 것이 아니라 늘 최악의 상황을 고려해 스스로 무장을 갖추어야 한다.

미래를 예측할 수 없는 것은 지금도 마찬가지다. 어제까지 성공신화를 써내려가던 사람이 하루아침에 실패자로 몰리고, 어제까지 승승장구하던 기업이 순간의 판단 실수로 곤욕을 치르는 것을 심심찮게 목격한다. 영원한 친구도 영원한 적도 없기에 국제 정치 무대는 그야말로 변화무쌍한 힘의 합종연횡合從連衡을 거듭한다. 변하지 않는 것은 없다는 진리만이 변하지 않을 뿐이다. 따라서 진정한 군주는 이 전쟁과 같은 예측 불가능한 상황 속에서 절대로 행운을 기대해서는 안 된다. 예측할 수 없는 미래를 미리 제어하고, 스스로 불확실성을 통제하겠다는 결심을 하지 않는다면 결국 포르투나가 초래하는 광풍과 파도에 휩쓸리게 될 것이다.

불확실성을 제거하는 다른 방법은 없다. 각고의 노력을 기울이면

▲

〈지혜의 언덕을 그린 우의화〉 상단에 조각되어 있는 지혜의 여신의 말.
라틴어로 "비록 그것이 힘들더라도, 만약 당신이 각고의 노력을 기울여 이 거칠고 험한
언덕을 정복한다면, 영혼의 평화를 얻은 상징으로 이 종려나무 가지를 당신에게 주리라"
라는 뜻이다.

서 지혜의 언덕을 향해 한 걸음 한 걸음 옮기는 수밖에 없다. 뱀과 족제비와 거북이를 경계해야 한다. 불확실성의 여신 포르투나를 제압하는 길은 이 세 가지 동물적 본능을 제거해나가는 것이다. 뱀과 같은 욕심을 버려야 하고, 족제비처럼 요령을 부려 직면한 문제를 피할 생각을 버려야 한다. 또한 거북이의 게으름을 경계해야 한다. 요즘처럼 급변하는 세상에서 거북이가 보여주는 게으름과 나태는 실패의 원인이 될 뿐이다.

시에나 대성당 바닥을 장식하고 있는 지혜의 여신은 거친 산길을 걸어오는 미래의 군주들에게 이렇게 말한다. "비록 그것이 힘들더라도, 만약 당신이 각고의 노력을 기울여 이 거칠고 험한 언덕을 정복한다면, 영혼의 평화를 얻은 상징으로 이 종려나무 가지를 당신에게 주리라(Hvc properate viri salebrosvm scandite montem pvlchra laboris ervnt premia parma qvies)!"

모든 미래의 군주에게 내리는 지혜의 말씀이다.

4 | 스스로 고난을
함께 나누라

지혜를 추구하는 군주

군주는 상대적 개념이다. 백성이 없다면 군주는 존재할 수 없다. 통치를 받아야 할 대상이 없다면 통치할 사람도 필요없다. 팔로워Follower가 없다면 리더Leader도 없고, 따르는 사람이 있어야만 이끄는 사람도 필요하다. 그렇다면 어떻게 해야 백성들이 자발적으로 군주를 따르게 될까. 어떻게 해야 팔로워는 자발적으로 리더에게 충성하게 될까. 이른바 자발적인 충성심은 어떻게 유도해내야 할까.

크세노폰은 『키루스의 교육』에서 이것을 군주가 훈련받아야 할 "자발적인 복종을 이끌어내는 방법"이라고 표현했다.[1] 개인의 가치와 인권을 존중하는 근대 민주주의가 성립되기 이전에 집필된 책이므로 표현이 다소 거칠기는 하지만 예나 지금이나 모든 조직을 책임지는 리더라면 늘 직면하는 문제임에 틀림없다. 자신이 이끄는 조직 구성원들의 자발적인 충성심을 어떻게 유도할 수 있을까.

키루스의 아버지 캄비세스는 군사들을 이끌고 생애 첫 대규모 전쟁을 수행하고자 먼 길을 떠나는 아들에게 '자발적인 복종을 이끌어 내는 방식'에 대해 가르친다. 신뢰를 보내는 군사들, 작전 중에 어려운 결정을 내려도 그것을 믿고 따르는 부하들이 없다면 뛰어난 장군의 전술도 아무 소용이 없는 법이다. 키루스는 그것이 매우 배우기 힘든 지휘 능력이었다고 고백한다.

"그런데 아버지, 저는 군사들을 계속 복종하게 만드는 데에 능숙하지 않습니다. 왜냐하면 저는 아주 어렸을 때부터 복종하라고 교육 받았기 때문입니다. 아버지의 말에 복종하라고 가르침을 받았습니다. 아버지께서는 제가 선생님에게도 복종해야 한다고 가르치셨습니다. 선생님 또한 같은 식으로 가르치셨죠. 우리는 소년반에 있을 때 관리들은 그 점을 특별히 강조했습니다. 그리고 대부분의 법은 지배하고 지배받는 이 두 가지를 다른 어떤 것보다 강조해서 가르칩니다."[2]

상명하복上命下服의 문화, 나이와 사회적 위치에 따라 지시를 하고 지시를 받는 사람의 위치가 자동적으로 정해지는 유교권 나라의 문화와 하등 다를 바 없다. 이런 문화권에서는 자발적인 충성을 유도하기 위한 교육이 필요치 않다. 높은 지위에 있는 연장자가 낮은 지위에 있는 연하의 사람들에게 명령하고 지시하는 것에 대해 특별한 저항감이 없기 때문이다. 이런 상명하복의 문화는 미래의 군주들에게 치명적인 문제를 야기한다. 개인의 이해득실이 충돌하고 이해관계가 첨예하게 대립될 때 자발적인 충성은 일어나지 않기 때문이다. 개인의 가치와 독립성이 존중되는 현대 사회일수록 이런 문제는 더욱 심각한 양상을 드러낸다.

이런 서열 중심의 문화에서 사람을 복종하게 하는 가장 큰 동기는 "복종하는 자에게 명예를 주고 그렇지 않는 자에게 처벌과 불명예를 주는 것"이었다.[3] 그것이 키루스가 지금까지 배워온 신상필벌信賞必罰의 통치 방식이었다. 공功이 있는 자에게 상을 주고 과過가 있는 자에게 벌을 주는 방식이다. 그러나 키루스의 아버지는 이것이 "강제적인 복종"에 이르게 하는 방식일 뿐이라고 지적한다.[4]

아버지는 아들에게, 부하들의 자발적인 충성을 얻어내기 위해서는 "지배자가 피지배자보다 더 지혜롭다고 인정받는 것"이 중요하다고 강조했다.[5] 여기서 아버지는 미래의 군주가 될 아들이 갖추어야 할 덕목을 '지식'이 아니라 '지혜'라고 지적한다. 군주가 '지식이 많다'는 것으로 인정받아서는 안 된다는 의미를 내포하고 있다.

백성들의 자발적인 복종을 저해하는 요소는 지식의 부족이 아니라 지식의 과잉일 때가 많다. 많은 지도자들이 쉽게 "내가 그것을 이미 해봤기 때문에 잘 아는데……"라는 말을 내뱉는데, 이는 자신의 지식 정도를 과시하는 데서 문제가 그치지 않는다. 백성들은 군주의 이 말을 듣는 순간부터 판단을 멈추고, 군주가 가진 지식의 정도에 따라 행동하기 마련이다. 지금 키루스의 아버지는 이 점을 지적하고 있다. 참된 군주는 지식이 아니라 지혜를 추구해야 한다.

키루스는 아버지 캄비세스에게 "어떻게 하면 지혜롭다는 명성을

▲
페르시아 기병의 모습을 담은 벽화. 베를린 페르가몬 박물관 소장.
『키루스의 교육』의 앞부분은 이 군사들로부터 어떻게 하면 자발적인 충성을 이끌어낼
것인지에 대한 논의가 담겨 있다.

가장 빨리 얻을 수 있는지" 묻는다. 지식이 아니라 지혜를 추구하는 실제적인 방법을 물은 것이다. 그러자 아버지는 조급하게 답을 기다리는 아들에게 "빠른 길은 없다"고 잘라 말하면서, 군주가 지혜를 얻는 길은 "배울 수 있는 모든 것을 배움으로써 가능하다"고 설명한다. 지혜를 얻는 길에 특별한 왕도는 없으며 부지런히 노력하는 일 외에는 방법이 없다는 것이다. 그리고 "무엇이든지 잘 알고 있다고 정평이 나 있는 사람이 있으면 그를 찾아가 정보를 얻는 데 소홀하지 말 것"을 당부하면서 그런 행동이 너를 "남들보다 더 지혜롭다고 증명하게 될 것"이라고 말한다.[6]

나이가 들고 사회적 지위가 올라가면 배움의 자세를 늦추는 경우를 흔히 목격한다. 인간의 교만하고 나태한 본성은 경험이 축적되고 연륜이 증대하면 배움의 초심을 잃게 만든다. 『논어』 첫 장의 교훈처럼 "배우고 익히는 것은 기쁜 일이건만學而時習之 不亦說乎" 배움을 하수들의 신분 상승을 위한 방편으로 무시하는 사람들이 있다. 나는 이미 정상에 올랐기 때문에 더 이상 배울 필요가 없다는 사람들을 가끔 보게 되는데, 그들은 군주의 사명을 잊은 사람들이다. 배우고 익히는 것의 즐거움 또한 잃어버렸으니 마땅히 불행한 사람이라 불려야 한다.

자발적인 복종과 수사학

키루스의 아버지 캄비세스는 군주가 부하들로부터 자발적 복종을 이끌어내는 법에 대해 계속해서 가르친다. 사실 지혜를 가진 군주라

해도 언제나 백성들로부터 자발적인 충성을 얻어낼 수 있는 것은 아니다. 군주의 지혜는 전제조건일 뿐이다. 자발적인 복종을 얻어내기 위해서 군주는 백성들로부터 존경받고 사랑받아야 한다. 백성들과 함께 아픔과 고난을 감내하며 백성들보다 더 인내하는 모습을 보일 때 군주는 백성들로부터 존경과 사랑을 받게 된다. 백성들의 자발적인 복종은, 그들에게 권력을 휘둘러서 얻어지는 것이 아니라 그들의 마음을 얻어야 가능하다. 그들을 피지배자로 대하는 것이 아니라 오히려 그들을 섬기고 스스로 그들의 종이 되려고 노력할 때 가능하다.

수사학修辭學으로 번역되는 레토릭Rhetoric이라는 학문 분야는 단순히 말 잘하는 법을 가르치는 게 아니다. 고대 그리스에서 시작된 레토릭에 대한 연구는 대중 연설을 해야 하는 군주와 정치가들에게 단순한 말재주 이상을 가르쳤다. 레토릭은 어떻게 하면 내가 가지고 있는 뜻을 대중들에게 명확하게 전달하는가에 대한 문제를 논의하는 학문이다. 효과적인 소통 방식을 연구하는 것이다. 이 점에서 고대 그리스부터 연구된 레토릭은 군주와 정치가들이 반드시 갖추어야 할 덕목을 가르쳐왔다. 자신의 뜻을 대중들에게 명확하게 전달하고 감동을 불러일으켜 목적했던 결과를 도출시키는 것은 군주가 첫 번째로 할 일이다.

고대 그리스의 수사학자들은 대중 연설을 통해 명확하게 의사가 전달되는 과정을 면밀하게 관찰했다. 그들은 이 과정에 세 가지 단계와 등급이 있음을 발견하고, 이를 체계적으로 이론화했다. 첫 번째는 로고스Logos의 수사학적 단계다. 로고스는 여기서 이성理性을 뜻한다. 명확한 논리를 구사하면서 대중을 합리성에 근거해 설득하는 방식이다. 정확한 문법, 적절한 비유, 촌철살인의 위트, 효과적인 고전의 인용을 통해 연설자는 대중들에게 자신의 뜻을 효과적으로 전달할 수 있다.

이런 로고스의 방법으로 대중을 설득했던 지도자로는 미국 대통령 지미 카터를 들 수 있다. 그는 1979~1981년, 이란의 미국 대사관이 이란 시위대에게 점거당하고 대사관 직원들이 인질로 잡혔을 때 침착한 대중 연설과 국제 질서의 정의를 바탕으로 한 논리적인 연설로 그 위기를 극복한 바 있다.

두 번째 단계는 로고스 위에 에토스Ethos의 덕목을 더하는 것이다. 이는 로고스적인 연설보다 한 단계 위로 에토스적 연설, 즉 감동을 주는 열정적 연설이라 할 수 있다. 로고스가 명확한 논리와 정확한 문법을 설득의 주요 무기로 내세운다면, 에토스는 청중을 감동시키는 열정적인 태도로 사람들의 마음을 사로잡는다.

다시 미국 대통령의 경우를 예로 들면 빌 클린턴 대통령의 연설 사례가 적절할 것이다. 그는 열정적인 연설가로 유명하다. 청중 한 사람 한 사람을 응시하면서 손가락을 치켜들고 사자후를 토하던 그의 열정적인 연설은 알칸소의 무명 정치가를 단번에 미국의 대통령으로 만들어놓았다.

그러나 에토스에 기반을 둔 감동적인 연설도 두 번째 위치를 차지할 뿐이다. 그리스 수사학자들과 철학자들의 연구에 의하면 가장 감동적인 연설은 파토스Pathos적인 것이다. 파토스적이란 '고난을 함께 나누는 것'이다. 백성들이 느끼는 아픔과 고통에 공감하며, 그들의 슬픔을 위로하고 격려하는 방식을 말한다. 이런 파토스적 공감은

2015년 6월 17일, 인종차별 범죄로 교회당 안에서 살해당한 흑인 목사 겸 미국 하원의원 클레멘타 핀크니와 여덟 명의 희생자를 위해 추도사를 하는 오바마 대통령의 모습.

단순히 감정적인 교류만을 의미하지 않는다. 실제로 연설자는 대중의 아픔과 고통을 직접 경험해보아야 하고, 이런 경험의 공유를 통해 사람들은 연설자의 메시지와 자신의 뜻을 동일시하게 된다.

군이 예를 들자면 버락 오바마 대통령의 연설 방식이 여기에 속한다고 할 수 있다. 그는 미국 흑인이 당해왔던 시련과 도전을 상징했고 최초의 흑인 대통령으로 선출됐다. 사우스캐롤라이나 찰스턴에서 발생한 인종차별 범죄의 희생자 추도 예배에서 보여준 오바마 대통령의 '어메이징 그레이스 연설Amazing Grace Address'은 흑백 인종 갈등을 단숨에 진정시켰을 뿐 아니라 미국 사회에 새로운 희망을 제시한 명연설로 역사의 한 장면을 장식했다.[7] 그는 흑백 간 인종차별의 갈등을 부추기는 것이 아니라 국민들과 함께 화해의 찬송가를 부름으로써 온 미국 시민들에게 파토스적 공감을 불러일으켰다.

지혜와 용기

탁월한 군주에게는 논리를 동원하는 것도 중요하고, 열정을 더해 연설을 하는 것도 필요하다. 로고스와 에토스의 리더십이다. 그러나 그것을 단숨에 뛰어넘는 탁월한 군주의 덕목은 파토스적인 삶을 인내로 살아가는 것이며, 자신을 따르는 사람들을 대신해 먼저 고난을 감내하는 모범을 보여주는 것이다. 탁월한 군주는 자신을 바라보는 사람들보다 더욱더 인내하는 모습을 보여야 한다. 아버지는 아들 키루스에게 이렇게 말한다.

"너는 그들에게 좋은 일이 생기면 그들과 함께 기뻐하고, 나쁜 일이 생기면 그들과 함께 슬퍼해라. 그들이 고통받고 있으면 도우려고 노력하고, 그들에게 안 좋은 일이 닥치지는 않을지 항상 염려하며, 실제로 닥치지 않도록 노력해야 한다. 이런 식으로 너는 그들과 동행해야 한다. 군사 작전도 마찬가지다. 장군은 여름에는 더위를, 겨울에는 추위를 부하들보다 더 잘 견뎌야 한다. 어려운 상황을 지나고 있다면, 그는 난관을 부하들보다 더 잘 견뎌야 한다. 이렇게 함으로써 그는 부하들로부터 사랑을 받을 수 있다."[8]

『키루스의 교육』은 탁월함을 추구하는 미래 군주들을 위한 군주의 거울이다. 오랜 서구 역사에서 『키루스의 교육』은 군주의 거울을 대표하는 인문학적 교과서로 인식되어왔다. 군주의 거울에 속한 책 가운데 최고로 치는 『키루스의 교육』은 지식보다 지혜의 추구를 강조하며, 인내하면서 백성들과 함께 고통을 나누는 동행의 리더십을 최고의 덕목으로 제시한다. 군주가 추구해야 할 지혜와 용기는 동전의 양면과도 같다. 베네치아의 화가 파올로 베로네세Paolo Veronese(1528~1588)는 참된 군주의 덕목을 그림으로 표현했다. 지식이 아닌 지혜를 추구하고, 부하들보다 더 혹독한 시련을 참고 견디며 그들과 동행하는 삶을 살아가겠다는 파토스적인 용기를 보여준다.

자발적인 복종은 '지혜와 용기'를 겸비한 군주에게 바치는 백성들의 선물이다. 그것은 절대로 권력에 의해 강제되는 것이 아니라 스스로 우러나는 것이다. 자발적인 복종은 통제의 결과가 아니라 지식보다 지혜를 사랑하고, 백성들보다 더 혹독한 시련을 참고 견디는 군주

▲

파올로 베로네세, 〈지혜와 용기의 알레고리〉, 1580년, 뉴욕 프릭 콜렉션.
앞에서 소개한 루돌프 2세의 시대에 그려졌다.

에게 헌정되는 존경과 찬사다. 키루스는 그 점에서 지혜와 용기를 가진 군주의 모범이 되었으며 그 결과는 아래와 같았다.

사람들은 모든 일에서 키루스에게 자발적으로 복종했다. 어떤 이들은 키루스가 있는 곳에서 며칠이 걸리는 거리에, 다른 이들은 몇 달씩이나 걸리는 거리에 떨어져 살았다. 그들은 키루스를 본 적이 없으며, 그들 중 일부는 앞으로도 보지 못하리라는 것을 잘 알고 있었다. 그럼에도 그들은 키루스의 백성이 되기를 기꺼이 원했다.[9]

5 | 군주다움을 끝까지 지켜라

『햄릿』의 명대사

윌리엄 셰익스피어William Shakespeare(1564~1616)의 비극 작품 중 가장 널리 알려져 있는 대사는 아마 "죽느냐 사느냐, 그것이 문제로다"일 것이다. 이 대사는 셰익스피어의 4대 비극 중 하나인 『햄릿』의 3막에 나오는 주인공 햄릿의 독백이다. 영어를 잘 못하는 사람도 "To be or not to be, that is the question"이라는 영어 문장은 대부분 기억할 것이다. 그런데 셰익스피어가 쓴 『햄릿』의 전체 줄거리를 다시 생각해보면 이 유명한 문장을 "죽느냐 사느냐, 그것이 문제로다"로 번역하는 데 문제가 있음을 알 수 있다.

햄릿의 아버지, 즉 덴마크의 왕은 동생 클로디우스에게 살해당했다. 왕이 낮잠을 자고 있는 동안 동생이 형의 귀에 독약을 쏟아부은 것이다. 형을 죽이고 덴마크의 왕좌를 차지한 햄릿의 삼촌 클로디우스는 형수인 거트루드와 결혼까지 했다. 독일에서 유학 중이던 아들 햄릿은 아버지의 장례식을 치르기 위해 급히 귀국했으나 자기 아버지를 죽인 사람이 자기 어머니와 결혼까지 하는 참고 견디기 힘든 일을 목격해야 했다. 억울하게 죽은 햄릿의 아버지는 야밤에 유령으로 나타나 아들에게 복수를 호소한다. 그리고 다시 뜨거운 불이 타오르는 지옥으로 돌아간다. 햄릿은 위기에 처한 덴마크를 구해야 할 왕자로서의 책임이 있었다. 억울하게 죽은 아버지의 복수도 그의 몫이다. 그러나 햄릿은 유령의 정확한 정체를 확신할 수 없었다. 복수를 부탁하는 그 유령이 진짜 억울하게 죽은 자기 아버지의 영혼인지, 아니면 일개 망령에 불과한 것인지 알 수 없는 노릇이었다. 그는 삼촌을 죽여 아버지의 원수를 갚고 덴마크 왕실을 위기에서 구해야 하는지, 아니면 그냥 미친 척하면서 나약하게 살아가야 하는지 고민한다. 바로 이 대목에서 그 유명한 대사 "To be or not to be, that is the question"이라는 대사가 나온다. 이 대사를 지금까지 우리는 "죽느냐 사느냐, 그것이 문제로다"로 번역해왔다.

탁월한 바로크 문학 연구자인 연세대학교 영문학과 윤혜준 교수는 이 대사를 "죽느냐 사느냐, 그것이 문제로다"로 번역하는 것은 문제가 있다고 주장한다. 이것은 셰익스피어의 『햄릿』을 오래전에 번역한 일본 학자들의 실수라는 것이다. 사실 be동사를 '산다_live'로 번역하는 것은 적절하지 않으며 be동사는 '~이다'로 해석하는 것이 일반적인 관례이므로, 이 부분은 "내가 덴마크의 왕자인지 아닌지, 그것이 문제로다"로 번역하는 것이 더 적절하다는 것이다. 덴마크의

▲
헨리 푸젤리가 『햄릿』의 1막 4장의 내용을 그린 삽화, 1796년.
햄릿의 아버지는 유령으로 나타나 아들에게 복수를 부탁한다.

왕자인 햄릿의 고민은 반역자인 삼촌 클로디우스에 의해 초래된 부왕 父王의 억울한 죽음과 부적절한 왕권 승계 그리고 부도덕한 어머니의 처신을 바로잡을 것인가, 말 것인가에 대한 실존적 고민에 맞춰져 있다. 더욱이 덴마크 왕실의 위기를 틈타 인근의 노르웨이가 전쟁을 획책하고 있었다. 지금 햄릿은 덴마크의 왕자답게 행동할 것인가 말 것인가를 놓고 고민을 거듭하는 중이다. 그 전문을 인용(필자의 번역)하면 아래와 같다.

"To be, or not to be, that is the question:
Whether 'tis Nobler in the mind to suffer,
The Slings and Arrows of outrageous Fortune,
Or to take Arms against a Sea of troubles,
And by opposing end them?"

"나는 덴마크의 왕자일까, 아닐까, 그것이 문제로다.
참혹한 운명의 돌팔매와 화살을 맞고도
마음속으로 참는 것이 더 고귀한 것일까?
아니면 성난 파도처럼 밀려오는 고난에 맞서서 용감히 싸워,
그 고난을 극복해야 하는 것일까?"[1]

햄릿은 군주의 피가 흐르는 덴마크의 왕자다. 당연히 억울한 죽임을 당한 아버지를 위해 복수를 하고 나라를 위기로부터 구해야 할 사명을 가진 왕자다. 지금 햄릿은 죽느냐 사느냐를 망설이는 것이 아

니라 덴마크의 왕자인지 아닌지를 고민하고 있다. 모름지기 한 나라의 왕자라면 성난 파도처럼 밀려오는 고난에 맞서서 용감하게 싸워야 하고, 그 고난을 극복해야 한다. 만약 왕자가 아니라면 강자의 횡포에 주눅든 채 정신이상자인 척 굴종의 삶을 살아도 상관없다. 그러나 왕자 햄릿은 자기 아버지를 살해했고, 자기 어머니를 욕보였으며, 무엇보다 덴마크를 위기로 몰고 간 클로디우스 왕에게 복수를 해야 한다. 그것이 바로 왕자에게 주어진 사명이기 때문이다.

아르메니아와의 전쟁

페르시아의 왕자 키루스는 외할아버지와 외삼촌이 통치하던 나라 메디아에 위기가 닥쳤다는 전갈을 받았다. 아르메니아라는 인접 강대국이 갑자기 메디아를 침공했다는 것이다. 페르시아, 메디아 그리고 아르메니아의 위치를 대충 알아두면 상황을 이해하는 데 도움이 될 것이다.

우선 키루스가 통치하던 페르시아는 유프라테스 강과 티그리스 강이 흐르는 메소포타미아 지방이라고 생각하면 된다. 기원전 530년에 바빌로니아의 수도 바빌론을 접수하면서 전체 메소포타미아 지방을 차지하게 되지만, 우선 이해를 돕기 위해 페르시아의 위치를 바빌로니아와 중첩시켜도 별로 문제될 것은 없다. 이 메소포타미아 동북쪽에 있는 큰 나라가 메디아다.[2] 그리고 메디아의 서북쪽에 있던 나라가 아르메니아다. 아르메니아의 서쪽은 흑해와 맞닿아 있고, 동쪽은 카스피 해까지 뻗어 있다. 말하자면 아르메니아는 메소포타미아 북쪽 지방을 장악했으며, 기원전 6세기 중엽까지 중앙아시아의 서쪽을 지배하던 강대국이었다.

키루스는 인접 국가인 페르시아의 왕자였다. 그도 햄릿처럼 고뇌했을 것이다. '나는 페르시아의 왕자일까 아닐까, 그것이 문제로다! 아르메니아의 공격을 받고도 마음속으로 참는 것이 더 고귀한 것일까? 아니면 성난 파도처럼 밀려오는 아르메니아 군사에 맞서서 용감히 싸워, 그 고난을 극복해야 하는 것일까?' 키루스는 햄릿의 결의처럼 "성난 파도처럼 밀려오는 고난에 맞서서 용감히 싸우기로" 결정한다. 페르시아의 왕자로서 마땅히 해야 할 일이었기 때문이다.

장차 군주로 성장해갈 사람에게는 결단의 순간이 찾아오기 마련이다. 지금 전쟁을 시작해야 하는지 아닌지 결정을 내릴 사람은 군주 본인이다. 그 판단은 남에게 미룰 수 없다. 전쟁을 수행하는 방법에 대해서는 다른 사람의 조언을 받을 수 있으나 전쟁의 시작을 결정하는 것은 오롯이 군주가 판단해야 할 몫이다. 키루스는 페르시아의 왕자답게 신속하고 단호하게, 지금은 전쟁을 할 때라고 판단했다. 총사령관의 자리에 오른 키루스는 제일 먼저 부하들의 사기부터 챙겼다. 먼저 페르시아 시민들로 구성된 일반 병사들을 모두 불러놓고 그들에게 용기를 주며 확실한 승전의 보상을 약속했다. 키루스의 감동적인 연설은 이렇게 이어진다.

"페르시아 동료 시민 여러분. 여러분은 우리와 같은 땅에서 태어나 자랐습니다. 여러분의 신체 조건은 우리(필자 주: 페르시아의 왕족과 귀족)보다 조금도 뒤지지 않습니다. 그리고 여러분은 용기에서 우리보다 조금도 뒤떨어지지 않습니다. 그럼에도 불구하고 여러분은 우리나라에서 우리와 같은 특권을 누리지 못했습니다. 왜냐하면 여러분은 스스로의 생계를 책임져야 했기 때문입니다. 그러나 신들의 도움으로 나는 여러분이 생활에 필요한 물품을 받도록 할 것이며, 여러분이 원한다면 우리와 같은 무기를 받으며 우리가 겪는 것과 같은 위험을 겪도록 할 것입니다. 그리고 우리의 원정에서 어떤 정당한 성공이 주어지면 우리와 같은 몫을 받게 할 것입니다."[3]

키루스 대왕은 일반 시민과 귀족들을 차별하지 않고, 전쟁에서 시민과 귀족이 같은 무기를 들고 싸울 수 있도록 조치를 취할 것이며, 시민과 귀족이 공을 세우면 차별 없이 동일하고 공정한 보상을 해주리라고 약속했다. 이것은 단순히 신분의 평등을 말하는 것이 아니다.

지금 크세노폰은 플라톤을 다시 비판하고 있다. 플라톤의 『국가』에 등장하는 수호자 계급은 귀족 출신의 장군들이다. 그들은 이른바 '금수저'를 물고 태어났고, 늘 경제적인 여유가 있었기에 전쟁에 나갈 때마다 "가슴에는 흉갑을 차고, 왼팔에는 방패를, 오른손에는 군도나 언월도를 들고" 다닐 수 있었다.[4] 플라톤은 그들에게 용기를 주문했다. 그러나 크세노폰은 일반 시민들에게 귀족 출신 장군들이 들고 다니던 무기를 지급하고 적의 공격으로부터 자신을 보호하는 흉갑을 찰 수 있도록 해주면서 용기를 촉구했다. 크세노폰은 키루스의 이런 감동적인 연설 후에 일어난 변화를 아래와 같이 기록한다.

키루스의 말을 들은 페르시아 병사들은 생각했다. 만약 고생을 같이 하고 보상도 같이 나누자는 키루스의 제안을 받아들이지 않는다면 평생 궁핍하게 살 것이다. 그래서 그들은 모두 무기를 집어 거기에 이름을 새겨 넣었다. 적이 오고 있었지만 아직 도착하지 않았을 때, 키루스는 병사들이 강인한 체력을 갖추고, 전술을 습득하며, 전쟁에 필요한 용기를 가질 수 있도록 노력했다.[5]

이것이 키루스 대왕이 전쟁을 준비하며 내린 첫 번째 조치였다. 일반 보병들과 귀족 출신 장교들에게 동일한 무기를 지급하고, 전공戰功을 쌓을 경우 공정한 보상을 약속함으로써 부하들의 사기를 높였다. 그래서 온 부대가 "높은 전공을 세운 사람은 큰 희망을 품을 자격을 갖게 될 것"이고, "병사들은 서로 똑같이 대우받는 것을 눈으로 보기 때문에 자신이 부당한 차별을 받는다는 핑계를 댈 수 없게 된다"는 것이다.[6] 키루스는 본인 스스로 사병들과 동일한 시간에 함께 땀 흘리며 훈련을 받았고, 사병들과 함께 식사했으며, 그들과 똑같은 음식을 먹었다.[7]

또한 키루스는 귀족 출신으로 구성된 장교들에게도 직접 명령을 내렸다. 일반 병사를 이끌고 전투 현장에서 유념해야 할 장교의 책무에 대한 것이었다.

"그대가 산에서 달리는 데 익숙하다고 해서 군사들도 달리도록 하지 마시오. 대신 약간 빠르게만 이끄시오. 그래야만 군사들이 장군들을 쉽게 따라갈 수 있을 것이오. 그리고 가장 강하고 열정적인 군사 몇 명을 뒤로 보내 뒤따라오는 군사들을 격려하는 것도 때로는 유익하다오. 그들이 줄지어 가는 군사들 옆을 지날 때 그들이 뛰는 것을 보게 되면 모두가 자극을 받게 되지."[8]

아르메니아는 고산 지대였기 때문에 군사들이 빠른 속도로 행군하는 데 어려움이 많았다. 키루스는 더 강인한 체력을 가지고 있는데다 특수 훈련을 받은 장교들이 너무 앞서 달리면 뒤따라가던 일반 군사들이 따라가지 못할 것을 염려했다. 그래서 장교들에게 너무 빨리 앞서서 달리지 말라고 명령했다. 장교들이 전투를 지휘할 때, 작전의 전체 상황을 잘 파악하고 본인의 위치 설정에 현명하게 하되, 늘 일반 군사들의 전투 수행 능력을 고려하라는 지시였다.

신하 선택의 기준

이렇게 탁월한 총사령관의 지휘를 받고 있었으므로 아르메니아는 키루스가 이끄는 페르시아 군대의 적수가 될 수 없었다. 사기가 하늘을 찌를 듯한 페르시아 군대의 공격에 아르메니아 군대는 순식간에 와해됐다. 아르메니아 왕은 항복을 선언했고, 당시 관례에 따라 패전한 왕은 승전국의 재판을 받고 사형에 처해졌다.

당시 아르메니아의 왕자는 티그라네스Tigranes Orontid(B.C. 560~535)였다. 그는 페르시아와 아르메니아가 한창 전쟁 중인데도 해외여행을 하고 있던 정말 한심한 왕자였다. 아르메니아가 페르시아에 무릎을 끓고, 아르메니아의 왕인 자신의 아버지가 패전의 책임을 지고 키루스의 손에 죽임을 당하게 되었는데도 그는 한가하게 해외에서 여행을 즐기고 있었다. 그러다 패전의 소식과 함께 아버지가 사형을 당하게 되었다는 소식을 듣고 티그라네스는 황급히 귀국길에 올랐다. 티그라네스는 키루스와 면식이 있던 사이였다. 이웃 나라의 왕자였기 때문에 함께 사냥을 하면서 친분을 쌓기도 했었다. 티그라네스는 키루스의 발 앞에서 머리를 조아리며 아버지를 살려달라고 호소했다. 아르메니아를 통째로 바치고, 앞으로 키루스와 페르시아에 충성을 다하겠다는 맹세도 했다. 그리고 자신을 페르시아 군대의 장수로 받아달라고 간청했다. 그러자 키루스는 티그라네스에게 이렇게 말한다.

"나는 오직 강요에 의해 나를 섬기는 신하를 쓰고 싶지는 않다. 그러나 나를 향한 선의와 우정을 의무로 여겨 나를 도우려는 신하가 있다면, 그가 잘못했을지라도 나를 싫어하면서 오직 강요에 의해 자신의 업무를 수행하는 신하보다 더 흡족해할 것이다."[9]

탁월한 군주의 거울을 보여준 키루스는 신하의 선택에 있어서도 신중을 기했다. 군주 옆에서 함께 목숨을 걸고 전투에 임할 사람은 신중에 신중을 기해 선택해야 한다. 단순하게 금전적인 보상을 바라며 의무적으로 업무를 수행하는 사람이 군주 곁에 있다면, 그 군주는 절대로 전쟁에서 승리할 수 없다. 강요에 의해 업무를 수행하는 자는 무능력할 뿐만 아니라 열심히 해보려는 다른 동료들의 사기를 떨어뜨리게 마련이다. 그래서 키루스는 선의와 우정을 가진 신하들을 곁에 두고 싶었던 것이다. 덴마크의 왕자 햄릿에게 호레이쇼라는 친구가 있었듯이, 페르시아의 왕자 키루스에게는 주군에게 "선의와 우정을 의무"로 여기는 신하들이 즐비했다. 명군名君 곁에 명장名將이 있기 마련이며, 그 선택은 반드시 군주의 것이어야 한다.

6 군주의 아내도 군주다

케네디 암살, 그 기록

2013년은 미국의 35대 대통령 존 F. 케네디가 암살을 당한 지 정확하게 50주년 되는 해였다. 미국 텍사스 주 댈러스 시에서 오픈 리무진을 타고 가던 케네디 대통령은 리 오스왈드Lee Oswald가 쏜 탄환에 맞고 차 안에서 숨을 거두었다. 진짜 범인이 누구인가에 대한 대중의 관심과 의혹 제기는 50여 년이 지난 지금도 여전히 진행 중이다. 마피아가 대통령 암살을 사주했다는 설부터, 린든 존슨 부통령이 배후라는 설, 쿠바의 카스트로가 지시했다는 설, 그리고 냉전 상대국이었던 당시 소련의 KGB가 범인이라는 각종 음모설이 계속해서 제기되고 있다.

그러나 우리가 지금 주목해야 하는 것은 케네디 암살의 음모설도,

케네디 대통령에 대한 역사적 평가도 아니다. 암살 현장에 남편 케네디 대통령과 함께 있던 영부인 재클린 케네디의 기품과 위엄Dignity에 관한 것이다. 물론 미국의 대통령은 무소불위의 권력을 가진 군주가 아니다. 그러나 케네디 대통령의 비극적인 죽음 앞에서 보여준 대통령 아내의 행동은 가히 '군주의 가족'이 갖추어야 할 기품과 위엄을 보여준다.

케네디 대통령은 젊고 잘생긴 외모 덕을 많이 보았지만, 아름답고 우아한 기품을 갖춘 영부인 재클린의 덕도 많이 보았다. 당시 미국인들은 대통령보다 대통령의 아내를 더 좋아한다는 농담을 할 정도였고, 케네디는 이런 재클린의 인기를 정치적으로 적극 활용했다. 어딜 가든지 아내와 동행하며 시민들과 직접 대면하기를 좋아했고, 미국 시민들도 대통령과 함께 아름다운 영부인을 볼 수 있다는 사실에 열광했다.

케네디 대통령과 영부인 재클린은, 1963년 11월 22일에 예정되어 있던 텍사스 주 댈러스 시 방문이 위험하다는 사실을 이미 알고 있었다. 정보기관과 대통령 경호실도 테러 위협을 감지하고 있었다. 방문 전날, 댈러스 시내에는 케네디 대통령을 격렬하게 비난하고 위협하는 유인물이 뿌려지기도 했다. 대통령의 안전을 책임지고 있는 경호실도 이를 염려해 방문을 취소하거나 최소한 공개적인 자리에서는 방탄차를 탈 것을 권했지만, 케네디 대통령은 이를 거절했다. 심지어 경호원들이 대통령 부부의 옆 좌석에 탑승해 만약의 사태에 대비하겠다고 제안했으나 그 요청도 받아들이지 않았다. 경호원들이 '인人의 장막'을 치면 재클린의 모습을 시민들이 보지 못할 것이라고

시민들의 환호를 받는 존 F. 케네디 대통령과 부인 재클린 여사의 모습.

판단한 것이다. 당시 현장의 경호를 책임지던 수석 경호원 클린트 힐은 대통령으로부터 여러 차례 주의까지 받았다. 비밀 경호원들의 과잉 경호 때문에 시민들이 불편을 겪고 있다고 대통령이 직접 주의를 준 것이다.

1963년 11월 22일, 정오를 조금 넘긴 시각. 대통령 부부를 태운 오픈 리무진이 느린 속도로 댈러스 시내를 달리고 있었다. 가두에서 환호하던 시민들에게 오른손을 들어 답례를 표하던 케네디 대통령을 향해 저격범 오스왈드의 첫 번째 총탄이 날아들었다. 첫 번째 탄환은 빗나갔고, 이어 두 번째 탄환이 대통령의 목을 뚫고 지나갔다. 그리고 세 번째 탄환이 대통령의 두개골을 관통했다. 당시의 참혹했던 저격 장면은 고스란히 사진에 담겼고, 사태의 긴박감을 그대로 보여주고 있다.

두 번째 저격으로 목에 부상을 입은 케네디 대통령은 아내 재클린 쪽으로 천천히 몸을 기댔다. 남편의 몸이 자신에게 기울어지는 것을 이상하게 느낀 재클린이 남편 쪽을 바라보는 순간 다시 탄환이 날아왔고, 케네디 대통령의 두개골과 뇌 파편이 오픈 리무진 뒤쪽으로 날아갔다. 그리고 그다음 믿기 힘든 장면이 포착됐다. 이 위험하고 긴박한 순간에 재클린은 본능적으로 몸을 일으켜 리무진 뒤쪽으로 떨어져나간 남편의 두개골과 뇌의 파편을 수습했다. 총 네 발의 총탄이 날아들었고, 대통령 부부를 태운 오픈 리무진은 저격 현장에서 벗어나기 위해 빠른 속도로 달리고 있었다. 그런데도 재클린은 남편의 떨어져나간 두개골과 뇌의 파편을 찾기 위해 몸을 일으켜 세웠다. 사건이 종결된 후 재클린은 그 긴박한 상황 속에서 왜 그렇게 행동했는

▲
암살 현장에서 찍힌 스틸 사진. 총탄이 날아드는데도 순간적으로 몸을 일으켜 세우는 재클린 케네디의 모습이 담겼다.

지, 아니 그런 행동을 취했다는 사실조차 기억해내지 못했다. 본능적으로 몸을 일으켜 세운 것이다. 같은 리무진에 타고 있던 텍사스 주 주지사는 병원을 향해 달려가던 차 안에서 재클린이 "나는 지금 남편의 뇌를 가지고 있다"고 말했다고 증언했다.

재클린이 입고 있던 옷은 남편의 몸에서 튄 붉은 피로 얼룩이 졌고, 스타킹은 찢어졌으며, 얼굴과 손에도 피가 흥건했다. 그럼에도 불구하고 현장의 재클린은 냉정을 잃지 않았다. 아내는 남편의 사망을 직접 확인한 뒤 의사들을 물러나게 하고 신부神父를 불렀다. 가톨릭 신자인 케네디를 위해 마지막 종부성사終傅聖事를 맡기기 위해서였다. 그리고 신속하게 워싱턴으로 돌아가 정확한 사인을 규명하기 위해 남편의 시신을 해부하겠다고 발표했다. 미국의 대통령이 타는 에어포스 원에 남편의 시신이 담긴 관이 실릴 때, 재클린은 비행기의 일등석을 거절하고 화물칸에서 남편의 시신을 지켰다. 그러나 에어포스 원은 당장 이륙할 수 없었다.

미국의 법에 의하면, 대통령이 유고 상태면 에어포스 원은 부통령의 대통령 취임 선서 이후에만 이륙할 수 있었기 때문이다. 에어포스 원은 대통령의 집무실이기 때문에 반드시 책임자가 있어야만 국가 통제의 기능을 수행할 수 있었다. 재클린은 비행기 안에서 급하게 마련된 린든 존슨 부통령의 대통령 취임식에 참석했다. 남편의 체온이 채 식기도 전에 재클린은 미국의 새로운 대통령이 취임하는 순간을 담담하게 지켜보았다. 그녀는 그 자리에서도 한치의 흔들림 없이 냉정을 유지했고, 기품을 유지하던 퍼스트레이디의 모습은 고스란히 사진으로 기록됐다.

케네디 전 대통령의 시신과 막 취임선서를 마친 미국의 새로운 대통령을 태운 비행기는 수도 워싱턴에 도착했다. 린든 존슨 대통령은 재클린 케네디에게 함께 탑승 계단을 내려가자고 제안했다. 전 대통령의 아내와 함께 비행기 탑승 계단을 내려가면 기자들이 그 사진을 찍을 것이고 그렇게 되면 자신의 대통령 취임이 공식화되는 효과를 노린 것이다. 그러나 재클린은 그 제안을 거부했다. 남편의 시신을 실은 관이 내려지는 곳은 앞부분의 공식 탑승 계단이 아니라 비행기 후미의 화물 탑승구였다. 재클린은 남편의 시신과 함께 화물 탑승구를 통해 비행기에서 내렸다. 베데스다 해군 병원에서 남편의 시신을 해부하겠다는 결정도 재클린이 내렸다. 남편이 한때 그 부대에서 해

▲
에스포스 원에서 열린 린든 존슨 대통령의 취임식. 오른쪽에 냉정과 기품을 유지하고 있는
재클린 케네디의 모습이 보인다.

군 장교로 복무한 적이 있기 때문이다. 베데스다 병원으로 가는 동안 재클린은 차량의 앞좌석이 아닌 관을 실은 화물칸에 침묵을 지키며 앉아 있었다.

아르메니아 왕실 여인의 기품과 위엄

아르메니아를 정복한 키루스 대왕은 왕실 사람들을 모두 사면해주고, 자국의 통치권을 계속해서 인정해주는 아량을 베풀었다. 키루스가 이런 결정을 내린 이유는 아르메니아의 왕자였던 티그라네스와 나눈 우정 때문이었다. 비록 전쟁을 치른 적국의 왕자이지만 티그라네스는 키루스와 함께 사냥을 하던 죽마고우이기도 했다. 당시 아르메니아 왕실 재산은 대충 3000달란톤 정도였는데, 이것은 대략 7만 8000킬로그램의 은銀의 가치에 해당하는 거액이었다. 키루스는 아르메니아로부터 100달란톤만 전쟁 비용으로 쓰기 위해 빌리고, 나머지는 모두 티그라네스 왕자에게 돌려주었다.

평소 농담을 잘하고 장난기가 많던 키루스는 친구인 티그라네스에게, 자네가 전쟁에 져서 자네 아내도 내 포로가 되었으니 아내의 석방 조건으로 얼마를 더 내겠냐고 물었다. 그러자 티그라네스는 키루스 앞에서 "제 부인을 노예에서 벗어나게 해주시면 제 목숨을 바치겠습니다"라고 맹세했다.[1] 이 말에 감동받은 키루스는 그의 아내를 아무 대가 없이 석방시켜주고 무사히 왕실로 돌아갈 수 있도록 배려했다. 아르메니아로 돌아가던 티그라네스는 아내에게, 말로만 듣던 키

▲
작가 미상의 티그라네스 초상화. 패전국인 아르메니아의 왕자였던 그는
키루스 대왕의 신하가 되기로 한다.

루스 대왕을 직접 보니 느낌이 어떠냐고 물었다. 키루스의 잘생긴 외모와 지혜가 놀랍지 않더냐고 아내를 슬쩍 떠본 것이다. 그때 티그라네스의 아내는 남편에게 대답했다.

"제우스신에 맹세코 저는 그 사람을 쳐다보지 않았습니다. (중략) 제우스신에 맹세코 저를 노예에서 구해내기 위해 목숨을 바치겠다고 말하던 사람을 보았습니다."[2]

군주가 군주다울 수 있는 것은 이런 품위와 기품을 가진 배우자가 곁에 있기 때문이다. 케네디 대통령 옆에 재클린 케네디가 있었던 것처럼, 비록 패전한 군주였지만 티그라네스 곁에는 사랑과 신뢰를 버리지 않은 정숙한 아내가 있었다.

수사 왕실 여인의 기품과 위엄

아르메니아 왕실 여인의 기품이 『키루스의 교육』 앞부분을 장식한다면, 뒷부분에서는 수사Susa의 왕비인 판테아Panthea가 고귀한 기품을 가진 여성으로 등장한다. 당시 수사의 왕은 아브라다타스Abradatas였고, 키루스와는 우호적인 동맹국 관계를 맺고 있었다. 바빌로니아제국과의 마지막 결전을 앞둔 키루스의 연합군은 수사의 왕인 아브라다타스가 최전방을 맡고 있었다. 상대편 바빌로니아제국의 연합군 선봉은 강력한 무력을 자랑하던 이집트 군대였다. 수사의 왕 아브라다타스는 최전방에서 적의 최강부대인 이집트 군대와 맞서게 됐다.

최후의 결전을 앞두고, 출전하는 아브라다타스에게 왕비 판테아가 찾아왔다. 뺨을 타고 흐르는 눈물을 애써 감추며 판테아는 남편에게 말한다.

"아브라다타스, 만약 자기 목숨보다 당신을 더 사랑하는 여자가 있다면 그 여자는 바로 나란 사실을 당신도 아실 것입니다. (중략) 당신께서는 제가 당신을 사랑하는 것을 아십니다. 그리고 당신과 저의 사랑에 두고 진실로 맹세합니다. 당신께서 용감한 군인이라는 것을 보여주신다면, 불명예스러운 사람과 함께 불명예스럽게 사느니 차라리 당신과 함께 무덤 속에라도 갈 것입니다."[3]

아브라다타스는 아내와 눈물의 이별을 나누고 전차에 올랐다. 전차를 관리하는 군사가 문을 닫자 판테아는 남편이 타고 갈 전투 마차의 문에 입을 맞추며 작별을 고했다. 결국 판테아의 남편 아브라다타스는 전투 현장에서 장렬히 전사했다.[4] 이집트의 밀집대형 부대를 최전방에서 온몸으로 막아내다가 말에서 떨어져 부하들과 함께 살해당하고 말았다. 당시의 치열했던 전투 장면을 크세노폰은 이렇게 묘사한다.

무기들이 서로 부딪치는 소리, 화살과 창이 나는 소리, 도와달라고 절규하는 비명소리, 힘을 내라고 독려하는 고함소리, 신을 애타게 찾는 소리 등이 범벅이 되어 지옥이나 다름없었다.[5]

지옥이나 다름없었던 치열했던 전투가 결국 페르시아 연합군의 승리로 끝났을 때, 키루스 대왕이 처음 던진 말은 "누구, 아브라다타스를 본 사람이 있는가?"였다.[6] 그만큼 아끼던 사람이었다는 뜻이다. 부하들은 그가 최전방에서 이집트 군대와 용감히 창전하다가 장렬하게 전사했다고 보고했다. 그러자 키루스는 "그 말을 듣자 무릎을 탁 치더니 즉시 말에 올라 기병대를 이끌고 슬픔의 현장으로 달려갔다"고 한다.[7] 아브라다타스의 소식을 듣고 현장으로 달려간 키루스는 대성통곡을 하며 "오, 용감하고 충성스러운 영혼이여! 그대는 정녕 우리 곁을 떠났단 말인가?"라고 울부짖는다.[8] 키루스는 사랑하는 부하의 손을 잡았다. 이미 그의 팔은 적에 의해 잘려져 있었으므로 키루스가 아브라다타스의 팔을 잡자 시신에서 팔이 떨어져 나왔다. 곁에서 그 모습을 지켜보던 아브라다타스의 아내 판테아는 남편의 손을 다시 시신에 붙이며 이렇게 말했다.

"그의 다리도 마찬가지로 잘렸습니다. 하지만 키루스여. 저는 남편이 이렇게 된 것에 대해 조금도 당신을 원망하지 않습니다. 왜냐하면 어리석게도 남편에게 폐하의 가장 소중한 친구라는 것을 보여주라고 강요했던 사람이 바로 저이기 때문입니다. 그는 자신에게 무슨 일이 닥칠지 전혀 생각하지 않고 오직 폐하를 기쁘게 해드릴 생각만 했죠. 그는 참으로 명예롭게 죽었습니다. 그러나 남편을 그렇게 죽음으로 내몬 저는 지금 이렇게 살아 있습니다."[9]

수사 왕비의 놀라운 기품에 키루스는 큰 감동을 받았다. 키루스는 아브라다타스의 아내를 위로하며 남편 아브라다타스를 위한 기념비를 세우고, 부인에게 부족하지 않은 명예를 내릴 것을 약속한 뒤 다음 전투를 위해 전차에 올랐다. 그러자 아브라다타스의 아내는 시종들에게 남편 곁에서 혼자 애도의 시간을 갖고 싶다며 자리를 잠시 비워달라고 부탁하고는 남편의 시신 곁에서 단도를 꺼내 자기 가슴을 찔렀다. 그녀는 남편의 가슴에 머리를 기댄 채 숨을 거두었다. 그녀는 곁에서 울부짖는 유모에게 같은 천으로 남편과 자신의 몸을 덮어달라는 마지막 유언을 남기고 눈을 감았다.

저격수의 총탄이 날아드는 긴박한 현장에서도 남편을 지키기 위해 몸을 일으켜 세운 재클린 케네디, 의기소침해 있던 남편에게 용기를 불어넣던 아르메니아의 왕비, 그리고 전쟁터로 떠나는 남편에게 군주답게 명예롭게 싸우다가 죽으라고 말하고 운명을 함께한 수사의 왕비 판테아에게서 우리는 군주는 절대로 혼자 되는 것이 아님을 깨닫는다. 참된 군주가 되기 위해서는 군주의 아내도 군주처럼 행동하고 기품과 위엄을 갖추어야 한다. 군주는 결코 혼자 되는 것이 아니다.

7 | 사람들은 군주의
     뒷모습을 본다

비너스 효과

스페인 화가 디에고 벨라스케스Diego Velázquez(1599~1660)의 〈거울을
보고 있는 비너스〉라는 그림이 있다. 원래 영국 북부에 있는 록비 파
크Rokeby Park라는 곳에 전시되어 있던 터라 일명 〈록비의 비너스〉라고
도 불린다. 현재 이 작품은 영국 런던의 내셔널갤러리에 소장되어 있
다. 작품 속 비너스는 매혹적인 뒷모습을 보인 채 거울을 응시하고
있다. 고혹적인 뒤태만 드러날 뿐, 그녀의 앞모습은 관람객의 상상에
맡겨둔다. 그래서 더 에로틱하다. 대신 거울에 비친 비너스의 얼굴이
어렴풋이 관람객을 바라보고 있다. 거울이 작품의 제일 중앙에 놓여
있는 것으로 보아 이 작품은 비너스의 나신이 아니라 거울에 비친
비너스의 얼굴을 더 주목한다. 우리는 날개 달린 소년 큐피드가 들고

있는 거울을 통해 그녀의 희미한 얼굴을 본다. 거울 속의 그녀도 우리를 조용히 응시하고 있다.

〈거울을 보고 있는 비너스〉는 스페인 화가 벨라스케스만 그린 것이 아니다. 바로크 시대의 벨기에 화가 페테르 파울 루벤스Peter Paul Rubens(1577~1640)도 같은 제목의 그림을 그렸다. 루벤스의 작품은 벨라스케스와는 달리 거울에 비친 비너스의 숨겨진 얼굴을 관람객에게 정확하게 보여준다. 우리는 거울에 비친 비너스의 얼굴을 보면서 루벤스가 표현한 그녀의 풍만한 뒷모습과 시선을 맞추게 된다.

이런 종류의 그림들 때문에 생겨난 '비너스 효과Venus Effect'라는 용어가 있다. 교육학과 심리학에서 주로 사용하는 용어인데, 두 가지 심리적 현상을 설명하기 위해 만들어졌다. 첫째는 비너스처럼 예쁘고 잘생긴 사람을 더 적극적으로 모방한다는 가설로 주로 교육 심리학에서 사용한다. 유치원 아이들이 예쁘고 잘생긴 선생님의 말을 더 잘 듣는 이유는, 아이들의 모방 심리를 부추기기 때문이다. 아이들은 잘생기고 예쁜 선생님과 함께 공부할 때 더 뛰어난 학습 효과를 나타낸다. 그 선생님을 열심히 따라하다 보면 자기도 그렇게 될 수 있다고 믿기 때문이다. 화장품 광고에서 미모의 연예인을 모델로 쓰는 이유도 같은 심리적 효과를 노린 것이다. 나도 저 화장품을 사용하면 저 모델처럼 예뻐지지 않을까? 이런 착각을 비너스 효과라 부른다.

두 번째 비너스 효과를 설명하기 위해 다시 벨라스케스의 작품으로 돌아가 보자. 작품 속에서 침대 위에 비스듬히 누워 있는 비너스는 거울을 바라보고 있다. 아마 거울 속에 비친 자신의 모습을 보고 있을 것이다. 그런데 만약 지금 우리가 비너스의 은밀한 침실에 들어

가 거울을 보고 있는 비너스를 보게 된다면 우리는 비너스의 얼굴이 아니라 그녀의 뒷모습을 보게 될 것이다. 사실 이 그림의 관점은 관람자의 위치를 드러낸다. 이 작품은 비너스의 관점이 아니라 관람자인 우리의 관점을 보여준다. 거울을 통해 비너스의 얼굴을 보고 있지만 사실 우리는 비너스 자신도 보지 못하는 그녀의 뒷모습을 보고 있다.

만약 당신이 지금 침대에 비스듬히 누워 있는 비너스라면 이 점을 간과해서는 안 된다. 지금 내가 바라보는 것과는 또 다른 나의 모습을 사람들이 보고 있다는 것을. 그들은 내가 보지 못하는 나의 뒷모습까지 보고 있다. 이것이 바로 본인의 관점과 다른 사람의 관점이 다르다는 것을 보여주는 두 번째 비너스 효과다. 우리는 거울 앞에서 자신의 앞모습 혹은 얼굴을 보지만 다른 사람들은 내가 보지 못하는 나의 모습까지도 지켜보고 있다는 것이다.

사람들은 지금 당신의 뒷모습을 보고 있다

페르시아의 왕 키루스는 큰 전투를 앞두고 있었다. 적은 거대한 연합군을 형성하고 최후의 일전을 준비했다. 적의 숫자가 얼마나 많았는지, 전열 제일 앞줄의 길이가 8킬로미터에 달한다는 첩보가 입수됐다. 총 30개 군단으로 구성된 적의 군사력에 비해 키루스 대왕의 군대는 수적으로 절대적인 열세였다. 적의 30개 군단 중에서 가장 두려운 존재는 이집트에서 차출되어 온 1만 명의 최정예부대였다. 키루스는 이미 다른 군대와 싸워본 경험이 있기 때문에 그들이 구사하는 작전의 방향을 어느 정도 숙지하고 있었다. 그런데 이집트 군대와는 한번도 전쟁을 해본 적이 없었기에 키루스 대왕으로서도 전황 예측이 불가능했다. 이집트 군대의 밀집대형은 페르시아나 그리스 군대의 방식과는 완전히 달랐다. 1만 명의 보병을 가로 세로로 각각 100명씩 세워 전진해나가는 방식이었는데, 지금까지 한번도 보지 못한 낯선 전투 대형이었다.

키루스는 드디어 결전의 날을 앞두었다. 『키루스의 교육』 7권에는 이 "운명의 날" 전투가 상세히 기록되어 있다. 키루스 대왕이 선택한 전략은 신속한 기병대의 투입과 동시에 밀집대형을 이룬 보병부대가 진격하면서 궁수병들의 화살 공격을 지원받는 것이었다. 보통 때는 기병대를 먼저 투입시켜 적의 진영을 흩어놓은 뒤 밀집대형의 보병부대를 전진시키고, 전력이 밀릴 때 망루 위에서 화살 공격으로 우군을 지원하는 전투 방식을 취했다. 그런데 키루스는 이집트 군대에 맞서기 위해 이 세 가지 전략을 동시에 구사하기로 한 것이다. 혁신적인 전투 방식이었다.

키루스 대왕은 먼저 적의 상황을 면밀히 분석하고 구체적인 전투 계획을 수립한 뒤 실제로 전투에서 최전선을 담당할 장군들을 모아놓고 마지막으로 명령을 내렸다.

"여러분은 여러분의 지휘를 받는 군사들에게 태도와 표정, 말을 통해 여러분이 전혀 두려워하지 않는다는 것을 보여줌으로써 여러분이 지휘할 만한 자격이 되는 사람이라는 것을 몸소 증명해야 합니다."[1]

▲
키루스 대왕이 사용했던 황금 독수리 문양의 깃발.

키루스 대왕은 자신이 내린 명령을 스스로 행동으로 옮기는 모범을 보였다. 그는 뒤에서 전투를 지휘하는 것이 아니라 전투 현장으로 직접 달려가 부하들을 격려하며 전쟁을 승리로 이끌었다. 부하들은 전투부대의 제일 앞에 나가 싸우는 그의 뒷모습을 보았다. 어떤 때는 앞장서서 힘차게 노래를 부르기도 했다. 부하들의 사기를 북돋아주기 위해 힘차게 승전가를 불렀고, 함께 싸우던 군사들은 앞서가는 키루스 대왕을 따르며 그의 노래를 복창했다.[2]

키루스 대왕은 늘 앞장서서 전투를 지휘했다. 그의 머리 위에는 페르시아의 깃발이 휘날리고 있었는데, 그것은 황금 독수리가 날개를 펼친 문양이었다. 그 뒤를 따르는 군사들은 키루스 대왕이야말로 자신들을 지휘할 충분한 자격이 있는 사람임을 확신했다. 왜냐하면 그는 언제나 "태도와 표정, 말을 통해" 어떤 적도 두려워하지 않는다는 것을 몸소 보여주었기 때문이다. 황금 독수리 깃발을 앞세우고 8킬로미터를 일렬로 늘어선 적진을 향해 돌격해가면서도 기루스는 늘 한 가지 사실을 잊지 않았다. 그것은 수많은 부하들이 지금 자신의 뒷모습을 바라보고 있다는 것이었다.

사람들이 바라보는 나는 뒷모습일 때가 많다. 물론 그들은 나의 앞모습도 본다. 나의 눈을 보고, 나의 얼굴을 보고, 내가 입은 옷도 본다. 그들은 내 앞에서 항상 미소 지으며 나의 능력에 대한 찬사를 쏟아낸다. 약간의 호의에도 감사함을 표한다. 촌스럽게 옷을 입어도 탁월한 선택이었다고 입술에 꿀을 바른다. 많은 경우 그들은 내 앞에서 인상을 찌푸리거나 대놓고 험담을 하지 않는다. 내가 나의 뒷모습을 보여주기 전까지는.

군주는 특히 그렇다. 항상 문제는 군주의 등 뒤에서 일어난다. 군주의 시야가 미치지 못하는 곳에서 군주에 대한 험담이 쏟아지고, 능력에 대한 평가절하가 일어나며, 애써 베풀어준 호의에도 침을 뱉는다. 비록 군주라 해도 뒤통수에 눈이 달려 있지 않기 때문에 이것은 대업을 수행하는 군주에게는 피할 수 없는 운명인지도 모른다. 큰일을 도모하려는 사람 뒤에서 욕을 하고, 불평을 하고, 험담을 하는 것은 범부凡夫들의 일상이다. 그러니 다른 사람의 운명을 책임져야 하는 키루스 대왕과 같은 군주는 사람들의 시선이 자신의 뒤에 머물러 있다는 것을 늘 기억해야 한다. 사람들은 군주의 얼굴을 작은 거울을 통해서 볼 뿐이다. 그것은 나의 참 모습이 아닐 수도 있다. 그리고 사람들은 언제나 자기가 보고 싶은 각도에서 대상을 보고, 그 사람을 해석하고, 그 인물됨을 평가하기 마련이다.

그러므로 키루스 대왕이 그러했던 것처럼 태도와 표정, 말을 통해 전혀 두려워하지 않는다는 것을 보여주어야 한다. 어차피 사람들은 나의 뒷모습을 지켜보고 있으므로 그 뒷모습 또한 관리하는 수밖에 없다. 그것이 군주의 몫이다. 키루스는 늘 적 앞에서 절대로 주눅 들지 않았다. 이것이 바로 키루스 대왕이 거울을 통해 보여주고자 했던 자신의 모습이었다. 크세노폰은 이런 키루스의 행동이 때로 과장될 때도 있었다고 전한다.[3]

키루스 대왕은 평소에는 절대로 과장을 하는 사람이 아니었다. 그러나 전투 직전에는 과장을 하는 버릇이 있었다. 부하들이 공포에 떨고 있으면 "제우스신은 우리의 구원자이자 인도자 되신다"라는 암호를 만들어 따라하게 하고,[4] 적진 한복판에서 위기에 노출되었을 때는 전쟁의 신을 찬미하는 노래를 만들어 그의 부하들과 함께 목청껏 노래를 부르기도 했다.[5] 그것은 과장된 행동이었다. 그러나 키루스가 그렇게 한 이유는 사람들이 군주의 뒷모습을 보고 있다는 사실을 늘 기억했기 때문이다. 사람들은 키루스의 진짜 모습을 영원히 보지 못했을지도 모른다. 그들이 보는 것은 거울에 비친 키루스의 부분적인 모습과 뒷모습이었다. 키루스는 이 사실을 누구보다 잘 알고 있었다. 그래서 그는 늘 거울을 보는 군주의 거울이 된 것이다. 그는 거울을 통해 자신을 바라보는 그의 추종자들이 자신의 뒷모습을 보고 있다는 것을 기억했다. 그래서 그들에게 용기를 불어넣기 위해서라면 과장된 행동도 불사했다.

8 | 승리의
    방식

세계의 화약고로 가다

키루스 대왕이 남긴 군주의 거울을 추적하기 위해 중동의 사막 지역
으로 떠났다. 현장감 있는 글을 쓰기 위해 고민하다가 우선 요르단과
이집트의 사막 지대를 돌아보았다. 키루스 대왕이 누볐던 이란 평원
과 메소포타미아 문명 지대를 돌아봐야 했으나 국제 분쟁이 그치지
않는 곳인지라 대신 요르단과 이집트 사막을 선택했다.

　중동 지역은 여행하기 힘든 곳이다. 무엇보다 이스라엘과 팔레스
타인 사이의 정치적 갈등이 현재진행형이고, 민주화 이후 진통을 겪
고 있는 이집트에서는 폭동이, 그리고 시리아에서는 격렬한 내전이
진행되고 있었다. 이집트 시나이 반도와 사막에서는 무장 경관의 동
행이 없으면 통행이 불가능했고, 요르단 내지에서는 중무장한 군인

들이 대로와 초소를 지키며 시리아 내전의 긴박한 상황을 간접적으로 보여주었다. 키루스 대왕이 페르시아제국의 꿈을 펼치기 위해 말을 몰았을 중동 사막의 고속도로에는 중무장한 군인을 잔뜩 실은 트럭과 장갑차들이 질주했다. 키루스의 시대부터 21세기까지 중동은 여전히 '세계의 화약고'임에 분명했다. 특히 시리아 내전은 매우 심각한 형국에 접어들고 있었다. 200만 명의 시리아 난민들이 요르단의 국경을 넘어와 심각한 사회 문제가 벌어지고 있었다. 예나 지금이나 중동 사람들에게 전쟁은 피할 수 없는 일상의 현실처럼 느껴지는 것 같았다.

신아시리아, 신바빌로니아 그리고 페르시아의 대결

기원전의 중동 지방도 극심한 분열과 계속되는 전쟁의 소용돌이에 빠져 있었다. 특히 티그리스와 유프라테스 강 유역의 패권을 놓고 아시리아, 바빌로니아, 페르시아가 치열한 세력 다툼을 벌인 것이 고대 근동의 역사다. 메소포타미아 문명으로 불리는 이 지역을 제일 먼저 차지한 세력은 신아시리아제국Neo-Assyrian Empire(B.C. 911~612)이다. 기원전 10세기경부터 중동의 패권을 차지했던 신아시리아제국은 지중해 유역까지 진출해 이스라엘과 이집트까지 점령하면서 거대한 제국을 형성했다. 구약성서 『이사야서』 20장 1절에 기록되어 있는 것처럼, 아시리아의 사르곤 2세Sargon Ⅱ(B.C. 722~705 통치)가 기원전 710년 이스라엘과 바빌로니아를 완전히 정복한 것이다. 원래 메소포타미아를 차지하고 있던 바빌로니아제국은 아시리아에 무릎을 꿇고 속국이 되었지만, 점차 세력을 회복해 다시 아시리아를 제압하게 된다. 결국 기원전 605년부터 539년까지 아시리아는 다시 바빌로니아의 속국이 되고, 바빌로니아제국이 전체 메소포타미아의 패권을 다시 장악하게 된다. 이 시기의 바빌로니아를 이전 시기와 구분하기 위해 신바빌로니아제국Neo-Babylonian Empire(B.C. 625~539)이라 부른다. 메소포타미아 지역 전체를 통일하기를 원했던 키루스 대왕의 최대 적수는 바로 이 신바빌로니아제국이었다. 키루스 대왕이 일으켜 세운 페르시아제국은 기원전 539년에 신바빌로니아제국의 수도 바빌론을 정복하고 중동의 패권을 완전히 차지한다.

재삼 강조하지만 전쟁을 수행하는 방법이나 작전의 수행은 참모의 지혜를 빌릴 수 있지만, 전쟁을 할 것인가 말 것인가의 결정은 오롯이 군주가 내려야 한다. 전쟁은 피아彼我 간에 엄청난 희생과 비용을 요구하고, 적과 아군에게 돌이킬 수 없는 물질적, 정신적 상처를 남기기 때문에 전쟁 여부의 판단을 다른 사람에게 미룰 수는 없다. 키루스 대왕은 신바빌로니아제국과 전쟁을 하기로 결정한다. 신흥 약소국이었던 페르시아를 메소포타미아의 대제국으로 성장시키기 위해서는 신바빌로니아제국과의 전면전은 불가피한 선택이었다. 그렇다면 키루스 대왕은 전쟁을 어떤 식으로 수행했을까. 전쟁이 불가피할 경우 군주는 어떤 방법으로 전쟁을 이끌어가야 할까. 고대 그리스 시대의 탁월한 군주의 거울이었던 키루스 대왕은 전쟁의 네 가지 원칙을 보여주었다.

키루스 대왕의 첫 번째 원칙은 적의 아군부터 먼저 무력화시키는

▲
현재 이란에서 기념품으로 통용되고 있는 키루스 대왕의 부조.
페르시아 문명을 계승한 이란에서 키루스 대왕의 인기는 절대적이다.

것이었다. 적과의 전쟁이 불가피하다면 무엇보다 먼저 적의 아군부터 찾아내 궤멸시켜야 한다. 그렇지 않으면 결국 적은 우군의 지원을 받아 반격을 가할 것이다. 당시 메소포타미아의 패권을 장악하고 있던 나라는 키루스가 적으로 간주했던 신바빌로니아세국이었다. 그러나 당시 신바빌로니아제국은 아시리아와 우호적인 관계에 있었다. 비록 아시리아를 속국으로 삼고 있었고, 전염병 때문에 아시리아 군대의 전력이 약해졌다고 해도,[1] 여전히 아시리아는 신바빌로니아의 강력한 원조 세력일 가능성이 컸다. 키루스 대왕은 신바빌로니아제국의 수도를 공격하기 전에 먼저 아시리아를 완전히 제거하기로 결심한다. 적의 우군을 미리 제거함으로써 후환을 미연에 방지하는 것이 키루스 대왕이 세운 첫 번째 전쟁의 원칙이었다.

키루스 대왕의 두 번째 원칙은 수비가 아니라 공세를 선택하는 것이다. 키루스는 공격과 수비 중 어떤 작전이 유효한가에 대해 메디아의 왕인 외삼촌 키악사레스와 논쟁을 벌인 적이 있다. 그는 키악사레스에게 "적이 오기를 기다리는 것이 아니라 될 수 있는 한 빨리 적국으로 쳐들어가는 것이 최선"이라고 주장했다.[2] 반대로 키악사레스는 일단 튼튼한 방어선을 구축하고 아시리아 군대가 쳐들어오는 것을 적절하게 방어하는 수비 위주의 전략을 선택했다. 키루스는 키악사레스의 전쟁 방식을 비판하며 선제공격만이 군사들의 사기를 높이는 데 더 효과적이라고 말했다. 승리의 주도권을 쥐기 위해서는 "두려움에 떨면서 적의 공격을 웅크린 채 앉아서" 기다리는 것이 아니라 군사들로 하여금 먼저 나가서 싸워야 한다는 것이었다. 그래야만 군사들의 사기가 올라가고, 계속되는 전쟁에서 승리를 거둘 수 있다고 주장했다. 키루스에게 승리의 전략은 "우리가 그들을 더욱 두렵게 하고, 우리를 더욱 용감하게 만드는 것"이었고, 그는 언제나 수비보다는 공세가 더 전투에 유리하다는 입장을 취했다.[3] 키루스는 키악사레스와의 논쟁에서 다음과 같이 말한다. 수비가 아니라 공세를 취할 때 군사들의 영혼에서 용기가 뿜어져 나온다는 것이다.

"저의 아버지가 항상 말씀하셨고, 외삼촌께서도 역시 말씀하셨고, 다른 사람도 동의하듯이 전투란 군사들의 육체에서 나오는 힘보다는 그들의 영혼에서 나오는 힘으로 판가름 나는 경우가 많다고 생각합니다."[4]

키루스의 세 번째 전쟁 원칙은 적에게 자신의 의도를 드러내지 않는 것이다. 마침내 아시리아와의 결전의 날이 다가왔다. 아시리아의 군대와 페르시아의 군대는 겨우 5.5킬로미터를 사이에 두고 양쪽이 마주보며 각각 진을 쳤다. 아시리아 군대는 평지에서 숙영을 했지만, 페르시아의 군대는 키루스의 명령에 따라 언덕 뒤에 자리를 잡았다. 키루스는 자신의 전력을 적에게 노출시키지 않는 은폐 전략을 선택한 것이다. 다시 외삼촌 키악사레스와의 논쟁이 벌어졌다. 키악사레스는 페르시아 군대를 언덕 뒤에 숨기지 말고 대낮에 행군을 시켜 적 앞에서 무력시위를 하자고 주장했다. 그러면 적의 사기가 크게 위축될 것이라 믿었다. 그러나 키루스는 키악사레스의 제안에 반대하며, 그런 행동은 적군에게 아군의 전력만 노출시킬 뿐이라고 일축했다. 언덕 뒤에 숨어 있다가 불시에 일격을 가하는 것이 더 나은 전략이라는 것이었다. 키루스는 그들이 "우리를 얕보지 않고 오히려 꿍

꿍이가 있어서 그러나 하고 몹시 궁금해"하도록 유도할 필요가 있다고 외삼촌을 설득했다.[5] 자신의 전력을 드러내지 않고 싸우는 것이 적에게 더 많은 공포심을 불러일으킨다고 키루스는 믿었다. 일종의 전쟁 심리학을 펼친 것이다.

키루스의 네 번째 전쟁 원칙은 병사들의 사기를 최대로 고취시켜 전진하게 만드는 것이다. 전쟁의 승패는 결국 최후의 백병전에 달려 있다. 아무리 전략을 잘 짠다 해도 최후의 일전에서 군사들이 용감히 싸우지 않으면 적진에 승리의 깃발을 꽂을 수 없다. 키루스는 병사들의 사기를 고취시키는 데 천재적인 소질을 발휘했다. 그는 먼저 병사들에게 승리의 확신을 심어주었다. 죽음의 공포에서 벗어나 군사들이 용감하게 싸울 수 있도록 키루스는 "제우스신의 쌍둥이 아들 디오스쿠로이를 칭송하는 찬가를 몸소 부르기 시작했고"이 찬가를 들은 군사들은 키루스의 노래를 따라 부르며 적진으로 뛰어들었다.[6] 크세노폰은 디오스쿠로이 찬가를 힘차게 불렀던 키루스의 행동을 "이런 행위는, 신을 경외함으로써 인간에 대한 두려움을 줄이는 역할을 했다"고 평가했다.[7]

군사들의 사기를 고취시켜 적을 두려워하지 않게 만드는 것이 키루스가 선택한 전쟁의 마지막 방식이었다. 키루스는 일반 병사들보다 앞서 달리면서 스스로 열정에 사무쳐 소리 질렀다. "누가 나를 따를 것인가? 누가 진짜 용감한 자인가? 누가 제일 먼저 아시리아 군사를 쓰러트릴 것인가?"[8] 그러자 대열에서 키루스의 뒤를 따르던 페르시아의 병사들도 앞으로 달리면서 소리치기 시작했다. "누가 제일 먼저 아시리아 군사를 쓰러트릴 것인가?"

▲
미켈란젤로가 설계한 캄피돌리오 광장 입구를 지키고 있는 디오스쿠로이 형제의 동상.
로마 유피테르 신의 쌍둥이 아들로, 카스토르와 폴룩스를 형상화한 것이다.

전투의 결과는 물어볼 필요도 없었다. 키루스의 페르시아 군대는 아시리아 군대를 단숨에 물리쳤다. 아시리아 군대는 도망가는 숫자가 많았던 반면 페르시아 군대는 단 한 명도 도망가지 않고 앞장서서 싸우는 키루스와 함께 승리를 거두었다. 키루스 대왕은 승리의 기쁨에 취해 있던 페르시아 군인들에게 이렇게 말했다.

"나는 또한 이 생각을 여러분 모두에게 전달하고 싶습니다. (중략) 오늘 전투에서 배운 것을 결코 잊지 마십시오. 그래야만 도망가는 것과 용기 있게 싸우는 것 중에 어느 것이 목숨을 구하기 쉬운지, 싸우려는 사람과 그렇지 않으려는 사람 중에 누가 더 쉽게 도망가는지, 그리고 승리가 어떤 즐거움을 가져다주는지 여러분 마음속으로 판단할 수 있습니다. 여러분이 이 모든 것을 경험하고, 그것이 가장 최근에 일어났을 때 가장 잘 판단할 수 있습니다. 그리고 이것을 항상 기억할 때 여러분은 보다 더 용감해질 수 있습니다."[9]

키루스 대왕이 누비고 다녔을 요르단 사막 지대를 지나면서 그가 남긴 마지막 전쟁의 방식을 떠올려보았다. 그것은 경험을 통해 배우는 군주의 자세였다. 전쟁을 승리로 이끌었을 때 그것에 만족하는 것이 아니라 새로운 교훈을 찾고 이를 다시 다음 전쟁에 적용하는 자세, 그것이 바로 키루스 대왕이 남긴 탁월한 군주의 거울이었다.

9 | 인간의 본성을 직시하라

사이렌의 유혹과 오디세우스

세계적인 커피전문점 스타벅스가 한국에서도 성업 중이다. 길을 걷다 보면 쉽게 간판을 발견할 수 있을 정도다. 스타벅스의 초록색 간판에 등장하는 요정의 아이콘은 사이렌Siren이다. 인어처럼 보이지만 물고기 꼬리가 둘 달린 요정 사이렌을 이미지화한 것이다.

원래 그리스 신화에 등장하는 요정 사이렌은 물고기가 아니라 새의 몸을 가지고 있었다. 새처럼 바다 위 하늘을 날아다니면서 지나가는 선원들을 유혹한다. 누구든 이 사이렌의 노랫소리를 듣고 그 유혹에 넘어가면 파멸에 이르게 된다는 전설이 있다. 사이렌의 전설은 호메로스의 『오디세이아』에도 등장한다. 트로이 전쟁을 마치고 고향으로 귀환하던 오디세우스와 그의 부하들은 사이렌의 유혹을 받게 된다.

▲

물고기 꼬리가 달린 사이렌 조각. 16세기 말, 뉴욕 메트로폴리탄 박물관 소장.
로마의 명문가인 콜론나 가문이 소장하고 있던 조각품이다.

작품의 주인공 오디세우스는 부하들의 귀를 밀랍으로 막았다. 부하들이 사이렌의 유혹에 빠져 파멸의 길로 따라가지 않도록 한 것이다. 오디세우스는 부하들을 막으면서 자신의 몸도 돛대에 묶으라고 명령했다.

> "대신에 그대들은 내가 그 자리에 꼼짝없이 있도록 돛대의 발판 사다리에 거친 끈으로 나를 묶고, 그 줄이 돛대 끝에서 단단히 묶이도록 하시오. 그리고 내가 그대들에게 나를 풀어달라고 간청하고 명령한다면, 더 강한 끈으로 나를 꽁꽁 묶으시오."[1]

군주는 돛대에 자신의 몸을 묶는 사람이다. 군주라면 오디세우스처럼 스스로 밧줄에 묶일 각오를 해야 하고, 유혹에 노출될 수밖에 없는 자신의 한계를 인정해야 한다. 호메로스는 사이렌의 유혹에 노출된 오디세우스 이야기를 통해서 단순히 유혹에 넘어가지 말라고 요구하는 것이 아니다. 호메로스는 인간의 본성을 직시하라고 말하고 있다.

어떤 군주나 지도자도 처음에는 스스로 자신의 몸을 돛대에 묶는다. 초심은 누구에게나 단호하고 거룩한 결단을 내리게 한다. 그러나 인간의 본성은 한결 같아서 시간이 지나면 누구나 결박되어 있는 자신의 몸을 "풀어달라고 간청하고 명령"하게 된다. 시간이 지남에 따라 초심을 잃는 것이 인간의 속성이다. 사이렌의 유혹에서 벗어나는 길은 서둘러 자신을 돛대에 묶는 행동이 아니라 시간이 지나면 누구든 그 불편한 밧줄을 "풀어달라고 간청하고 명령"하게 된다는 인간의 본성을 깨닫는 일이다. 그것이 인간의 본성이기에 나 또한 그렇게 될 수 있음을 깨닫고 더 큰 주의를 기울여야 한다. 누구든지 스스로 서 있다고 자만하는 자는 곧 넘어지게 된다. 넘어지지 않는 방법은 언젠가는 내가 넘어질 수도 있다는 사실을 인식하는 것이다.

아라스파스의 임무

키루스 대왕이 아끼던 부하 중에 어릴 때부터 같이 자란 친구 아라스파스Araspas가 있었다. 키루스는 개인적으로 친구이기도 한 그에게 특별한 임무를 맡겼다. 키루스의 동맹군이었던 수사의 왕 아브라다타스가 박트리아로 출장을 가면서 집을 비우게 되었는데, 그동안 그의 아내 판테아를 잘 보호하라는 것이었다. 그녀는 이미 앞에서 소개했던 고결하고 품위 넘치는 수사의 왕비였다. 아라스파스는 판테아가 살아 있을 때 잠시 그녀의 경호 대장으로 임명되었던 것이다. 아라스파스와 판테아 그리고 키루스 대왕 사이에서 펼쳐지는 이 이야기는 인간의 본성에 대한 것이다.

하루는 아라스파스가 키루스 대왕을 찾아와 수사의 왕비 판테아를 직접 본 적이 있느냐고 물었다. 판테아는 미모가 뛰어나기로 유명한 여인이었다. 아라스파스는 자신이 경호를 책임지고 있는 판테아의 외모에 대해 입에 침이 마를 정도로 칭찬을 하고는 키루스에게 직접 그녀의 얼굴을 한번 보면 반하게 될 것이라고 말했다. 그러자 키루스는 아라스파스에게 이렇게 말한다.

"제우스신에 맹세코 네가 그렇게 그녀가 아름답다고 말해도 나는 그 여인을 보지 않을 것이다. (중략) 내가 그 부인이 아름답다는 말을 듣고서 그녀를 보러 간다면, 내가 시간이 없을 때에도 그녀가 자기를 보러 오라고 적극 설득할까 걱정된다. 그렇게 된다면 나는 결국 그곳에 앉아서 해야 할 일을 잊어버리고 그녀를 바라보고 있느라 시간 가는 줄 모르게 될 것이다."[2]

키루스는 판테아 왕비의 아름다움 때문에 실수할 것을 미리 염려해 눈길조차 주지 않겠다고 대답한 것이다. 유혹에 마음을 뺏기는 것이 아니라 군주의 사명을 감당하는 일에 최선을 다하겠다는 다짐이었다. 유혹의 발생 가능성을 모두 차단해버리겠다는 그의 말과 행동은 자신을 돛대에 묶으라고 명령하던 오디세우스의 결단과 닮아 있다.

그러자 아라스파스는 웃음을 터뜨리면서 키루스 대왕과 인간의 본성에 대한 대화를 나누기 시작한다. 지금까지 키루스 대왕의 모습을 통해 군주의 거울을 보여주던 크세노폰은 이 대목에서 인간 본성에 대한 성찰을 길게 이어간다. 아라스파스는 아름다운 여인을 보고도 자신을 억제할 수 있느냐고 키루스에게 다시 질문을 던지며, 오히려 본성에 충실하게 행동하는 것이 "자연의 이치"를 따르는 것이라고 주장한다.[3] 빼어난 미모의 여인을 보고 사랑의 감정을 느끼는 것은 모든 인간이 갖는 자연스러운 감정이며, 그것이 바로 인간에게 '자유의지'가 존재한다는 반증이라는 것이다. 한마디로 본능에 충실한 것은 해될 것이 없다는 말이었다. 아라스파스는 인간의 감각을 인정하고 존중했던 소피스트들처럼 자신의 주장을 이렇게 펼쳐갔다.

▲
프랑수아 스피에르, 〈키루스와 판테아〉, 1691년, 피렌체 피티 박물관 소장.
키루스 대왕이 뛰어난 미모를 지닌 판테아를 보지 않겠다고 선언하는 장면이다.

"만약 굶는 사람이 배고픔을 느껴서는 안 되거나, 마시지 않는 사람이 갈증을 느껴서는 안 되며, 겨울에는 추위를 느끼고 여름에는 더위를 느껴서는 안 된다는 법이 만들어진다 해도, 그 법은 인간에게 아무런 효력을 미치지 못할 것입니다. 왜냐하면 사람은 자연의 이치에 지게 되어 있습니다. 그러나 사랑은 자유의사의 문제입니다. 여하튼 사람마다 좋아하는 신발이나 옷이 있듯이 각자 자신의 취향에 맞는 사람을 사랑하게 되어 있습니다."[4]

지금 키루스 대왕과 아라스파스는 유혹에 노출될 수밖에 없는 인간의 본성과 사랑의 감정에 대해 솔직하고 진지한 대화를 나누고 있다. 그것은 단순히 아름다운 여인을 보면서 느끼는 아라스파스의 욕망에 대한 문제가 아니었다. 지금 아라스파스가 주장하는 것은 모든 인간은 사이렌의 유혹 앞에 굴복당할 수밖에 없는 존재라는 것이다. 그렇다면 이런 치명적인 한계를 지닌 인간은 사이렌의 유혹 앞에서 어떻게 행동해야 할까. 군주는 사랑의 감정을 어떻게 다스려야 할까.

키루스는 아라스파스와 전혀 다른 입장을 취한다. 한 사람은 군주였고, 한 사람은 신하였다. 아름다운 판테아를 대하는 방식은 그들의 신분만큼이나 달랐다. 군주는 사랑의 감정을 다루는 데 있어서도 남과 달라야 한다는 것을 보여준다. 키루스 대왕은 이미 판테아를 아예 쳐다보지도 않겠다고 선언한 바 있다. 판테아를 한번 보게 되면 그 아름다움에 마음을 빼앗겨 군주인 자신도 유혹에 빠질 수 있기 때문이다. 그는 군주가 사랑의 감정을 다스리는 방식을 이렇게 설명한다.

"사람은 손가락에 불을 갖다 댈 수 있지만, 그 즉시 타지는 않는다. 나무에 불을 붙인다고 그 즉시 화염으로 번지지는 않는다. 하지만 나는 여전히 내 손에 불을 붙이지 않으며, 할 수 있다면 아름다운 여자를 쳐다보지도 않는다. 그리고 아라스파스, 나는 그대도 마찬가지로 그 미인에게 눈을 오래 두지 말 것을 권고한다. 불이 그것에 닿는 사람만 태우듯이, 아름다운 여자는 멀리서 바라볼지라도 자신도 모르는 사이에 남자의 마음에 불을 지펴 열정으로 타오르게 하기 때문이다."[5]

키루스는 아라스파스에게 자제할 것을 당부했다. 인간의 본성을 누구보다 잘 알고 있었기에 군주인 자신은 아예 그 아름다운 여인에게 눈길조차 주지 않겠다고 재차 다짐한 것이다. 그러나 아라스파스는 자신은 "올바른 것의 한계를 넘지 않도록 하는 힘"을 가지고 있다고 호언장담하면서 "걱정 마십시오, 키루스여! 제가 그녀를 바라보는 일을 멈추지 않는다 하더라도, 저는 제가 결코 해서는 안 되는 일을 하지 않을 것입니다"라고 약속한다.[6]

아라스파스의 최후

결과는 어떻게 되었을까. 키루스 대왕처럼 아예 눈길조차 주지도 않는 것이 현명한 선택이었을까. 아니면 인간의 자제력을 믿고 판테아를 바라보면서도 올바른 일의 한계를 넘어서지 않겠다고 호언장담한 아라스파스의 선택이 더 옳았을까.

아라스파스의 이야기는 『키루스의 교육』 6권에 다시 등장한다. 스스로 절제할 수 있다고 큰소리치던 아라스파스는 판테아에게 완전히 넘어가 유부녀인 그녀에게 사랑을 고백하는 실수를 범했다.[7] 이미 한 남자의 조강지처이자 수사의 왕비인 판테아는 아라스파스가 바친 사랑의 고백을 냉정하게 거절해버렸다. 결국 아라스파스는 완력으로 그녀를 차지하려다가 키루스 대왕의 부관들에게 발각되어 처벌을 받는다. 그다음 이야기는 이렇게 이어진다.

키루스는 그 이야기를 듣자, 자신은 사랑의 열정을 쉽게 이길 수 있다고 큰소리치던 아라스파스를 향해 큰 웃음을 터트렸다. 키루스는 아르타바주스를 환관과 함께 아라스파스에게 보내 그 부인에게 폭력을 쓰지 말 것을 엄중히 경고했다.[8]

결국 아예 아름다운 여인에게 눈길조차 주지 않겠다고 맹세했던 키루스의 선택이 옳았다. 스스로 자제심을 발휘할 수 있다고, 자신의 욕망을 잘 다스릴 수 있다고 큰소리치던 아라스파스는 결국 유혹에 넘어가고 말았다.

군주는 유혹에 늘 노출되어 있다. 사이렌의 감미로운 노랫소리가 군주 곁을 맴돌며 유혹의 손길을 뻗친다. 그들은 인간의 가장 기본적인 욕망에 충실하라고, 눈 한번 질끈 감으면 된다고, 남들도 다 그렇게 한다고 달콤하게 속삭인다. 군주가 가지고 있는 부와 다른 사람의 운명을 좌지우지할 수 있는 힘 때문에 군주는 오히려 더 지독한 운명의 장난에 내던져질 확률이 높다.

군주의 자질이 부족해서 망하는 것이 아니라 유혹에 굴복할 수밖에 없는 인간의 한계 때문에 망한다. 지금도 사이렌의 유혹에 노출되어 있는 당신은 키루스의 처신을 선택할 것인가, 아니면 아라스파스의 처신을 선택할 것인가.

10 | 레거시를 남겨라

독일의 리더십과 유럽

몇 년 전, 세계 경제가 남유럽 지중해 연안 국가들이 초래한 경제위기에 노출된 적이 있다. 이른바 EU(유럽연합)에 소속되어 있는 포르투갈, 이탈리아, 그리스, 스페인의 첫 글자를 딴 PIGS 현상으로 소개된 'EU 경제위기'다. 지금도 그 위기는 진행형이다. 만성적인 재정적자와 높은 실업률 때문에 유럽 전체가 암울한 경제 전망을 내놓고 있을 때, 모든 사람들이 바라본 나라가 있었다. 바로 EU의 맹주국인 독일이다. 강대국 독일의 경제력과 앙겔라 메르켈 총리의 리더십이 없었다면 EU 경제는 위기에 처했으리라는 것이 경제학자들의 공통된 의견이다.

독일은 지난 20세기에 세계대전을 일으켜 유럽 전체를 전쟁의 구렁텅이로 내몰았던 전범 국가이며, 600만 유대인을 학살한 홀로코스트의 주범 국가다. 히틀러의 사망과 독일의 항복으로 제2차 세계대전을 승리로 이끈 연합군의 수장들은 1945년 2월 얄타 회담을 개최하고 독일을 미국, 소련, 영국, 프랑스가 분할 점령할 것을 결의했으며, 독일의 군수 산업을 완전히 몰수하고 엄청난 전쟁 배상금을 물린 바 있다. 독일에 대한 다른 유럽 국가들의 견제는 20세기의 얄타 회담에만 국한된 것이 아니다. 17세기 당시 신성로마제국으로 불리던 지금의 독일은 30년 전쟁에 패해 1648년 베스트팔렌 조약에 서명하게 된다. 이 조약을 통해 신성로마제국(독일)이 누려온 유럽의 지배권은 완전히 종식되었고, 신성로마제국의 모든 영토는 작은 제후국과 자유 도시로 분리됐다. 독일이 다시 유럽의 패권을 잡을 가능성을 원천적으로 봉쇄시켜버린 것이다. 이렇게 얄타 회담과 베스트팔렌 조약을 통해 두 번씩이나 나라 꼴이 엉망이 되었던 독일이 어떻게 다시 불사조처럼 부활해 EU의 맹주국이 될 수 있었을까.

이유는 간단하다. 탁월한 지도자들이 있었기에 가능한 일이었다. 지금도 독일 사회에서는 사회적인 어젠다Agenda가 제기되거나 국가적 위기에 봉착하면 국민 스스로 던지는 질문이 있다고 한다. "비스마르크라면 이 상황에서 어떻게 했을까(What Would Bismark Do)?"[1] 우리에게는 '철혈鐵血 재상'으로 알려져 있는 오토 폰 비스마르크Otto von Bismarck(1815~1898)는 독일의 국민과 지도자들에게 변치 않는 군주의 거울이 된 셈이다. 지금의 독일이 강력한 독립국가로 존재하는 이유는 바로 비스마르크가 프로이센을 중심으로 흩어져 있던 나라를 하나의 강력한 통일 국가로 변모시켰기 때문이다. 19세기 중엽, 비스마

▲
프란츠 폰 렌바흐, 〈비스마르크의 초상화〉, 1890년, 볼티모어 월터스 예술박물관 소장.
비스마르크는 작은 제후국과 자유 도시로 분열되어 있던 독일을 프로이센 중심의 강력한
중앙집권 국가로 재건시킨 탁월한 지도자였다.

르크는 유럽의 패권을 놓고 다투던 프랑스의 나폴레옹 3세와의 전쟁에서 승리를 쟁취하고, 유럽 정치의 주도권을 쥐게 된다. 이때 비스마르크가 보여준 탁월한 외교력과 리더십 때문에 지금도 독일에서는 나라의 위기가 닥칠 때마다 "비스마르크라면 이 상황에서 어떻게 했을까?"라는 질문을 던짐으로써 직면해 있는 난국을 지혜롭게 헤쳐나간다. 비스마르크는 독일 정치사에 지울 수 없는 레거시와 명성을 남겼다.

레거시를 남긴 비스마르크와 키루스 대왕

영어 '레거시Legacy'를 한국말로 번역하기란 쉽지 않다. 어떤 위대한 인물이 레거시를 남겼다고 할 때, 이를 적절하게 한국말로 번역할 수 없는 이유는 어쩌면 우리에게는 레거시를 남긴 탁월한 지도자가 부재하기 때문일지도 모른다. 호랑이는 죽어서 가죽을 남기고, 사람은 죽어서 이름을 남긴다는 표현이 어쩌면 레거시를 설명하는 최고의 근사치일지도 모르겠다. 그런데 안타깝게도 우리에게는 특출한 레거시를 남긴 지도자가 별로 없다. 왜 우리에게는 독일인들처럼 "비스마르크라면 이 상황에서 어떻게 했을까?"라는 질문을 던질 수 있는 레거시를 남긴 지도자가 없을까?

키루스 대왕은 중대한 결정을 내려야만 했다. 페르시아와 메디아 연합군의 주축이었던 메디아의 왕, 즉 키악사레스가 갑자기 철수 명령을 내렸기 때문이다.[2] 키루스 대왕은 신바빌로니아제국을 굴복시키기 위해 공격을 계속해야 한다는 주장을 펼치고 있었는데, 연합군의 총사령관인 삼촌이 모든 부대원들에게 철수 명령을 내린 것이다. 키루스 대왕은 이 명령을 따르지 않기로 하고, 연합군 군사들에게 자신의 뜻을 전달한다. 지금 공격을 멈추고 고향으로 돌아간다면 적은 페르시아와 메디아 연합군을 우습게 볼 것이라고 주장하면서, 자신을 따를 사람은 남고 나머지는 모두 고향으로 돌아가라고 명령했다.

그러자 연합군 소속부대의 대표들이 차례로 앞으로 나와 자신들이 생각하는 키루스 대왕의 레거시에 대해 설명하기 시작했다. 이 부분에서 우리는 부하들의 눈에 비친 키루스 대왕의 레거시를 확인할 수 있다. 각 나라의 대표들이 키루스를 어떤 군주의 거울로 보고 있는지 짐작할 수 있는 대목이다. 제일 먼저 앞으로 나온 것은 키루스의 친척들이었다. 그러니까 페르시아인의 대표이며, 키루스와는 서로 피를 나눈 동족들이다. 그들은 키루스 대왕에게 이렇게 말한다.

"오, 왕이시여, 저에게 당신은 벌통 속의 여왕벌과 같이 태어날 때부터 왕이십니다. 벌들은 항상 여왕벌을 따르며 한 마리도 여왕벌이 있는 곳을 버리지 않습니다. (중략) 지금 우리는 적진에 있지만 당신과 함께하기에 두렵지 않으며, 만약 당신과 함께하지 않는다면 고국으로 돌아가기도 두렵다고 느낍니다."[3]

페르시아인들은 키루스와 운명을 함께하겠다는 뜻을 분명히 밝혔다. 비록 적진의 한복판에 고립되어 있지만 함께할 수 있다면 죽음

▲
메디아와 페르시아의 연합군들이 행진하는 모습.
이란의 페르시아 유적지인 페르세폴리스의 부조 작품.

조차 두렵지 않다는 것이다. 아르메니아의 왕자 티그라네스와 히르카니아Hyrcania 왕도 각각 키루스 대왕에 대한 무한한 존경심과 충성을 고백했다. 티그라네스는 키루스 대왕에게 "저의 마음은 당신께 조언하는 것이 아니라 당신의 명령을 따르도록 훈련되어 있습니다"라고 말했다.[4] 키루스 대왕에게 복속되었던 히르카니아 왕도 앞으로 나와 이렇게 말했다. "키루스는 자신이 부자가 되기보다 우리에게 선을 베풀기를 더 행복해하는 사람이라고 생각합니다."[5]

마지막으로 메디아인들이 입장을 밝힐 차례가 됐다. 메디아인들은 이미 자신들의 왕인 키악사레스의 귀환 명령을 받은 상태였다. 페르시아인들이 키루스에게 충성을 바치고, 속국이 된 아르메니아의 왕자와 히르카니아 왕이 키루스의 뜻을 따른다는 것은 충분히 있을 수 있는 일이었다.

그러나 귀환 명령을 내린 키악사레스 왕의 백성들인 메디아인들조차 키루스 곁에 남겠다고 선언한다. 그것은 일종의 반란이고 역모였다. 메디아인들은 앞으로 나와 키루스에게 이렇게 말한다. "우리를 이곳에 데리고 온 사람은 키루스 당신입니다. 당신께서 돌아가야겠다고 생각할 때 우리를 데리고 가십시오."[6]

이것이 바로 키루스가 남긴 레거시다. 페르시아, 아르메니아, 히르카니아 그리고 메디아의 장군들과 군사들 모두는 키루스를 '군주 중의 군주'로 보았다. 그리고 죽을 때까지 그와 함께할 것을 자발적으로 결의했다. 자국과 동맹국 그리고 자신에게 등을 돌린 키악사레스의 백성들까지 모두 키루스의 뒤를 따르겠다고 충성 선언을 한 것이다.

어떻게 하면 더 잘할 수 있을까?

어떻게 이런 일이 일어날 수 있을까. 왜 모든 백성들이 한 목소리로 키루스 대왕의 뒤를 따르겠다고 외쳤을까. 이런 의문을 풀어주기 위해 크세노폰은 아시리아의 귀족 고브리아스Gobryas를 작품 속에 등장시킨다. 키루스가 군주의 거울이 될 수밖에 없었던 이유를 고브리아스의 이야기를 통해 설명하는 것이다.

고브리아스는 대략 1000마리의 말을 키우면서 아시리아 왕에게 조공을 바치던 대부호였다. 그에게는 잘생기고 사냥에 뛰어난 아들이 한 명 있었는데, 아시리아 왕은 그 아들의 뛰어난 외모와 자질을 보고 사위로 삼고 싶어 했다. 이런 목적을 가진 아시리아 왕은 고브리아스의 아들과 함께 사냥을 떠나게 되는데, 아시리아 왕실의 사윗감이 될 자격이 있는지 직접 확인해보기 위해서였다.

아시리아의 왕과 고브리아스의 아들이 함께 말을 타고 숲속을 달리던 중에 갑자기 곰 한 마리가 나타났다. 이를 본 아시리아 왕이 먼저 창을 던졌지만 빗나가고 말았다. 대신 고브리아스의 아들이 던진 창에 곰이 쓰러졌다. 왕은 화가 났지만 짐짓 감정을 누르며 다음 사냥감을 노렸다. 이번에는 숲속에서 사자가 나타났는데 이번에도 역시 왕이 던진 창은 빗나가고 고브리아스의 아들이 던진 창이 사자를 죽였다. 고브리아스의 아들이 "내가 또 잡았다!" 하고 소리를 지르자 화가 난 아시리아 왕은 부관의 창을 낚아채 아들의 가슴을 향해 던져버렸다. 고브리아스의 아들은 그 자리에서 즉사하고 말았다.

아시리아의 귀족이었던 고브리아스는 아들의 원수를 갚기 위해

▲
아시리아 왕의 사냥 장면. 영국 대영박물관 소장. 아시리아에서 사냥은 군주의 자기 과시적인
요소가 강했다. 그래서 언제나 가장 큰 사냥감은 아시리아의 왕이 직접 잡아야만 했다.

키루스 대왕 편에 서기로 결심한다. 『키루스의 교육』 5권에는 고브리아스가 키루스를 처음 만나는 장면이 기록되어 있다. 이 만남을 통해 고브리아스는 키루스 대왕의 인간적인 매력에 빠지게 된다. 왜 키루스 대왕의 레거시가 만들어졌는지, 그를 처음 만난 고브리아스의 시각을 통해 설명하고 있다. 고브리아스는 키루스 대왕의 환심을 사기 위해 먼저 엄청난 양의 보물을 바쳤고 자기 딸을 첩으로 바치기까지 했다. 그러나 키루스 대왕은 "그대가 주는 돈을 보고서는 그대를 조금도 존경하지 않을 것"이라고 말하며 정중히 선물을 사양하고, 딸에게는 대신 좋은 남편감을 소개해주겠다고 말한다.[7] 키루스 대왕은 고브리아스를 저녁 식사에 초대했는데, 도저히 왕의 식탁이라고 할 수 없을 만큼 검소한 음식이 식탁에 올라와 있었다. 고브리아스는 키루스 대왕의 식탁에서 절제하며 음식을 나누는 왕과 신하들의 모습을 보고 감동을 받았다. 고브리아스가 가장 특별하게 느꼈던 것은 "위험한 군사 작전에 같이 참가한다면 자신이 동료보다 더 많이 대우받아야 한다고 전혀 생각하지 않으며, 오히려 같이 싸우는 동료에게 최고의 무장을 해주는 것을 큰 잔치로 여기는" 키루스 대왕의 태도와 행동이었다.[8] 마침내 아시리아의 귀족 고브리아스는 키루스 대왕의 레거시에 대해 칭찬을 아끼지 않았다.

"키루스여, 우리는 당신들보다 더 많은 술잔과 옷, 금을 가지고 있지만 당신들보다 가치 없다는 것에 더 이상 놀라지 않습니다. 우리의 머릿속은 온통 어떻게 하면 더 많이 소유할까 하는 생각으로 가득 차 있지만, 당신들은 어떻게 하면 더 잘할 수 있을까 하고 생각하는 것 같습니다."[9]

이 정도면 키루스도 우쭐해질 만하다. 자기 백성뿐만 아니라 동맹국의 왕과 심지어 적의 장수까지 키루스의 레거시를 찬양하니, 그가 제국의 통치자로 우뚝 설 것이라는 사실을 의심하는 사람은 없었다. 남들이 모두 더 많은 것을 소유하는 것에 관심을 기울일 때, 영원한 군주의 거울이 된 키루스는 늘 "어떻게 하면 더 잘할 수 있을까?"에 대해 골몰했다. 그러나 키루스는 모든 백성들이 그와 운명을 같이하겠다고 나서고, 고브리아스가 이런 칭찬을 늘어놓음에도 불구하고 제우스신에게 아래와 같은 기도를 드렸다.

"오, 전능한 제우스신이여, 당신께 간청하는 나의 기도를 들으소서. 그들이 나에게 보이는 명예보다 더 큰 명예를 이 원정에서 그들에게 베풀 수 있도록 하여주십시오."[10]

11 | 초심을 잃지 마라

바빌론 강가에서

1970년대, 독일에서 활동하던 자메이카 출신의 보컬그룹 보니 엠의
〈바빌론 강가에서〉라는 노래가 있다. "바빌론 강가에 우리는 앉아
있었네. 그곳에서 우리는 시온을 기억하며 울었다네(By the rivers of
Babylon, there we sat down. Yeah we wept, when we remembered Zion)"
라는 익숙한 영어 가사와 함께 시작되는 곡이다. 원래 이 노래 가사
는 구약성서의 『시편』 137편 내용을 그대로 옮긴 것이다. 유대 왕국
은 기원전 586년에 신바빌로니아제국에게 정복당했고, 수많은 이스
라엘의 엘리트 젊은이들이 인질로 끌려가 바빌론 강가에서 포로 생
활을 하게 된다. 티그리스와 유프라테스 강이 교차하며 흐르는 신바
빌로니아제국의 수도에서 그들은 굴욕적인 유배 생활을 해야만 했

다. 유대인들은 바빌론 강가에 앉아 조국의 수도 예루살렘의 시온 산을 떠올리며 망국亡國의 회한을 눈물로 달랬다.

이 유대인들을 바빌론이라는 속박의 땅에서 구출해낸 장본인이 바로 키루스 대왕이다. 그는 파죽지세의 공격을 감행해 바빌로니아제국의 수도를 함락시키고, 포로로 잡혀 있던 유대인을 해방시켰다. 예루살렘에서 무너졌던 솔로몬 성전이 재건된 것도 모두 키루스의 은덕이었다. 유대인들에게 키루스 대왕은 구세주나 다름없었고, 이사야라는 유대인 선지자는 키루스를 "여호와의 목자"라고까지 추켜세웠다.

신바빌로니아제국은 쉽게 넘볼 수 있는 나라가 아니었다. 기원전 2세기경에 지중해 연안을 돌아다녔던 그리스 상인들과 여행자들은 "고대 세계의 7대 불가사의"를 선정해 발표했다. 그중 바빌로니아제국의 유적인 '바빌론의 공중 정원Hanging Garden of Babylon'은 이집트의 피라미드 다음으로 놀라운 장관을 연출한 것으로 기록되어 있다. 북유럽의 화가 피터르 브뤼헐Pieter Brueghel이 그린 〈바벨탑〉은 구약성서『창세기』11장에 나오는 이야기를 담고 있지만, 바빌로니아의 '공중 정원'과 연관이 있을 것으로 추정된다. 하늘 끝까지 그 높이가 달해 있어 이름도 공중 정원이다. 이런 엄청난 유적을 건축할 수 있다는 능력만으로도 신바빌로니아제국이 키루스 대왕의 페르시아에 쉽게 무릎을 꿇을 나라가 아니라는 것을 짐작할 수 있다. 신바빌로니아제국은 고대 근동 지역의 패권 전체를 쥐고 흔들던 강대국이었다. 그러나 키루스 대왕의 등장과 더불어 거대한 신바빌로니아제국은 역사의 뒤안길로 퇴장하는 운명을 겪게 된다.

▲
피터르 브뤼헐, 〈바벨탑〉 일부, 1563년, 비엔나 미술사박물관 소장.
바벨탑은 신바빌로니아의 '공중 정원'과 연관이 있는 것으로 추정된다.

그리스의 역사가 헤로도토스는 자신의 책『역사』1권에서,[1] 그리고 크세노폰은『키루스의 교육』7권에서 신바빌로니아제국의 몰락 과정을 상세히 설명한다. 신바빌로니아제국의 수도 바빌론에는 유프라테스 강의 지류가 도심을 관통하고 있었다. 키루스는 난공불락의 성을 직접 공격하는 것이 아니라 강물의 흐름을 돌려 강바닥으로 상륙하는 작전을 펼쳤다. 신바빌로니아의 신년 축제Akitu Festival 기간 중 경계 태세가 흐트러진 틈을 이용해 도시 외곽에 360개의 수로를 파서 도심으로 흘러가던 강물의 방향을 바꾼 것이다. 키루스의 페르시아 연합군은 말라버린 강바닥으로 진격해 바빌론을 점령하고 신바빌로니아제국을 무너뜨린다.

당연히 이것은 그리스 역사가들의 기록이다. 그리스는 이 전쟁의 당사국이 아니었으니 제3자의 관점이 반영되어 있을 뿐이다. 이 역사적 전쟁의 당사자였던 페르시아나 페르시아에 의해 점령당한 신바빌로니아 측의 기록이 역사적으로 더 신빙성이 있을 것이다. 전자의 기록은 〈키루스 실린더Cyrus Cylinder〉이고, 후자의 역사 자료는 이른바 〈나보니두스 연대기Nabonidus Chronicle〉로 알려져 있는 점토판이다. 특별히 패자의 관점이 담겨 있는 〈나보니두스 연대기〉는 신바빌로니아 몰락의 과정에 대한 정확한 정보를 담고 있다. 이 점토로 기록된 연대기에는 신바빌로니아제국의 마지막 왕이었던 나보니두스의 치적과 몰락 과정이 연대순으로 기록되어 있는데, 키루스 대왕에 대한 짧은 기록도 함께 전해진다. 이 구체적인 자료를 바탕으로 우리는 이 역사적인 전투가 기원전 539년에 일어났고, 전투 장소는 오피스Opis 였다는 사실을 알게 됐다.

▲
〈나보니두스 연대기〉, 영국 대영박물관 소장.
신바빌로니아제국의 마지막 왕이었던 나보니두스의 치적이 담겨 있다. 총 300∼400행의
내용이 기록되어 있지만 좌측이 파손되어 현재는 75행의 기록만이 해독 가능하다.

키루스 실린더

〈키루스 실린더〉 또한 놀라운 내용을 포함하고 있다. 럭비공만 한 크기의 진흙 반죽 위에 아카드어 쐐기문자(설형문자)로 기록되어 있는 약 2500년 전의 이 역사적인 유물에는 키루스 대왕의 업적이 기록되어 있다. 키루스는 메소포타미아의 절대 신인 마르둑Marduk의 선택을 받고 바빌로니아를 해방시켰으며, 모든 국가와 민족의 평화적 공존과 신앙의 자유를 보호한다는 내용이었다. 그동안 유대인들의 경전과 크세노폰의 『키루스의 교육』 그리고 헤로도토스의 『역사』 앞부분의 문헌 기록으로만 알려져 있던 키루스 대왕의 생애와 업적이 고고학적 유물로 확인된 것이다.

1879년 영국 대영박물관의 고고학 연구팀이 메소포타미아 유적지에서 발굴한 이 유물을 두고 영국인들은 "세계 최초의 인권 선언문"이라고 흥분했고, 페르시아제국의 후손인 이란의 국왕과 후임 대통령들은 자기 민족의 위대한 역사라고 주장했으며, 바빌론으로 끌려갔다가 키루스 대왕의 석방 조치로 기원전 538년에 예루살렘으로 돌아왔던 유대인들은 이 유물이 자신들의 해방을 역사적으로 증명한다고 호들갑을 떨었다. 그러나 이 진흙 점토 유물의 내용은 이 세 가지 억지 주장과는 거리가 멀다. 〈키루스 실린더〉는 현재 두 조각으로 분리되어 있는데, 훼손된 부분이 많아 48행만 해독이 가능하다. 그 내용을 해석하면 이렇다. 아래 해석은 〈키루스 실린더〉를 소장하고 있는 대영박물관의 쐐기문자 보존실의 책임자인 어빙 핑켈Irving Finkel이 판독한 것이다.

〈키루스 실린더〉, 영국 대영박물관 소장.
실린더의 길이는 22.5센티미터이고 원통의 폭은 10센티미터다.

"[어떤 시대…] … [세상]의 여러 곳에 … 한 사람[나보니두스]이 그 나라를 통치하였으나, 그들에게 고통을 주었다. […] 그들의 고통은 우르_{Ur}와 신전 도시에 미쳤다. 제사는 부적절했으며 부정한 제물이 올라왔고, 용납할 수 없는 것은 제사를 멈추었다는 것이다. 그는 제사를 간섭하고 성전에 […]를 설치했다. 그는 더 이상 신의 왕이신 마르둑을 경배하지 않았다. 그는 매일 도시에서 악행을 하였다. 그는 백성들에게 멍에를 지웠고, 그들의 삶은 피폐해졌다. 신들의 신 엔릴_{Enril}(필자 주: 수메르와 아카드의 주신主神으로 '폭풍의 신'이라는 뜻이다)이 백성들의 탄원을 듣고 노하셨다. 화가 난 엔릴은 신들에게 신전을 떠나게 하고 바빌론으로 가게 만들었다. 모든 신들의 엔릴이신 위대하신 마르둑이 측은하게 보셨다. 그는 폐허가 된 신전을 보고 마음을 바꾸었으며, 죽음보다 못한 삶을 살아가던 수메르와 아카드의 땅에 사는 백성들을 불쌍히 여기셨다. 그는 선한 왕을 찾고 선택하기 위해, 모든 나라를 조사하고 확인했다. 그는 안산_{Anshan}(필자 주: 기원전 7세기 페르시아의 수도)의 왕인 키루스를 그 팔 안에 두었으며 그 이름을 불렀다. 마르둑은 키루스가 모든 나라의 왕이 될 것이라고 큰 소리로 선포했다. 그는 쿠투_{Qutu} 땅(필자 주: 현재 이란의 자그로스 산 부근 지역)과 메디아의 모든 군대가 키루스의 발 앞에 무릎을 꿇게 만들었다. 키루스는 검은 머리의 백성들을 위해 정의와 선함을 추구하였고, 그들을 보살폈다. 늘 그의 백성을 돌보시는 위대한 신 마르둑은 키루스의 선한 행동과 진심을 기쁨으로 지켜보았고, 그에게 바빌론으로 갈 것을 명령했다. 마르둑은 친구와 동행자처럼 키루스가 틴티르_{Tintir}(필자 주: 바빌론)로 가는 길을 인도했다. 강의 물처럼 셀 수 없이 많은 군대가 완전 무장을 하고 그와 함께 행진했다. 마르둑은 키루스의 군대가 전투 없이 바로 슈아나Shuanna로 진격할 수 있도록 만들었다. 그는 자신을 두려워하지 않던 나보니두스를 키루스 손에 넘겨주었다. 모든 바빌론의 신민들, 그리고 모든 수메르와 아카드의 귀족과 수령들이 그 앞에서 절하고 그의 발에 입을 맞추었다. 그들은 얼굴을 가리고 키루스가 자신들의 왕이 되었음을 기뻐했다. 그들이 신뢰하는 왕이 죽음으로부터 자신들을 구했고, 온갖 고통과 시련에서 구해주었으니, 키루스의 이름을 찬양하며 그를 축복했다.

모든 세상의 왕인 나 키루스는 위대하고 강력한 바빌론과 수메르와 아카드와 세상 모든 지경의 왕이다. 나의 아버지는 위대한 안산의 왕 캄비세스이다. 나의 할아버지는 위대한 안산의 왕 키루스이다. 나는 영원한 왕권의 전통을 수립하신 위대한 안산의 왕 테이스페스Teispes의 후손이다. 벨Bel(필자 주: 마르둑)과 나부Nabu(필자 주: 메소포타미아의 신)가 친애하던 선한 통치를 했으며 스스로를 잘 관리해왔고, 이것은 신들의 기쁨이 되었다. 내가 바빌론에 평화를 가져왔을 때, 축하와 환호 속에서 왕궁을 나의 처소로 삼았다. 위대하신 신 마르둑은 바빌론을 사랑했던 나에게 위대함을 운명처럼 하사하셨고, 나는 경외심으로 그를 매일 경배했다. 나의 군대는 평화적으로 바빌론으로 행진했고, 수메르와 아카드의 모든 백성들은 아무 것도 두려워할 것이 없었다. 나는 바빌론을 성심껏 돌보았고 모든 신전도 보살폈다. 신의 버림을 받았던 것 같은 고통을 겪어오던 바빌론의 백성들을 나는 성심껏 돌보았다. 나는 그들을 모든 구속에서부터 해방시켜주었다. 마르둑은 내 선한 행동을 기뻐하셨고 신을 두려워하던 나를 축복하셨다. 내 아들 캄비세스와 나의 모든 군대는 신의 존귀하

신 명령을 붙들고 진격을 계속했다. 강 상류와 하류에 백성을 둔 사방 각국의 왕들, 텐트에 거주하는 아무르 지역의 모든 왕들이 바빌론으로 와서 내 발에 입 맞추고 값비싼 조공을 바쳤다. 나는 그들을 모든 도시, 아슈르와 수사, 아카드, 에시누나, 잠반 시, 메투르누 시, 쿠투 땅의 경계선인 데르로 돌아가게 했다. 티그리스 강 건너에 있던 모든 신전들이 허물어졌는데, 나는 그것을 복원시켜 모든 신들이 그곳으로 돌아가게 만들었다. 나는 모든 백성들을 모아놓고 그들로 하여금 고향으로 돌아가게 했다. 나는 위대한 신 마르둑의 명령을 받고 나보니두스가 바빌론으로 데려왔던 모든 수메르와 아카드의 신들도 아무 탈 없이 고향으로 돌아가게 만들었다. 그들은 고향의 신전으로 돌아가 기쁨을 누렸다.

나의 조치로 고향으로 돌아갈 수 있었던 모든 신들이 그들의 신전에서 나의 장수와 번성을 위한 기도를 마르둑과 나부에게 드려주기 바란다. 나의 선행을 언급하고, 나의 신인 마르둑에게 이렇게 기도해주길 바란다. "당신을 두려워하는 키루스와 그의 아들 캄비세스에게 […]"라고 기도해주길 바란다. 바빌론의 모든 백성들은 나의 왕권을 축복하였고, 나는 모든 나라들이 평화롭게 살 수 있도록 조치를 취했다. 나는 모든 백성들에게 오리 두 마리와 비둘기 열 마리, 그리고 […]를 풍부하게 제공했다. 나는 거대한 바빌론의 성채를 지킬 군대를 보강했다. 나는 이전의 왕들이 완성하지 못했던 구운 벽돌로 만든 항구와 해자를 완성했다. 나는 또 이전의 왕들이 완성하지 못했던 […] 완성시켰다. 나는 구운 벽돌로 새 건물을 완성했다. […] 구리로 마감한 거대한 문을 설치했고 […] 나는 앞서 통치했던 왕 아슈르바니팔의 문장에서 그것을 보았는데 […] 영원히 […]"[2]

이것이 〈키루스 실린더〉 중 판독 가능한 내용이다. 대영박물관의 발표처럼 인권에 대한 특별한 조항도 없었고, 이란인들의 주장처럼 페르시아의 위대한 민족성을 드러낼 만한 내용도 없으며, 유대인들의 호들갑을 두둔할 수 있는 어떤 표현도 발견되지 않았다. 이 〈키루스 실린더〉는 기원전 539년, 바빌로니아제국을 함락시킨 키루스 대왕이 자신의 정복과 통치를 정당화하기 위해 발표한 일종의 통치 선언문이다. 새로운 페르시아제국의 통치자가 된 키루스는 이 실린더를 제작함으로써 고대 근동의 여러 나라에 자신의 취임과 역사적 의미를 밝혔다.

내용보다 중요한 것은 키루스 대왕이 페르시아의 전통적인 취임사와는 전혀 다른 바빌로니아의 방식으로 제국의 시작을 알렸다는 점이다. 우선 그는 페르시아의 언어가 아니라 바빌로니아제국의 언어로 자신의 취임을 만천하에 알렸다. 또한 자신의 바빌로니아 정복이 마르둑이라는 바빌로니아 신의 결정이었다고 공표했다. 이것은 페르시아라는 나라의 정복자에게 어울리지 않는 일이다. 페르시아의 군주였던 그는 페르시아의 언어로, 페르시아의 방식에 따라, 페르시아의 신 아후라 마즈다Ahura Mazda의 이름으로 자신의 정복을 정당화했어야 했다. 그러나 그는 새로 정복한 바빌로니아제국에서, 바빌로니아 방식대로, 바빌로니아의 언어로, 바빌로니아의 신 마르둑의 이름으로 자신의 취임을 세상에 알렸다. 그러니까 〈키루스 실린더〉의 내용은 키루스 대왕이 제국의 붕괴를 슬퍼하던 바빌로니아 사람들을 위로하기 위해 발표한 것이다. 그래서 바빌로니아의 신 마르둑의 이름으로 자신의 정복을 정당화했으며, 새로운 통치를 시작하는 백성들에게 꿈과 희망의 메시지를 전달했다. 키루스는 이 작은 점토판을 통해서도 전쟁의 승리자가 갖추어야 할 군주의 거울을 남겼다.

정복 전쟁이 종결된 후

고대 근동의 맹주였던 신바빌로니아제국의 왕 나보니두스가 키루스 대왕 앞에서 무릎을 꿇고 마침내 키루스 대왕은 천하 통일의 대원을 이루었지만 그것은 끝이 아니라 새로운 제국의 시작이었을 뿐이다. 지난했던 정복은 끝났지만 군주의 제국 통치는 그때부터 시작이었다. 키루스 대왕은 처음부터 다시 시작한다는 마음으로 새로운 제국의 통치에 착수했다. 키루스 대왕은 황제 취임식을 가졌다.

서쪽으로는 리디아, 남쪽으로는 이집트의 나일 강 상류, 북쪽으로는 흑해와 카스피 해, 그리고 동쪽으로는 인도까지 차지하게 되었으니 이미 페르시아는 거대한 제국이었고 자신이 제국을 통치하는 정식 황제로 취임하는 것은 당연한 절차였다. 그러나 키루스는 스스로 왕관을 쓰지 않았다. 그는 먼저 "친구들의 동의를 받아 왕이 되기로 결심했다"고 한다.[3] 그리고 친구들의 동의를 받기 위해 그는 바빌론 점령 이후부터 "근엄하게 행동하고 대중 앞에 공개적으로 나타나는 횟수를 줄여 친구들의 질투심을 최대한 적게 유발"하도록 처신했다.[4]

이것은 키루스의 치밀한 계획과 의도를 반영하고 있다. 우선 근엄하게 행동하고 대중과의 접촉을 삼갔던 이유는 그래야만 대중의 관심과 기대가 촉발되기 때문이다. 전쟁이 끝났으니 참전했던 모든 용사들은 키루스를 만나 자신의 무공을 자랑하고 싶었을 것이다. 키루스는 대중과의 접촉을 피함으로써 그런 기회 자체를 봉쇄해버렸다. 논공행상論功行賞의 부담에서 벗어나야만 공직 임명 절차 등에서 공정하게 처신할 수 있기 때문이다. 또 노출을 줄이면 황제에 대한 대중의 신비감과 기대치는 증대하게 된다. 이런 신비감과 대중의 기대치를 적절하게 활용하는 것이 통치의 기술이다.

친구들의 질투를 받는 것을 경계했다는 것 또한 현명한 처신이었다. 특별히 승리의 공이 큰 참모들은 한 사람에게만 모든 칭송이 쏠리면 자연스럽게 질투를 하기 마련이다. 이런 상황에서 질투심이 생기지 않을 것이라고 믿는 것은 착각이다. 인간은 질투를 하고, 그래서 존재하는 것이 인간이다. 키루스는 질투하는 인간의 속성을 간파했고, 이를 조정하면서 자신의 통치를 위한 긍정적인 에너지로 활용했다. 키루스는 최고의 공적을 쌓았던 페르시아의 측근들이 앞장서서 키루스를 황제로 추대하는 일이 벌어질 것이라고 예상했다. 대세가 한쪽으로 기울면 사람들은 그 사람을 높은 자리에 추대하려고 서로 경쟁을 벌인다. 그래야만 권력의 부스러기를 나눠먹을 수 있기 때문이다. "근엄하게 행동하고, 대중 앞에 공개적으로 나타나는 횟수를 줄여 친구들의 질투심을 최대한 적게 유발"하도록 처신한 것은 이 모든 것을 꿰뚫어본 통치의 기술이었다.

키루스는 황제로 등극한 뒤 독자적인 경호부대를 구성하는 일에도 신경을 썼다. 그는 수많은 백성을 효율적으로 통치해야 하기 때문에 큰 도시에 왕궁을 건설하기 시작했다. 그런데 "도시라는 게 누구에게나 그렇듯이 그 도시는 키루스에게 적대적이었다."[5] 도시에 사

▲
바빌론의 여덟 번째 성문인 이슈타르 대문의 모습. 베를린 페르가몬 박물관 소장.
바빌론을 정복한 키루스는 이 이슈타르 대문을 승리자의 모습으로 지나갔을 것이다.

람이 몰리고 궁정이 행정의 중심이 되면 언제나 암살 시도와 같은 불상사가 일어나기 마련이다.

그래서 키루스는 자신을 지켜줄 경호부대가 필요하다고 판단했다. 그 시대의 다른 황제나 왕의 선택처럼 키루스도 환관으로 구성된 경호부대를 신설했다. 왜냐하면 "경호해야 할 대상보다 다른 사람을 더 아끼는 사람은 결코 충직할 수 없기" 때문이며, 따라서 가족이 없는 환관이야말로 가장 적절한 개인 경호대의 자질을 갖추고 있다고 보았던 것이다.[6] 또한 왕궁의 근접 경비는 고향 사람인 페르시아 출신들에게만 맡겼다.

키루스의 취임 연설

제국 통치의 기초를 마련한 키루스 대왕은 긴 취임 연설을 한다. 놀라운 통찰력이 담겨 있는 그의 취임 연설 중 핵심 내용을 소개한다.

"한때 용감했던 사람일지라도 끝까지 용감하려고 헌신하지 않는다면 계속해서 용감하리라고 장담할 수 없습니다. 마찬가지로 한때 신체적으로 강인했다 할지라도 게을러지는 순간 신체 조건은 나빠집니다. 절제와 인내도 그것을 고양하는 노력을 중단하는 순간 퇴보할 것입니다. 따라서 우리는 나태한 사람이 되거나 현재의 즐거움을 위해 자신을 버려서는 안 됩니다. 제국을 얻는 것은 위대한 일이지만 얻은 후에 그것을 지키는 것은 더욱 위대한 일입니다. 승리는 용기만 있는 자에게도 가끔

주어지지만, 승리를 쟁취하고 그것을 유지하는 일은 절제와 인내 그리고 엄청난 주의를 실천하지 않는다면 불가능합니다. (중략) 우리는 우리가 이룬 성과에서 우월성을 계속 유지해야 합니다. (중략) 그렇다면 우리가 무엇을 해야 하고, 어디서 미덕을 실천하며, 그 실천을 어디에 적용해야 할까요? 제군들. 내가 여러분에게 말하는 것은 전혀 새로운 것이 아닙니다. (중략) 여러분은 여러분의 자리에서 내가 꼭 해야 할 일을 계속하는지 감시하고, 나 또한 여러분을 감시할 것입니다."[7]

많은 사람들이 높은 자리에 오르면 초심을 잊어버리게 된다. 권력의 맛에 취해 판단력이 흐려지고, 욕심이 이성을 앞지르며, 자신의 실수에 대해서는 관대해지고 남의 잘못에 대해서는 거칠고 까다롭게 군다. 업적이 있으면 그것을 자기 공으로 돌리고, 함께 경쟁했던 사람들의 질투심은 소인배의 것이라 치부한다. 미래의 군주들은 키루스의 취임 연설에서 군주의 거울을 발견해야 한다. 제국을 얻는 것은 위대한 일이지만, 얻은 후에 그것을 지키는 것이 더욱 위대한 일이라는 것을. 승리는 용기를 가진 자에게도 가끔 주어지지만, 승리를 쟁취하고 그것을 유지하는 일은 절제와 인내 그리고 엄청난 주의를 실천하지 않으면 불가능하다는 것을.

12 │ 제국은 사람이다

새로운 제국의 수도를 건설하다

크세노폰이 쓴 『키루스의 교육』에 의하면 페르시아제국의 본격적인
출발점은 신바빌로니아제국의 몰락과 더불어 시작된다. 키루스 대
왕이 신바빌로니아제국의 수도 바빌론을 점령한 사건을 페르시아
제국의 시발점으로 본 것이다. 그렇다면 기원전 539년이 페르시아
제국의 창립 원년이 되는 셈이다.

그러나 그리스의 또 다른 역사가 헤로도토스는 키루스 대왕이 메
디아의 왕이자 자기 외할아버지였던 아스티아게스를 복속시킨 기
원전 550년을 페르시아제국의 출발점으로 본다. 헤로도토스의 『역
사』에 따르면 키루스의 페르시아제국 확장은 리디아, 신바빌로니아
그리고 이집트 정벌로 이어졌다.

사실 이집트를 정복한 페르시아의 왕은 키루스의 아들 캄비세스 Cambyses(B.C. 529~522)였지만, 페르시아제국의 주춧돌을 마련한 사람은 키루스 대왕이 분명하다. 크세노폰과 헤로도토스는 키루스 대왕의 최후에 대해 각각 다른 해석을 내린 바 있다.

키루스 대왕은 메디아를 정벌한 후 파르스Pars 지역의 평야 지대인 파사르가대Pasargadae라는 곳에 페르시아제국의 첫 번째 수도를 건설했다. 파사르가대는 '파르스의 중앙'이라는 뜻이다. 페르시아의 첫 번째 왕조인 아르키메데스의 주무대였던 파르스 지역에 폴바르Polvar 강이 관통하고 있는데, 파사르가대는 그 강에 인접한 평야 지역에 조성됐다. 키루스 대왕을 신격화한 것으로 보이는 유명한 〈날개 달린 형상Winged Figure〉이 발굴된 유적지이기도 하다.

또한 후대에 아시아 정벌에 나섰던 마케도니아의 알렉산드로스 대왕이 직접 방문하고 존경과 경의를 표했다는 키루스 대왕의 영묘, 탈이 타흐트Tall-e Takht가 보존되어 있는 곳이다. 아직도 그 위용을 자랑하는 벽돌로 된 성채와 일부 대리석 건물의 왕궁 터가 남아 있다.

페르시아 후대의 왕 다리우스 1세에 의해 페르시아제국의 두 번째 수도가 페르세폴리스Persepolis에 세워진다. 첫 번째 수도였던 파사르가대에서 약 70킬로미터 남쪽에 건설되었지만, 알렉산드로스 시대에 이르기까지 페르시아 문명의 중심은 파사르가대였다.

알렉산드로스 대왕의 명령으로 원래의 형태로 복원된 키루스 대왕의 무덤은 중세를 지나면서 솔로몬의 어머니 무덤으로 잘못 알려져 많은 기독교 신자와 유대교 신자 들의 성지 순례지로 둔갑하기도 했다.

▲
〈날개 달린 형상〉. 파사르가대에서 발견되었으며 키루스 대왕의 왕궁 열주에 부조로
조각됐다. 신격화된 키루스 대왕을 상징하며, 페르시아어, 엘람어 그리고 바빌로니아어로
"나, 키루스는 아르케메디아의 왕이다"라는 문장이 상단에 부조되어 있다.

제국은 건물이 아니라 사람이다

파사르가대에 페르시아의 왕궁과 수도를 건축했다고 해서 제국이 완성되는 것이 아니라는 사실을 키루스 대왕은 누구보다 먼저 그리고 정확하게 알고 있었다.

위대한 제국은 대리석이나 권력으로 세워지는 것이 아니라 사람으로 만들어진다. 제국은 영토가 아니라 사람이다. 제국은 돌이 아니라 사람이 만드는 것이기 때문이다. 크세노폰은 『키루스의 교육』에서 이 점을 아래와 같이 강조한다.

키루스는 그가 이룬 성공을 계속 이어가기 위해서는 가장 유능한 사람을 그의 동료로 삼아야 한다는 생각에, 누가 그에 합당한 인물인지를 관찰하는 일만큼은 남에게 맡기지 않았다. 왜냐하면 전투를 해야 할 경우가 생겼을 때, 그는 자기 옆과 뒤에 설 사람을 그 동료 중에서 골라야 했고, 그들 역시 큰 위험을 떠안게 되는 것을 알기 때문이다. (중략) 그는 나라의 중요한 일을 자격이 되지 않는 동료가 맡아 처리한다면 그의 제국은 실패할 것이라고 생각했다.[1]

제국의 지속 가능성은 사람에 의해 결정된다. 제국은 시작하는 것보다 지속시키는 것이 더 어렵다. 왜냐하면 혼자서 제국을 경영하는 것은 현실적으로 불가능하고, 결국 수많은 다른 사람의 손과 머리 그리고 그들의 힘과 재능을 빌려야 하기 때문이다. 누구나 인정하듯이 세상에서 제일 힘든 일이 사람을 쓰는 일이다. 작은 부서, 작은 회사,

심지어 가족도 내 마음대로 다루지 못하는 세상인데, 하물며 제국을 경영할 수많은 사람을 쓴다는 것은 결코 쉬운 일이 아니다.

키루스의 인재등용 방식

키루스는 이를 위해 독자적으로 인재를 고르는 방식을 고안해냈다. 인사人事가 만사萬事인 만큼 키루스의 남다른 인재등용 방식 또한 훌륭한 군주의 거울로 남게 된다.

키루스의 인재등용 첫 번째 원칙은, 독실한 신앙심을 가진 사람들 중에서 인재를 찾는다는 것이다.[2] 오늘날 직원 채용 과정에서 특정 종교를 가진 사람에게 우선권을 주는 것은 노동법에 위배되고, 또 불가능한 일이기도 하다.

키루스는 특정 종교를 믿는 사람을 선호한 것이 아니라 '신앙심 일반'을 중요하게 생각했다. 예컨대 페르시아의 국교였던 조로아스터교를 믿는 사람에게 기회를 더 준다는 것이 아니라 어떤 종교를 믿든지 깊은 신앙심을 가진 사람이 그렇지 않은 사람보다 절제심이 강하고 도덕적 기준이 높다고 본 것이다.

이런 키루스의 생각은 19세기 사회학자 막스 베버Max Weber(1864~1920)에 의해 어느 정도 타당한 가설임이 밝혀졌다. 프로테스탄트의 윤리의식과 소명 의식 때문에 자본주의가 탄생했다고 보았던 막스 베버는, 신앙심을 가진 사람들이 근면하고 정직하다는 사회학적 관찰을 제시한 바 있다. 키루스는 신앙심을 가진 사람들이 그렇지 않은 사

파사르가대의 언덕 위에 설치되어 있는 키루스 성채의 유적. 벽돌로 쌓아 올린 구조다.

람보다 "부당한 이득을 취하는 것을 삼가고 정당한 방법으로 출세하려고 노력할 것"이라고 믿었고 인재를 등용할 때 이 점을 중요하게 여겼다.[3]

　키루스가 인재를 고르는 두 번째 기준은 '자제심이 강한 사람'이었다. 키루스가 어떤 인재를 선택하면 그 사람은 반드시 페르시아의 고위직에 오르게 될 터였다. 그런데 그 사람들이 절제하지 않는 생활을 한다면 "사회적 약자들이 높은 자리에 앉아 있는 사람들이 자제하지 않고 과도하게 즐기는 것을 목격할 때, 자연히 그들도 탐닉하는 것에 대해 아무런 죄책감도 느끼지 않을 것이라고" 보았던 것이다.[4] 자제력이 있는 사람들이 인재로 등용되어야 하고, 그들이 그 사회에 모범이 되어야 한다는 말이다.

　키루스는 '사려 깊은 사람'보다 '자제심이 강한 사람'을 더 선호했다. 여기서 말하는 사려 깊은 사람이란 그리스 사회에서 철학자들이 높이 평가하던 사람됨의 기준을 말한다. 크세노폰의 스승 소크라테스와 그의 경쟁 동료였던 플라톤은 사려 깊은 사람을 이상적인 인간으로 보았다. 그러나 크세노폰의 눈에 비친 키루스 대왕의 위대한 점은 사려 깊은 사람보다 자제심이 강한 사람을 더 높이 평가했다는 것이다. 왜냐하면 "사려 깊은 사람은 다른 사람의 눈에 띌 때 부끄러운 행동을 하지 않지만, 자제력이 있는 사람은 다른 사람이 보지 않을 때도 그런 짓을 삼가기" 때문이다.[5] 제국을 건설하기 위해서는 남이 보지 않는 곳에서도 묵묵히 자신의 일을 수행하는 사람이 필요하기 때문에 키루스는 자제심이 강한 사람을 인재로 등용했다.

　키루스의 인재 등용 방식의 마지막 기준은 '탁월함을 발휘하기 위해 노력하는 사람'이었다. 맡겨진 일에 최선을 다하는 사람이 있는가 하면, 맡겨지지 않은 일에도 자신의 시간과 노력을 쏟아붓는 사람이 있다. 키루스는 "각자 맡은 분야에서 탁월하도록 진지하게 노력하는 사람을 발견했을 때는 선물과 힘 있는 자리, 온갖 종류의 편의를 보장했다"고 한다.[6] 그렇게 한 이유는 단 하나였다. 그렇게 함으로써 키루스는 "사람들의 마음속에 진실한 야망을 부추겨 키루스가 보기에 가치 있는 사람이 되도록 노력하게" 만들었던 것이다.[7]

이 세 가지 원칙이 키루스가 인재를 선택하는 기준이었다. 신앙심이 돈독한 사람, 자제력이 뛰어난 사람, 그리고 매사에 탁월함을 추구하는 사람이다. 특별히 크세노폰이 주목했던 것은 이 세 가지 기준을 지키며 인재를 등용한 키루스 대왕 본인의 삶의 자세였다.

키루스 대왕은 이런 인재들을 자기 곁에 두기 위해 스스로 모범적인 삶을 살았다. 그는 누구보다 깊은 종교심을 가지고 있었기에 "무엇보다 신들과 관련된 일에 더욱 열심을 내기 시작했다. 그는 그 일을 가장 행복해했다"고 기록되어 있다.[8] 자제력에 관해서 키루스는 신하들과 비교할 수 없을 정도로 모범적이었다. 그는 "순간의 즐거움을 위하여 선한 일을 추구하는 것에서 벗어나지 않고, 정제된 즐거움을 얻으려는 모습을 보여주기" 위해 늘 노력했다.[9] 또한 그는 스스로 탁월함을 추구했기에 "궁정에 있을 필요가 없을 때에도 언제든 다른 사람을 사냥에 데리고 나갔으며, 궁정에 있을 필요가 있을 때는 공원에 가두어놓은 동물을 사냥하곤 했다."[10] 왜냐하면 계속되는 전쟁을 수행하기 위해서는 신하들을 늘 훈련시켜야만 했고, 사냥이 가장 적절하고 효과적인 전쟁 훈련 방식이었기 때문이다. 키루스는 이 사냥의 시간에도 탁월함의 모범을 보였다. 그는 "먼저 땀을 흘리지 않고는 식사를 하지 않았으며, 말도 충분히 훈련하지 않으면 먹이를 주지 않았다."[11]

결국 키루스가 꿈꾸던 페르시아제국은 건물의 총합이 아니었다. 그것은 사람이었고, 인재였으며, 그런 인재를 모으는 방식은 본인 스스로 그런 모범적인 삶을 사는 것이었다. 키루스가 남긴 마지막 '군주의 거울'은 그의 삶, 그 자체였다.

1부 아포리아 시대의 기록

1. 아포리아 시대의 인문학, 군주의 거울

1. Jeffrey Henderson(ed.), *Virgil: Aeneid Books 7–12; Appendix Vergiliana*, Trans. H. Rushton Fairclough(Cambridge: Harvard University Press, 2001), p. 325 (vol. 2, BOOK. 12, Para. 386~390).

2. Ibid., p. 325(BOOK. 12, Para. 390).

3. Ibid., p. 329(BOOK. 12, Para. 430~436).

4. Ibid., p. 329(BOOK. 12, Para. 438~440).

5. Ibid., p. 329(BOOK. 12, Para. 441~442).

6. 플루타르코스, 허승일 역, 『플루타르코스의 모랄리아』(서울: 서울대학교출판문화원, 2012), 406~407쪽.

7. 위의 책, 407쪽.

8. 페르시아 전쟁이 끝난 후 기원전 478년경, 피라에우스 항구를 포함해 아테네 주위를 에워 싼 장벽이 건설됐다. 총면적이 3.5평방킬로미터 정도였고 인구는 대략 14만 명 정도이며, 남자 성인은 약 4만 명이 거주하던 것으로 추정된다.

9. Herodotus, Carolyn Dewald(ed.), *The histories*, Trans. Robin Waterfield(New York : Oxford University Press, 1998), p. 470(vol. 7, chap. 186).

10. 크세노폰, 최자영 역, 『헬레니카』(서울: 아카넷, 2012), 305쪽(제7권 5. 26~27절).

2. 리더의 자질이 없는 자는 척박한 땅에 만족하라 ─헤로도토스의 『역사』

1. Herodotus, Carolyn Dewald(ed.), *The histories*, Trans. Robin Waterfield(New York : Oxford University Press, 1998), p. 3(vol. 1).

2.   Ibid., p. 5(vol. 1, chap. 5).

3.   Ibid., p. 5(vol. 1, chap. 5).

4.   Ibid., p. 5(vol. 1, chap. 5).

5.   Ibid., p. 14(vol. 1, chap. 30).

6.   Ibid., p. 15(vol. 1, chap. 32).

7.   Ibid., pp. 15~16(vol. 1, chap. 32).

8.   Ibid., p. 22(vol. 1, chap. 53).

9.   Ibid., p. 23(vol. 1, chap. 53).

10.   Ibid., p. 39(vol. 1, chap. 86).

11.   Ibid., p. 39(vol. 1, chap. 86).

12.   Ibid., p. 40(vol. 1, chap. 86).

13.   Ibid., p. 393(vol. 6, chap. 112).

14.   Ibid., p. 394(vol. 6, chap. 117).

15.   Ibid., p. 483(vol. 6, chap. 224).

16.   Ibid., p. 405(vol. 7, chap. 5).

17.   Ibid., p. 405(vol. 7, chap. 5).

18.   Ibid., p. 406(vol. 7, chap. 8).

19.   Ibid., p. 408(vol. 7, chap. 8).

20.   Ibid., p. 409(vol. 7, chap. 9).

21.   Ibid., p. 410(vol. 7, chap. 10).

22.   Ibid., p. 411(vol. 7, chap. 11).

23.   Ibid., p. 412(vol. 7, chap. 12).

24.   Ibid., p. 412(vol. 7, chap. 13).

25.   Ibid., pp. 413~414(vol. 7, chap. 16).

26.   Ibid., p. 413(vol. 7, chap. 16).

27.   Ibid., p. 415(vol. 7, chap. 18).

28.   Ibid., p. 415(vol. 7, chap. 19).

29.   Ibid., p. 416(vol. 7, chap. 21).

30.   Ibid., p. 417(vol. 7, chap. 24).

31.   Ibid., p. 420(vol. 7, chap. 35).

32. Ibid., p. 526(vol. 8, chap. 112).

33. Plutarch, *Plutarch Lives: Themistocles and Camillus, Aristides and Cato Major, Cimon and Lucullus*, Trans. Bernadotte Perrin(Cambridge: Harvard University Press, 1914), p. 15(vol. 2).

34. Ibid., p. 11(vol. 2).

35. Herodotus, Carolyn Dewald(ed.), *The histories*, Trans. Robin Waterfield(New York : Oxford University Press, 1998), p. 452(vol. 7, chap. 140~141).

36. Ibid., p. 453(vol. 7, chap. 143).

37. Ibid., p. 512(vol. 8, chap. 75).

38. Ibid., p. 451(vol. 7, chap. 139).

39. Ibid., p. 525(vol. 8, chap. 109).

40. Ibid., p. 526(vol. 8, chap. 110).

41. Ibid., p. 527(vol. 8, chap. 112).

42. Ibid., p. 589(vol. 9, chap. 122).

43. Ibid., p. 589(vol. 9, chap. 122).

44. Ibid., p. 590(vol. 9, chap. 122).

45. Ibid., p. 590(vol. 9, chap. 122).

46. 김진경, 「아이스킬로스와 헤로도토스」, 《서양사론》 제13호(아산: 한국서양사학회, 1972), 4쪽

3. 반복되는 역사 속에 드러나는 인간의 본성－투키디데스의 『펠로폰네소스 전쟁사』

1. Thucydides, M. I. Finley(ed.), *History of the Peloponnesian War*, Trans. Rex Warner(Harmondsworth and Baltimore: Penguin Books, 1972), p. 35(vol. 1, chap. 1).

2. 현재 세계 경찰 국가임을 자처하는 미국의 외교 정책은 시카고 대학을 중심으로 한 정치학자들의 이론에 근거를 두고 있는데, 이들이 교과서적으로 원용하는 저서가 바로 투키디데스의 저술이다.

3. Ibid., p. 47(vol. 1, chap. 21).

4. Ibid., p. 48(vol. 1, chap. 22).

5. Ibid., p. 48(vol. 1, chap. 22).

6. Ibid., p. 48(vol. 1, chap. 23).

7. Ibid., p. 49(vol. 1, chap. 23).

8. Herodotus, Carolyn Dewald(ed.), *The histories*, Trans. Robin Waterfield(New York : Oxford University Press, 1998), p. 451(vol. 7, chap. 139).

9. Thucydides, M. I. Finley(ed.), *History of the Peloponnesian War*, Trans. Rex Warner(Harmondsworth and Baltimore: Penguin Books, 1972), pp. 75~76(vol. 1, chap. 69~70).

10. Ibid., p. 79(vol. 1, chap. 75).

11. Ibid., pp. 79~80(vol. 1, chap. 75).

12. Ibid., p. 80(vol. 1, chap. 75).

13. Ibid., p. 80(vol. 1, chap. 75).

14. Ibid., p. 80(vol. 1, chap. 76).

15. Ibid., p. 80(vol. 1, chap. 76).

16. Ibid., pp. 119~123(vol. 1, chap. 140~144).

17. Ibid., pp. 149~150(vol. 2, chap. 43~44).

18. Ibid., p. 158(vol. 2, chap. 59).

19. Ibid., pp. 158~159(vol. 2, chap. 60~61).

20. Ibid., pp. 163~164(vol. 2, chap. 65).

21. Ibid., pp. 163~164(vol. 2, chap. 65).

22. 알키비아데스의 어머니였던 데이노마케(Deinomache)와 페리클레스는 사촌지간이었다.

23. 알키비아데스와 소크라테스의 관계에 대해서는 다음 장에서 자세하게 설명할 예정이다.

24. Ibid., p. 417(vol. 6, chap. 12).

25. Ibid., pp. 419~422(vol. 6, chap. 16~18).

26. Ibid., pp. 469~470(vol. 6, chap. 92).

27. Ibid., pp. 562~563(vol. 8, chap. 45~46).

28. Ibid., p. 164(vol. 2, chap. 65).

4. 철학으로 아포리아에 맞선 스승과 제자—플라톤의 『국가』

1. Claudius Aelian(ed.), *Historical Miscellany*, Trans. N. G. Wilson(Cambridge: Harvard University Press), Book. 3, chap. 36.

2. Herodotus, Carolyn Dewald(ed.), *The histories*, Trans. Robin Waterfield(New York : Oxford University Press, 1998), pp. 367~368(vol. 6, chap. 46~47).

3. August Meineke(ed.), *Fragmenta comicorvm graecorvm*(Berolini, 1847), "유폴 리스의 444개 단편", 352절.

4. Plato, *Lysis. Symposium. Gorgias*, Trans. W. R. M. Lamb(Cambridge: Harvard University Press, 1925), p. 219(*Symposium*, 215a~b). 실레노스는 주신 디오니시 우스의 교사로 인간은 태어나지 않는 것이 최선이고, 일단 태어났다면 빨리 죽는 것이 차선이라고 말했던 지혜의 교사였다.

5. Plato, *Phaedrus*, 279 b~c. Plato, John Cooper(ed.), *Plato: Complete Works* (Indianapolis: Hackett Publishing, 1997), pp.555~556.

6. Plato, *Euthyphro. Apology. Crito. Phaedo. Phaedrus*, Trans. Harold North Fowler(Cambridge: Harvard University Press, 1999, Reprint of 1904 ed.), p. 133(*Apology*, 38a).

7. Plato, *Lysis. Symposium. Gorgias*, Trans. W. R. M. Lamb(Cambridge: Harvard University Press, 1925), p. 233(Symposium, 219e~220a).

8. Ibid., p. 235(*Symposium*, 220c~d).

9. Plato, *Euthyphro. Apology. Crito. Phaedo. Phaedrus*, Trans. Harold North Fowler(Cambridge: Harvard University Press, 1999, Reprint of 1904 ed.), p. 109(*Apology*, 29d).

10. Aristophanes, *Aristophanes: The Acharnians, the Clouds, the Knights, the Wasps*, Trans. Benjamin B Rogers(Cambridge: Harvard University Press, 1986), p. 285(*The Clouds*, para. 225).

11. Ibid., p. 309(*The Clouds*, para. 443~451).

12. Plato, *Euthyphro. Apology. Crito. Phaedo. Phaedrus*, Trans. Harold North Fowler(Cambridge: Harvard University Press, 1999, Reprint of 1904 ed.), p. 75(Apology, 19c). 소크라테스는 아리스토파네스의 풍자를 침착하게 받아들였다.

13. 이 장소의 이름은 그리스의 쌍둥이 신 디오스쿠리(Dioscuri)와 연관이 있는 그리스의 영웅 아카데모스(Akademos)에서 유래했다. 이곳은 그를 기념하는 장소로, 숲이 우거져 있었으나 아테네를 공격했던 로마 장군 술라(Sulla)가 이를 훼손했다.

14. Alfred N. Whitehead, *Process and Reality*(New York: Free Press, 1979, 2nd ed.), p.39. 이 내용은 1927~1928년의 기포드 렉쳐(Gifford Lecture)에서 발표된 것이다.

15. Plato, Melissa Lane(ed.), *The Republic*, Trans. Desmond Lee(Harmondsworth and Baltimore: Penguin Books, 2007), p. 132(vol. 4, 428d).

16. Ibid., p. 133(vol. 4, 429c).

17. Ibid., p. 133(vol. 4, 429c~d).

18. Ibid., pp. 134~136(vol. 4, 430e~443a)

19. Ibid., p. 137(vol. 4, 433a~b).

20. Announcement of Office of Public Affairs, Department of Justice, "Attorney General Holder Names Sheila L. Birnbaum as Special Master of September 11th Victim Compensation Fund(May 18, 2011)."

21. 칼 포퍼 자신도 이런 약점에 대해 언급하고 있다. 본인의 의도는 플라톤의 이상 국가 이론에만 천착하는 것이라고 밝히며 플라톤 철학의 전모에 대해서는 다루지 않고 있다고 분명하게 밝혔다. 칼 포퍼, 이한구 역, 『열린사회와 그 적들 Ⅰ』(서울: 민음사, 2011, 2판), 58쪽.

22. Ibid., p. 243(vol. 7, 516e~517a).

23. Ibid., p. 243(vol. 7, 516c~d).

24. Ibid., p. 245(vol. 7, 518d).

25. Ibid., p. 246(vol. 7, 519c~d).

5. 그리스의 마지막 군주의 거울-크세노폰의 『키루스의 교육』

1. 디오게네스 라에르티오스, 전양범 역, 『그리스 철학자 열전』(서울: 동서문화사, 2008), 113쪽.

2. 위의 책, 113쪽.

3. 위의 책, 115쪽. 크세노폰은 델포이의 무녀에게 "페르시아 내전에 참전해야 합니까?"라는 질문을 하지 않고 "내가 페르시아 내전에서 살아 돌아올 수 있는 방법은 무엇입니까?"라는 질문을 던졌고, 무녀는 "살아 돌아온다면 아르테미스 여신에게 예물을 바쳐라"고 답했다. 크세노폰은 이를 긍정적으로 해석했고, 실제로 그리스로 귀환한 후 그 신탁을 지켰다.

4. 위의 책 194쪽.

5. 구약성서 『이사야』 45장 1절.

6. 구약성서 『에스라』 1장 1~3절.

7. 마키아벨리, 강정인 · 김경희 역, 『군주론』(서울: 까치, 2015), 42쪽(제6장).

8. 위의 책, 103~104쪽(제14장).

9. 김상근 『마키아벨리』 (파주: 21세기북스, 2013) 참조. 이 부분은 마키아벨리의 『군주론』을 바르게 해석하는 결정적인 단서를 제공한다. 마키아벨리는 자신의 『군주론』을 메디치 가문에게 헌정하면서 권력을 획득하는 방법과 권모술수와 단호함을 통해 권력을 유지하는 법을 가르쳤다. 그러나 그런 방식은 '어리석은 군주'의 통치술이다. 위 문장에 암시적으로 기록되어 있는 대로 '현명한 군주'는 키루스 대왕처럼 "절제, 친절함, 예의 바름, 관후함"을 실천해야 한다는 것이 마키아벨리의 숨겨진 의도였다.

제2부 아포리아 시대, 리더의 공부

1. 정의의 수호자가 돼라

1. 크세노폰, 이은종 역, 『키로파에디아: 키루스의 교육』(성남: 주영사, 2015), 49쪽(제1권 3장 2절).
2. 위의 책, 50~51쪽(제1권 3장 7절).
3. Plato, Melissa Lane(ed.), *The Republic*, Trans. Desmond Lee(Harmondsworth and Baltimore: Penguin Books, 2007, 3rd ed.), p. 137(vol. 4, 433b).
4. 크세노폰, 이은종 역, 『키로파에디아: 키루스의 교육』(성남: 주영사, 2015), 55쪽(제1권 3장 16절).
5. 위의 책, 55쪽(제1권 3장 17절).
6. 위의 책, 56쪽(제1권 3장 18절).
7. 위의 책, 63쪽(제1권 4장 15절).

2. 세월의 변화를 직시하라

1. 크세노폰, 이은종 역, 『키로파에디아: 키루스의 교육』(성남: 주영사, 2015), 65쪽(제1권 4장 18절).
2. 위의 책, 68쪽(제1권 4장 25절).
3. 위의 책, 68~69쪽(제1권 4장 25절).
4. 위의 책, 70쪽(제1권 4장 28절).

3. 불확실성에 의존하지 마라

1. 크세노폰, 이은종 역, 『키로파에디아: 키루스의 교육』(성남: 주영사, 2015), 71쪽(제1권 5장 1절).
2. 위의 책, 79쪽(제1권 6장 9절).

3. 위의 책, 79~80쪽(제1권 6장 9~10절).

4. 스스로 고난을 함께 나누라

1. 크세노폰, 이은종 역, 『키로파에디아: 키루스의 교육』(성남: 주영사, 2015), 85쪽(제1권 6장 21절).
2. 위의 책, 85쪽(제1권 6장 20절).
3. 위의 책, 같은 쪽, 같은 장, 같은 절.
4. 위의 책, 85쪽(제1권 6장 21절).
5. 위의 책, 86쪽(제1권 6장 22절).
6. 위의 책, 86~93쪽(제 1권 6장 22~43절).
7. 2015년 6월, 인종차별로 유명한 사우스캐롤라이나의 찰스턴 대학에서 행한 오바마 대통령의 희생자 추도 연설. 37분간 이어진 이 역사적인 연설에서 오바마 대통령은 전직 노예 상인의 찬송가 〈어메이징 그레이스〉를 부른 후에, 인종차별로 숨진 흑인 희생자 아홉 명의 이름을 연호하면서 그들에게 "어메이징 그레이스"가 함께할 것이며, 이들의 희생 때문에 미국에도 "어메이징 그레이스"가 함께할 것이라는 명연설을 남겼다.
8. 위의 책, 87쪽(제1권 6장 24~25절).
9. 위의 책, 38쪽(제1권 1장 3절).

5. 군주다움을 끝까지 지켜라

1. William Shakespeare, *The Complete Works of William Shakespeare*(Oxford: Wordsworth Library Collection, 2007), 688쪽(『햄릿』 3장 1막).
2. 메디아 왕국이 키루스 대왕에 의해 병합되었던 기원전 550년부터를 페르시아의 아르키메데스 왕조의 시작으로 잡는다.
3. 크세노폰, 이은종 역, 『키로파에디아: 키루스의 교육』(성남: 주영사, 2015), 102쪽(제2권 1장 15절).
4. 위의 책, 102~103쪽(제2권 1장 16절).

5. 위의 책, 103쪽(제2권 1장 19~20절).

6. 위의 책, 105쪽(제2권 1장 23~25절).

7. 위의 책, 106~107쪽(제2권 1장 30절).

8. 위의 책, 134쪽(제2권 4장 28~29절).

9. 위의 책, 148쪽(제3권 1장 28절).

6. 군주의 아내도 군주다

1. 크세노폰, 이은종 역, 『키로파에디아: 키루스의 교육』(성남: 주영사, 2015), 151쪽(제 3권 1장 36절).

2. 위의 책, 152쪽(제3권 1장 41절).

3. 위의 책, 321쪽(제6권 4장 5~6절).

4. 위의 책, 334~335쪽(제7권 1장 29~32절).

5. 위의 책, 336쪽(제7권 1장 35절).

6. 위의 책, 347쪽(제7권 3장 1절).

7. 위의 책, 348쪽(제7권 3장 6절).

8. 위의 책, 348쪽(제7권 3장 8절).

9. 위의 책, 348쪽(제7권 3장 10절).

7. 사람들은 군주의 뒷모습을 본다

1. 크세노폰, 이은종 역, 『키로파에디아: 키루스의 교육』(성남: 주영사, 2015), 323~324쪽 (제6권 4장 20절).

2. 위의 책, 330쪽(제7권 1장 10절).

3. 위의 책, 331~332쪽(제7권 1장 17절).

4. 위의 책, 330쪽(제7권 1장 10절).

5. 위의 책, 333쪽(제7권 1장 25절).

8. 승리의 방식

1. 구약성서 『이사야』 37장 36절. 헤로도토스 『역사』 2권과 요세푸스 『유대 고대사』 등에도 이 내용이 기록되어 있다.
2. 크세노폰, 이은종 역, 『키로파에디아: 키루스의 교육』(성남: 주영사, 2015), 167쪽(제3권 3장 14절).
3. 위의 책, 167쪽(제3권 3장 18~19절).
4. 위의 책, 167~168쪽(제3권 3장 19절).
5. 위의 책, 170~171쪽(제3권 3장 32절).
6. 위의 책, 176쪽(제3권 3장 58절).
7. 위의 책, 177쪽(제3권 3장 58절).
8. 위의 책, 177쪽(제3권 3장 62절).
9. 위의 책, 184쪽(제4권 1장 5절).

9. 인간의 본성을 직시하라

1. Homer, George E. Dimock(ed.), *The Odyssey: Books 1–12*, Trans. A. T. Murray(Cambridge: Harvard University Press, 1995, 2nd ed.), p. 461(vol. 12, para. 160~164).
2. 크세노폰, 이은종 역, 『키로파에디아: 키루스의 교육』(성남: 주영사, 2015), 233쪽(제5권 1장 8절).
3. 위의 책, 234쪽(제5권 1장 11절).
4. 위의 책, 같은 쪽, 같은 장, 같은 절.
5. 위의 책, 235쪽(제5권 1장 16절).
6. 위의 책, 같은 쪽, 같은 장, 같은 절.
7. 위의 책, 294쪽(제6권 1장 31절).
8. 위의 책, 294쪽(제6권 1장 34절).

10. 레거시를 남겨라

1. 국제정치학에서 "비스마르크라면 이 상황에서 어떻게 했을까?"라는 질문은 하나의 슬로건처럼 사용된다. 영어 약어로는 WWBD(What Would Bismark Do?)로 표기한다.
2. 크세노폰, 이은종 역, 『키로파에디아: 키루스의 교육』(성남: 주영사, 2015), 236~237쪽(제5권 1장 21절).
3. 위의 책, 237~238쪽(제5권 1장 24~26절).
4. 위의 책, 238쪽(제5권 1장 27절).
5. 위의 책, 238쪽(제5권 1장 28절).
6. 위의 책, 238쪽(제5권 1장 29절).
7. 위의 책, 243쪽(제5권 2장 12절).
8. 위의 책, 244쪽(제5권 2장 19절).
9. 위의 책, 245쪽(제5권 2장 20절).
10. 위의 책, 238쪽(제5권 1장 29절).

11. 초심을 잃지 마라

1. Herodotus, Carolyn Dewald(ed.), *The histories*, Trans. Robin Waterfield(New York : Oxford University Press, 1998), pp. 82~84(vol. 1, chap. 188~191).
2. 〈키루스 실린더〉의 원문과 영문 판독본은 대영박물관 홈페이지(www.britishmuseum. org)에서 확인할 수 있다.
3. 위의 책, 362쪽(제7권 5장 37절).
4. 위의 책, 같은 쪽, 같은 장, 같은 절.
5. 위의 책, 367쪽(제7권 5장 58절).
6. 위의 책, 367쪽(제7권 5장 59절).
7. 위의 책, 370~372쪽(제7권 5장 75~85절).

12. 제국은 사람이다

1. 크세노폰, 이은종 역, 『키로파에디아: 키루스의 교육』(성남: 주영사, 2015), 377쪽(제

8권 1장 10~12절).

2.   위의 책, 380쪽(제8권 1장 25절).

3.   위의 책, 380쪽(제8권 1장 26절).

4.   위의 책, 381쪽(제8권 1장 30절).

5.   위의 책, 같은 쪽, 같은 장, 같은 절.

6.   위의 책, 383쪽(제8권 1장 39절).

7.   위의 책, 같은 쪽, 같은 장, 같은 절.

8.   위의 책, 380쪽(제8권 1장 23절).

9.   위의 책, 381쪽(제8권 1장 32절).

10. 위의 책, 382쪽(제8권 1장 38절).

11. 위의 책, 같은 쪽, 같은 장, 같은 절.

이 책에 사용된 도판 중 일부는 저작권자를 확인할 수 없어 정식 협의 절차를 진행하지 못했습니다.
추후라도 연락해주시면 저작권 협의 후 합당한 조치를 취하겠습니다.

KI신서 9892

군주의 거울, 키루스의 교육

1판 1쇄 발행 2016년 3월 30일
개정1판 3쇄 발행 2023년 4월 1일

지은이 김상근
펴낸이 김영곤 **펴낸곳** (주)북이십일 21세기북스
출판마케팅영업본부 본부장 민안기
출판영업팀 최명열 김다운
제작팀 이영민 권경민

출판등록 2000년 5월 6일 제406-2003-061호
주소 (우10881) 경기도 파주시 회동길 201(문발동)
대표전화 031-955-2100 **팩스** 031-955-2151 **이메일** book21@book21.co.kr

(주)북이십일 경계를 허무는 콘텐츠 리더

21세기북스 채널에서 도서 정보와 다양한 영상자료, 이벤트를 만나세요!
페이스북 facebook.com/jiinpill21 **포스트** post.naver.com/21c_editors
인스타그램 instagram.com/jiinpill21 **홈페이지** www.book21.com
유튜브 www.youtube.com/book21pub

서울대 가지 않아도 들을 수 있는 **명강의!** 〈서가명강〉
유튜브, 네이버, 팟캐스트에서 '**서가명강**'을 검색해보세요!

ⓒ 김상근, 2016

ISBN 978-89-509-9735-9 03100
책값은 뒤표지에 있습니다.